U0529176

国家社会科学基金青年项目"基于SAM框架的非正规经济宏观效应统计研究"（17CTJ001）

全国统计科学研究重点项目"非正规经济社会核算矩阵编制及在居民收入分配分析中应用"（2016LZ10）

非SNA生产核算
方法与应用研究

吴燕华 著

中国社会科学出版社

图书在版编目(CIP)数据

非 SNA 生产核算方法与应用研究 / 吴燕华著. —北京：中国社会科学出版社，2019.5

ISBN 978-7-5203-4535-4

Ⅰ.①非… Ⅱ.①吴… Ⅲ.①国民经济计算体系-研究-中国 Ⅳ.①F222.33

中国版本图书馆 CIP 数据核字(2019)第 104925 号

出 版 人	赵剑英
责任编辑	李庆红
责任校对	夏慧萍
责任印制	王　超

出　　版	中国社会科学出版社
社　　址	北京鼓楼西大街甲 158 号
邮　　编	100720
网　　址	http：//www.csspw.cn
发 行 部	010-84083685
门 市 部	010-84029450
经　　销	新华书店及其他书店
印　　刷	北京明恒达印务有限公司
装　　订	廊坊市广阳区广增装订厂
版　　次	2019 年 5 月第 1 版
印　　次	2019 年 5 月第 1 次印刷
开　　本	710×1000　1/16
印　　张	13.75
插　　页	2
字　　数	233 千字
定　　价	69.00 元

凡购买中国社会科学出版社图书，如有质量问题请与本社营销中心联系调换
电话：010-84083683
版权所有　侵权必究

前　言

2008年版国民经济核算体系（System of National Account，简称SNA）的生产范围并未包含所有生产活动，只包括了所有货物的生产和部分服务的生产，排除了诸如住户家庭中的无酬生产。对于已纳入国民经济核算体系的生产，称为SNA生产。对于属于经济生产范围但未纳入国民经济核算体系的生产，称为非SNA生产。非SNA生产是指住户为自身和其他住户成员最终消费而从事的没有货币报酬的服务，如家务劳动、照料老人和小孩、志愿活动等。2008年版SNA明确阐述了非SNA生产对家庭经济福利做出了重要贡献。非SNA生产不仅能够增加所购买货物和服务的价值，而且起着形成和维持人力资本的作用。由于妇女承担着大部分家务劳动、照料老人和小孩等活动，传统统计数据明显低估了妇女的经济贡献，尤其是农村妇女的经济贡献。以OECD各成员国为例，非SNA生产的价值约占GDP的30%—50%。由此可见，非SNA生产已经成为国民经济中不容忽视的一部分，但是非SNA生产核算方法的研究远未成熟，就核算范围、核算主体、核算内容等方面，各研究者自成体系；就计量方式、估值途径、核算工具等方面，尚不存在国际通行的参照标准。

我国是世界上最大的发展中国家，拥有最大规模的农业住户部门和非农业住户部门，特殊的国情使得我国的非SNA生产体系更庞大、类型更多样、构成更复杂，但非SNA生产的研究明显滞后。基于上述背景，开展非SNA生产核算方法和应用研究显得尤为重要。本书基于国民经济核算视角，通过非SNA生产的核算范围、核算主体、核算内容等基本范畴、计量方式、货币价值估算方法等问题进行系统阐述、归类和评价，构建住户生产卫星账户及其拓展，最终尝试进行中国非SNA生产核算理论的分析和实践探索，设计中国非SNA生产核算的基本思路。

从研究内容上来看，本书的主要特色在于：

第一，非SNA生产内涵探讨，致力于明晰核算对象，解析非SNA生产整体内涵和分类内涵。非 SNA 生产主要是指住户为自身最终消费而从事的服务生产和对住户外成员提供的志愿服务，主要包括：（1）提供住房服务：包括住户室内外卫生打扫、清洁、住房的维修等；（2）提供食物服务：包括膳食制备和饭后清理；（3）提供衣物服务：包括衣物的洗涤、熨烫、缝补等；（4）照料活动：包括照料小孩及成年人；（5）志愿服务：住户成员向社区或其他住户无酬提供的帮助。

第二，非 SNA 生产货币价值估算方法研究，致力于对国际上流行的各类非 SNA 生产货币价值估算方法进行系统比较和研究。总体来看，估算非 SNA 生产的货币价值主要有产出法和投入法。产出法是从生产角度衡量所有非 SNA 生产主体在核算期内创造的价值，其结果表现为非 SNA 生产总产值、非 SNA 生产增加值和非 SNA 生产净增加值三个层次。投入法则根据生产过程中的要素投入成本来估算非 SNA 生产主体在核算期内创造的价值，根据劳动报酬率的不同，具体分成机会成本法、专业人员替代成本法和保姆替代成本法。

第三，融入非 SNA 生产的住户生产卫星账户研究，致力于对住户生产卫星账户的构建以及基于时间的住户生产卫星账户的拓展研究。构建住户生产卫星账户，对住户成员从事 SNA 生产和非 SNA 生产创造产出、收入形成，收入分配和再分配、进行消费、形成积累等各种交易流量和存量变化的系统描述，反映住户部门经历国民经济运行各环节的具体内容及和其他机构部门有机联系。拓展住户生产卫星账户，将年龄维度增加到住户非 SNA 生产活动的产出和消费中，核算不同年龄住户非 SNA 生产和消费的时间、净时间转移（消费—生产）、住户非 SNA 生产的货币价值和净时间转移的货币价值。

第四，中国非 SNA 生产核算的实践探索，致力于探讨中国非 SNA 生产核算基本方法，估算中国非 SNA 生产货币价值，对如何开展中国非 SNA 生产核算提出具体思路。利用浙江省农村和城镇地区的抽样调查数据，我们分别用 8 种不同的投入方法估算了 2015 年浙江省城镇和农村居民创造的非 SNA 生产货币价值，结果约为 10294.77 亿元（当然，基于各种方法的估算结果有一定的差异），占浙江省生产总值的 24.00%。利用产出法估算出浙江省非 SNA 生产的增加值为 12993.52 亿元，占浙江省地区总值的 30.30%。本书还分别从城乡、性别角度进行了比较。

第五，中国非 SNA 生产应用研究，致力于对非 SNA 生产活动的时间投入和货币价值核算结果进行国际比较。研究结果表明，71.01%的浙江省非SNA生产活动由女性承担，除了家务劳动外，城镇和农村居民将更多的时间花在了照料老人和小孩身上；从城乡差异看，农村地区男女差别较大，86%的非SNA生产活动由农村女性承担，14%由农村男性承担。2015年浙江省女性居民无疑成为非SNA生产价值的主要创造者，其所创造的非SNA生产价值达7064.71亿元，占总体的73.84%，是男性居民的2.8倍。将住户非SNA生产的价值加入GDP中，用于各国福利水平的比较，结果发现浙江省与美国的福利水平差距有所减少，贫富差距也有所缩小。

本书的出版得到了国家社会科学基金青年项目（17CTJ001）、全国统计科学研究重点项目（2016LZ10）、浙江省重点培育智库（浙江农林大学浙江省乡村振兴研究院）、浙江农林大学科研发展基金人才启动项目（2019FR015）的资助。感谢中国社会科学出版社李庆红编辑为本书出版付出的辛勤劳动。书中所参考的所有资料，均已在参考文献中列出，对文献作者在此一并致谢。

对非SNA生产核算理论和方法进行系统研究是一个冷僻艰深的课题，可供借鉴的资料较少，中国实践核算成果比较欠缺。研究过程中许多难题的攻关完全依赖于笔者的一手数据调查和独立思考摸索。这一方面体现了本书的创新性，另一方面也说明成果可能存在遗憾或不妥，抑或讹谬之论。笔者恳请专家和同行批评指正，以便进一步修正和完善。

吴燕华
2019年1月21日

目 录

第一章 导论 ……………………………………………………… (1)
  第一节 研究背景和意义 ……………………………………… (1)
    一 研究背景 ……………………………………………… (1)
    二 研究意义 ……………………………………………… (4)
  第二节 文献综述 ……………………………………………… (5)
    一 国外文献综述 ………………………………………… (5)
    二 国内文献综述 ………………………………………… (19)
    三 国内外文献评价 ……………………………………… (20)
  第三节 研究框架与内容 ……………………………………… (21)
    一 研究框架 ……………………………………………… (21)
    二 研究内容 ……………………………………………… (22)

第二章 非 SNA 生产核算的基本问题 ……………………………… (25)
  第一节 非 SNA 生产核算的主体 ……………………………… (25)
    一 非 SNA 生产的主体概念 ……………………………… (25)
    二 非 SNA 生产的主体分类 ……………………………… (25)
  第二节 非 SNA 生产核算的范围 ……………………………… (27)
    一 生产活动的内涵与演变 ……………………………… (27)
    二 非 SNA 生产的判断标准 ……………………………… (31)
    三 非 SNA 生产的范围 …………………………………… (32)
  第三节 非 SNA 生产的具体分类 ……………………………… (33)
    一 联合国的非 SNA 生产分类体系 ……………………… (33)
    二 欧盟的非 SNA 生产分类体系 ………………………… (35)

第三章 非 SNA 生产货币价值的估算方法 (38)
第一节 非 SNA 生产货币价值估算的数据来源 (38)
一 时间利用调查 (38)
二 住户产出调查 (45)
三 其他调查 (47)
第二节 产出法估算非 SNA 生产货币价值 (47)
一 估算非 SNA 生产的总产值 (48)
二 估算非 SNA 生产的增加值 (53)
三 估算非 SNA 生产的净增加值 (58)
四 产出法估算非 SNA 生产货币价值的评价 (66)
第三节 投入法估算非 SNA 生产货币价值 (67)
一 机会成本法（OCA） (68)
二 专业人员替代成本法（SWCA） (75)
三 保姆替代成本法（HRCA） (78)
四 投入法估算非 SNA 生产货币价值的比较分析 (80)
第四节 非 SNA 生产货币价值估算方法的综合比较 (88)
一 估算思路的比较 (88)
二 估算结果的比较 (89)
三 估算方法的优缺点比较 (90)

第四章 融入非 SNA 生产的住户卫星账户的构建及拓展 (91)
第一节 住户卫星账户的基本范畴 (92)
一 住户生产核算主体的界定 (92)
二 住户生产核算范围的界定 (93)
第二节 住户部门循环账户的构建 (94)
一 拓展后的生产账户 (95)
二 拓展后的收入分配账户 (96)
三 拓展后的可支配收入使用账户 (101)
四 拓展后的资本账户 (103)
五 拓展后的住户部门综合账户 (104)
第三节 住户生产卫星账户的构建 (106)
一 住户生产卫星账户与 SNA 账户的逻辑联系 (106)

二　住户生产卫星账户范式的设计 …………………………………（107）
第四节　住户生产卫星账户的拓展（NTTA）………………………………（110）
　　一　国民时间转移账户（NTTA）……………………………………（110）
　　二　NTTA 的数据来源和方法 ………………………………………（113）
　　三　NTTA 结果与分析 ………………………………………………（121）

第五章　中国非 SNA 生产核算的实践探索
　　　　——以浙江省为例 ………………………………………………（129）
第一节　基本问题 ……………………………………………………………（129）
　　一　中国非 SNA 生产范围的界定 …………………………………（129）
　　二　中国非 SNA 生产的具体分类 …………………………………（129）
　　三　中国住户投入产出调查 …………………………………………（133）
第二节　投入法估算非 SNA 生产货币价值 ………………………………（136）
　　一　时间利用情况分析 ………………………………………………（136）
　　二　机会成本法（OCA）……………………………………………（138）
　　三　专业人员替代成本法（SWCA）………………………………（145）
　　四　保姆替代成本法（HRCA）……………………………………（147）
　　五　投入法各种方法比较 ……………………………………………（150）
第三节　产出法估算非 SNA 生产货币价值 ………………………………（151）
　　一　产出法替代品的设计 ……………………………………………（151）
　　二　市场替代品的价格选择 …………………………………………（153）
　　三　估算非 SNA 生产的总产出和增加值 …………………………（154）
　　四　投入法和产出法比较 ……………………………………………（156）
第四节　住户生产卫星账户 …………………………………………………（157）
　　一　住户生产卫星账户的构建 ………………………………………（157）
　　二　住户生产卫星账户对国民经济总量指标的影响 ………………（164）

第六章　非 SNA 生产核算结果的国际比较
　　　　——以中国浙江省和 OECD 成员国为例 ……………………（171）
第一节　非 SNA 生产时间利用分析 ………………………………………（171）
　　一　非 SNA 生产活动的类别差异 …………………………………（171）
　　二　非 SNA 生产活动的性别差异 …………………………………（173）

三　非SNA生产活动的城乡差异 ………………………………（176）
　　　四　非SNA生产活动的代际比较 ………………………………（178）
　第二节　非SNA生产货币价值分析 ………………………………（178）
　　　一　估算女性对经济的贡献 ………………………………………（178）
　　　二　衡量地区福利水平 ……………………………………………（180）
　　　三　衡量收入不平等程度 …………………………………………（182）

第七章　研究结论与政策探讨 …………………………………（187）
　第一节　研究结论 …………………………………………………（187）
　第二节　政策建议 …………………………………………………（191）
　　　一　定期开展时间利用调查 ………………………………………（192）
　　　二　定期编制住户生产卫星账户 …………………………………（192）
　　　三　加强调查数据的开发利用 ……………………………………（193）
　第三节　研究展望 …………………………………………………（194）

参考文献 ……………………………………………………………（195）

第一章 导论

第一节 研究背景和意义

一 研究背景

2008年版国民经济核算体系（System of National Account，简称SNA）的生产范围并未包含所有生产活动，只包括了所有货物的生产和部分服务的生产，排除了诸如住户家庭中的无酬生产。对于已纳入国民经济核算体系的生产，称为SNA生产。对于属于经济生产范围但未纳入国民经济核算体系的生产，称为非SNA生产。非SNA生产是指住户为自身和其他住户成员最终消费而从事的没有货币报酬的服务，如家务劳动、照料老人和小孩、志愿活动等。2008年版SNA明确阐述非SNA生产对家庭经济福利做出了重要贡献。非SNA生产不仅能够增加所购买货物和服务的价值，而且起着形成和维持人力资本的作用。由于妇女承担着大部分家务劳动、照料老人和小孩等活动，传统统计数据明显低估了妇女的经济贡献。1995年在北京召开的第四届世界妇女大会呼吁各国和国际的统计机构，在GDP卫星账户中估算非SNA生产的价值。2005年美国科学院出版的《超越市场——美国非市场产出核算设计》一书指出，"GNP之父西蒙·库茨涅兹于20世纪30年代创建了美国的国民收入与生产核算体系。尽管国民收入与生产核算体系得到了广泛的认同和好评，但由于这一核算体系构建于20世纪30年代，许多方面还很不完整。其中主要的缺陷就是该体系的重点放在市场交易上而很少关注住户家庭中的无酬生产（即非SNA生产）。一个由专家评估小组提供的例子指出，那些长期由家庭成员或朋友提供的住户内部的服务价值，远远大于类似的市场劳动者提供的服务价值。"①

对此，2008年版SNA认为在大多数国家，相当多的劳动被用于非SNA生产，而这些服务的消费对经济福利具有重要贡献。但是，国民账户服务于多种分析和政策目的，并非仅为或主要为获得福利指标而编制。对于住户内生产和消费的、不付酬的家庭或个人服务，不虚拟其价值，不计入GDP的原因可以归纳如下：①住户内部服务的自给性生产是一种自给自足的活动，对经济中其他部门的影响非常有限。②由于绝大多数住户服务不是为市场而生产的，因此通常没有合适的市场价格可用来对这些服务进行估价，估计这些活动产出的货币价值也会存在问题。③除自有住房的虚拟租金以外，自给性服务的生产决定既不受经济政策的影响，也不影响经济政策的制定，因为其虚拟价值不等于货币流量。④对账户体系在制定政策、分析市场和市场失衡方面的有效性将产生不利影响。⑤生产范围内不包括住户服务，对劳动力和就业统计是有意义的。如果将以上范围拓展为包含非SNA生产，显然所有成年人都属于就业人口，那么失业将不存在。

但20世纪80年代以来，越来越多的文献证实了非SNA生产的重要作用，如果这些理由在设计SNA之时基本成立，那么立足于社会经济已取得长足发展的今天，上述原因已然与事实背离。

首先，非SNA生产发展并非独立，其与SNA生产的关系日益密切。随着科技的进步与第三产业的蓬勃发展，社会劳动家庭化和家务劳动社会化已经成为当前社会发展的两种趋势。一方面，家用电器的日益普及促使一些原本由市场提供的服务转移到家庭内部，成为非SNA生产的一部分；另一方面，随着家务劳动的社会化促使部分家务活动转而由市场来替代。因此，非SNA生产并非自成体系，其与SNA生产间的相互转化和相互影响关系日渐显著，开展非SNA生产核算，有利于SNA与非SNA生产关系（市场与非市场的关系）以及两个市场效率的比较。

其次，虽然住户非SNA生产独立于市场，但正如居民自有住房服务的虚拟交易一样，可以通过寻找非SNA同类产品的替代市场来提供，也就可以利用其价格进行估计。随着社会分工的细化，居民对家务劳动、照

---

① Abraham, K., Mackie, C., *Beyond the Market: Designing Nonmarket Accounts for the United States*, Washington D. C.: National Academies Press, 2005, p. 9.

料老人和照料小孩等需求数量的不断增多,服务要求标准越来越高,这又促进了服务产品类型、服务产品质量等方面的深度开发。因此,尽管非SNA产品不进行市场交易,大部分产品仍可在市场上找到替代品,参照替代品的市场价格来估算非SNA生产的价值已完全可能。

再次,一些国家的核算结果表明,若一国产出包括住户非SNA生产,可能改变宏观经济增长率趋势的测定,并导致居民消费水平和收入分配指标核算产生变化。例如,一些通常属于GDP生产范围的活动转移到住户部门去生产,统计意义上的居民消费水平就会降低,因为这时住户自己生产了这些服务,不再需要到市场上去购买。相反,居民消费水平明显上升,可能在一定程度上是因为住户生产的服务被市场生产的服务替代了,这时包括非SNA生产的居民消费总量的增长,就会低于统计意义上的居民消费水平的增长。GDP核算排除非SNA生产,导致居民最终消费并非真实消费的体现。与此同时,由于在经济运行中投入住户非市场生产中的劳动对经济周期的影响小于投入企业市场生产中的劳动对经济周期的影响,当更多的劳动力(如失业者)选择将更多的时间投入非SNA生产时,就可能导致经济周期波动的变化。因此非SNA生产不但不会对经济政策产生不利的影响,而且能够为决策者制定更为充分的劳动力政策、社会政策以及监测经济发展提供科学的依据。

最后,核算非SNA生产并不会对失业统计带来实质性影响。核算非SNA生产不会改变失业的判断标准,也不会影响失业人员的总量统计。根据国际劳工组织(ILO)的定义,所谓失业者是指"某个年龄以上,在特定考察期内没有工作而又有工作能力,并且正在寻找工作的人"。由于"积极寻找付酬工作"仍然是判断失业的关键标准,因此核算非SNA生产不会对失业统计产生实质性影响。

以OECD各成员国为例,非SNA生产的价值约占GDP的30%—50%。① 由此可见,非SNA生产已经成为国民经济中不容忽视的一部分,但是非SNA生产核算方法的研究远未成熟,就核算范围、核算主体、核算内容等方面,各研究者自成体系;计量方式、估值途径、核算工具等方面尚不存在国际通行的参照标准。我国是世界上最大的发展中国家,拥有最大

---

① Miranda, V., *Cooking, Caring and Volunteering: Unpaid Work around the World*, OECD Social, Employment and Migration Working Papers, No. 116, Paris, France, 2011, pp. 1-40.

规模的住户部门，特殊的国情使得我国的非 SNA 生产体系更庞大、类型更多样、构成更复杂，但非 SNA 生产的研究明显滞后。基于上述背景，开展非 SNA 生产核算方法和应用研究具有重大的理论意义和实践价值。

二 研究意义

从世界范围内来看，许多国家都开展了非 SNA 生产的核算，如美国、澳大利亚、芬兰、日本等国。这些国家的实践表明，非 SNA 生产对国民经济的影响已经达到一定程度，已经成为国民经济中不容忽视的一部分。我国《婚姻法》也明确将非 SNA 生产当中的"家庭劳动"价值作为分割财产的依据，因此，对非 SNA 生产进行核算具有很强的现实意义，具体表现在以下几个方面：

（1）扩展国民经济核算系统，增进对未核算的非市场部门经济的了解，以及对非市场与市场部门相互关系的了解和认识。整体经济中必然并存两种生产——市场生产和家庭生产，前者包括在国民经济核算范围之内，其产出通过国内生产总值（GDP）反映；后者的大部分产出被国民经济核算范围排除，其产出可通过核算非 SNA 生产价值反映。经济活动的"市场与非市场"转换将显著影响整体经济的发展，而对这些影响进行分析的必要前提便是对"市场与非市场"活动数量和价值的估算。通过非 SNA 生产价值的估算，了解非市场部门经济状况，进一步了解非市场与市场部门的相互关系。

（2）可以为政府制定更好的经济和社会政策。将非 SNA 生产纳入住户生产卫星账户，作为国民核算的附属账户，这样既不会影响国民经济账户中心框架的完整性，也可以反映住户部门生产、收入形成、收入分配和消费的整个过程。就不至于说该部分核算对分析市场和市场失衡方面产生不利影响，反而有助于分析一些重要领域，如社会保护、健康或环境等社会经济政策，成人护理政策，等等。另外它会对通货膨胀、经济增长和可支配收入产生影响，将包括与不包括非 SNA 生产的核算资料进行比较分析，政府会对经济发展有一个完全不同的了解，从而有可能实施一套完全不一样的经济和社会政策。[①]

---

① OECD, *Household production in OECD Countries: Data Sources and Measurement Methods*, Paris, France: OECD, 2000.

（3）提高对从事家务劳动人群的重视，是量化家务劳动者对家庭及社会的贡献程度及提高妇女地位的重要途径之一。在许多国家，从事非SNA活动，女性没办法证明自己对家庭的经济贡献，在处理离婚等案件时无法得到公正的财产分割；在人身伤害诉讼案件中，从事非SNA活动的妇女几乎也得不到公平的赔偿。因此，对非SNA生产进行核算，量化妇女尤其是农村妇女家庭劳动的经济价值和经济贡献，不仅可以使女性相对较重的生产负担得到重视，更有利于乡村振兴，提高妇女尤其是农村妇女的社会地位。

（4）可以更全面地反映全社会的生产劳动成果和经济福利，真实地反映住户的可支配收入水平和消费水平。将GDP加上非SNA生产价值，用来衡量收入不平等程度更公平。[①] 例如，家庭妇女自己烧饭、洗衣、做饭、照看小孩，她们的可支配收入将高于那些具有同样收入和工作时间但是成员都是在市场上付酬获得洗衣、照看小孩等服务的家庭。因此，考虑GDP加上非SNA生产的价值可以更好地衡量收入水平和贫富差距。

第二节 文献综述

一 国外文献综述

（一）非SNA生产的货币价值核算

1. 投入法

非SNA生产核算的方法有两种，即投入法和产出法。绝大部分国家都是采用投入法进行货币价值核算的，基本思路是通过"非SNA生产的时间投入"与"相应的劳动报酬率"估算获得。根据"相应的劳动报酬率"的不同，主要又分成保姆替代成本法、机会成本法和专业人员替代成本法。

（1）保姆替代成本法（全面替代法）

早期的非SNA生产活动的价值核算有Mitchell等（1921）、Kuznets（1944）、Lindahl等（1937）、Clark和Colin（1958），他们的估算方法比

---

① Frazis, H., Stewart, J., "How Does Household Production Affect Measured Income Inequality?" *Journal of Population Economics*, Vol. 24, No. 1, 2011, pp. 3-22.

较简单，普遍采取雇用一个家庭仆人的年工资乘以城乡住户总数这种简单的算法。此后 Chadeau 和 Fouquet（1981）、Murphy（1982）、Suviranta（1982）、Vihavainen（1995）等采用保姆的工资率乘以从事非 SNA 生产的总劳动时间来计算，对美国、法国、芬兰、尼泊尔等国家的非 SNA 生产价值予以估算。近期的估算实践包括 Tae-Hong（2001）[1] 采用三种方法对韩国非 SNA 生产价值进行了估算，并比较各国数据，得出机会成本法估算非 SNA 生产价值最高，其次是专业人员替代成本法，最低是保姆替代成本法。Varjonen 和 Aalto（2006）[2] 不仅采用保姆替代成本法估算了芬兰非 SNA 生产的净产值、增加值和总产值，还详细展现了其投入产出结构，是最为详细的投入途径估算实践。Ahmad 和 Koh（2011）[3] 采用保姆替代成本法估算 OECD 成员国非 SNA 生产价值占 GDP 的比重最低的是韩国，为 19%，最高的是葡萄牙，为 53%，而采用机会成本法估算非 SNA 生产价值占 GDP 的比重最低的是匈牙利，为 37%，最高的是英国，为 74%。

（2）机会成本法

机会成本法的关键就是选择合适的从事非 SNA 生产活动的机会成本报酬率，一般根据年龄、教育程度、性别、区域、从事的生产类型等来替代。具体来看，可以分成两种替代思路：

第一种思路，用不同群体的工资率来代替相应不同群体的非 SNA 生产的机会成本报酬率，如 Weinrobe（1974）[4] 对 1960—1970 年美国女性非 SNA 生产价值的估算，将美国女性分为全职女性、主要职业女性、兼职女性和未就业女性来计算不同群体非 SNA 生产的机会成本率，估算结果表明，10 年间名义非 SNA 生产价值从 1960 年的 1011 亿美元扩大到了

---

[1] TaeHong, K., "Economic Evaluation of Unpaid Work in Republic of Korea", Korean Women's Development Institutem, 2001.

[2] Varjonen, J., Aalto, K., *Household Production and Consumption in Finland* 2001: *Household Satellite Account*, Helsinki, Finland: Statistics Finland and National Consumer Research Centre, 2006.

[3] Ahmad, N., Koh, S. H., *Incorporating Estimates of Household Production of Non-market Services into International Comparisons of Material Well-being*, OECD Statistics Working Paper, 2011.

[4] Weinrobe, M., "Household Production and National Production: An Improvement of the Record", *Review of Income and Wealth*, Vol. 20, No. 1, 1974, pp. 89-102.

1970年的1686亿美元。Nordhaus和Tobin（1972）① 同样根据就业情况将生产主体划分为就业者、失业者、家庭工作人员、学生等，选择相应的工资率来衡量不同群体的非SNA生产机会成本。

第二种思路，用某种工资率来代替全部非SNA生产主体的机会成本报酬率，选择合适的工资率，如Hirway（2005）利用第三产业的平均收入率、Goldschmidt-Clermont和Pagnossin-Aligisakis（1996）利用社会最低工资率、Aslaksen和Koren（1996）利用社会平均收入率等来代替全部非SNA生产主体的机会成本率。澳大利亚统计局（Austrlian Bureau of Statistics，1997）、Fukami（1999）、Tae-Hong（2001）等同样采用该方法估算了澳大利亚、日本和韩国的非SNA生产价值。

机会成本法估算结果极大地依赖于机会成本报酬率的选择，目前尚未有国家可以提供统一的机会成本报酬率，即便通过详细的时间利用调查也较难得到准确的机会成本信息。Tae-Hong（2001）② 的估算实践表明，不同的机会成本率选择，造成韩国非SNA生产价值11.08百万—19.56百万韩元的变化，非SNA生产价值占GDP的比重12.8%—22.9%的变化。资料表明，不同国家不同年份的估算结果存在差异，即使相同国家相同年份估算结果也不一致，主要原因是机会成本报酬率的选择具有浓重的主观色彩。Miranda（2011）③ 利用该方法比较了26个OECD成员国和三个新兴国家（中国、印度、南非）的非SNA生产情况，研究成果表明，各国非SNA生产价值（增加值）占GDP的比重为37%—74%，其中比重最低的是匈牙利，最高的是英国。

（3）专业人员替代成本法（行业替代法）

早在1964年，Sirageldin（1973）便采用该方法估算了美国非SNA生产的价值，Murphy（1978）、Adler和Hawrylyshyn（1978）也基于该法计

---

① Nordhaus, W., Tobin, J., "*Is Growth Obsolete?*" in *Economic Growth*, New York: Columbia University Press, 1972.

② Tae-Hong, K., "Economic Evaluation of Unpaid Work in Republic of Korea", Korean Women's Development Institute, 2001.

③ Miranda V, *Cooking, Caring and Volunteering: Unpaid Work around the World*, OECD Social, Employment and Migration Working Papers, No. 116, Paris, France, 2011.

算了美国及加拿大的非 SNA 生产价值。Fukami（1999）[①] 的研究更是该法的典范，详细分析了日本非 SNA 生产匹配的市场专业生产者，如烹饪活动采用厨师学员的工资率，清洁卫生采用建筑清洁工的工资率，洗衣服、制衣和缝补、家庭杂物和购物、幼儿照顾、老人护理、志愿活动分别采用洗衣工、织布工、管家、幼儿园教师、护理助理、服务业从业人员的工资率，估算出日本 1996 年的非 SNA 生产价值为 997760 亿日元，占 GDP 的比重为 20%。Frazis 和 Stewart（2006）[②] 对各类非 SNA 生产报酬率的选择更为细致，其所参照的是美国人口调查 CPS 中的市场专业生产者的工资率，并按照行业分类进行加权平均得到的。另外，澳大利亚统计局（1997）、Webster（1999）、Giannelli（2010）等同样采用该方法估算了美国、加拿大、澳大利亚及部分欧洲国家的非 SNA 生产价值。

其后，诸多学者基于拓展国民核算账户体系、衡量社会福利、测量实际经济增长、进行生产效率比较、开展女性经济贡献评价等各种目的，非 SNA 生产价值的估算方法得到了热烈的探讨，也呈现了一系列成果，较有代表性的包括澳大利亚 Trewin（2000）、加拿大统计局（Statistics Canada，2000）、新西兰国家统计局（Statistics New Zealand，2001）、韩国 Tae-Hong 和 Moon（2001），南非 Budlender 和 Brathaug（2002），等等。

Donehower（2014）[③] 建议采用专业人员替代成本法估算非 SNA 生产的货币价值，机会成本法基本不会采用，因为该方法估算的非 SNA 生产货币价值男性总是高于女性。保姆替代法一般也不采用，主要是由于在某些国家保姆通常是富有的家庭才会雇用的，因此用保姆工资可能会高估其价值，但是如果某些国家保姆是普遍存在的且有充分的数据信息则可用该方法估算非 SNA 生产价值。在 Donehower（2014）建议下，各国如奥地利（Hammer，2014）、德国（Kluge，2014）、匈牙利（Gál 等，2015）、意大

[①] Fukami, M., "Monetary Valuation of Unpaid Work in 1996", Department National Accounts, Economic Research Institute, Economic Planning Agency, Tokyo, 1999.

[②] Frazis, H., Stewart, J., "How Does Household Production Affect Earnings Inequality? Evidence from the American Time Use Survey", Bureau of Labor Statistics Working Papers 393, Washington, D. C., U. S., 2006.

[③] Donehower, G., *Incorporating Gender and Time Use into NTA: National Time Transfer Accounts Methodology*, Version 4, University of California at Berkeley, Department of Demography, Berkeley, 2014.

利（Zannella，2015）、斯洛文尼亚（Sambt 等，2016）、西班牙（Renteria 等，2016）、哥斯达黎加（Jiménez-Fontana，2017）、墨西哥（Rivero，2018）均广泛采用专业人员替代成本法估算非 SNA 生产价值。

2. 产出法

Ironmonger（2001）[1] 曾明确指出，理论上最合理的非 SNA 生产价值的估算应该基于产出的交换价值，通过市场上同类产品的价格对住户生产的产出直接估计。但产出法的难点在于数据收集存在较大困难，如非 SNA 产品、中间投入产品、固定资产、市场替代品，涉及产量、市场价格、存量变化、使用寿命，等等。

有少数国家利用产出法进行了非 SNA 生产活动进行了货币价值核算，学术界尚未对如何定义非 SNA 生产的产出单位达成统一意见，在现有的文献中，早期仅针对少部分生产活动展开探讨，如 Suviranta（1982）[2] 核算了芬兰三类活动——膳食制备服务、清洗衣物和打扫卫生，并以国有饭店膳食制备、私人干洗店的洗衣服务和幼儿中心的清洁服务作为相应的市场替代品来计算非 SNA 生产价值；Chadeau 和 Fouquet（1981）[3] 核算了法国膳食制备、洗衣及家庭维修等；并以宾馆和饭店相应的服务作为市场替代品。较为全面的是 Fitzgerald 和 Wicks（1990）[4]、Holloway 等（2002）[5] 对美国和英国家庭生产的产出统计，前者包括 8 类生产活动共 57 项产出，后者包括 7 类生产活动共 41 项产出，前者数据来源于对住户产出的直接调查，要求被调查者回忆劳动时间的投入信息和产出的数量等，并调查至少 6 家从事同类服务的厂商以获得平均价格作为相应市场替代品价格，如以"家庭餐厅和快餐店服务的平均价格"代替膳食制备服

---

[1] Ironmonger, D., "Household Production and the Household Economy", Department of Economics, the University of Melbourne, Research Paper No. 833, 2001.

[2] Suviranta, A., *Unpaid housework: Time Use and Value*, Housework Study Part 8, Ministry of Social Affairs and Health, Helsinki, 1982.

[3] Chadeau, A., Fouquet, A., "Peut-on Mesurer Le Travail Domestique?" *Economie et Statistique*, Vol. 136, 1981, pp. 29-42.

[4] Fitzgerald, J., Wicks, J., "Measuring the Value of Household Output: A Comparison of Direct and Indirect Approaches", *Review of Income & Wealth*, Vol. 36, No. 2, 1990, pp. 129-141.

[5] Holloway, S., Short, S., Tamplin, S., "Household Satellite Account Experimental Methodology", UK Office for National Statistics, London, 2002.

务的市场价格、以"当地洗衣服务价格"代替洗衣服务的市场价格、以"当地电器公司提供的维修服务的最低费用"代替电器维修服务的市场价格；后者数据来源于各种其他调查，如住房活动产出数量利用了国民经济核算资料、交通活动利用了全国旅游调查资料、成人照顾活动利用了家庭资源调查资料等，而且相应市场替代品的价格也来自英国不同的调查，如住户活动的市场价格用"全国学生住宿成本调查"中的餐点自理宿舍的房租代替，交通活动的市场价格用"全国旅游调查"的私人租用车辆的价格代替，成人照顾活动的市场价格用"老年人照顾活动市场调查"的家庭护理服务价格代替等。Harvey 和 Mukhopadhyay（1996）[①] 是第一次利用时间利用调查数据（Time Use Survey，简称 TUS）来估计加拿大非 SNA 生产的产出价值，计算了用餐的数量、照看小孩的时间、晚上住宿的天数，等等。Ironmonger 和 Soupourmas（2009）[②] 核算了澳大利亚膳食制备、衣服清洗、小孩照顾、住宿、交通、志愿活动、教育七大类活动的产出价值，创新在于增加了交通的产出，并以出租车每公里价格作为市场替代品价格。一些国家编制了住户生产的投入产出表，并核算了中间消耗和资本消耗如 Schäfer 和 Schwarz（1994）、Vihavainen（1995）、Ironmonger（1996）、Valle（2000）、Holloway 等（2002）。

理论上最合理的非 SNA 生产价值的估算方法是产出法，但产出法的难度在于数据收集和产出品的界定。而投入法核算的不同方法（机会成本法、专业人员替代成本法和保姆替代成本法）又导致核算结果有较大出入，所以目前实证研究的前沿是寻找产出的市场价值。

Ironmonger（2001）[③] 强调"在诸多估算无酬服务价值的方法中，最合理的方法便是通过基于产量统计和同类商品市场价格而计算的产出法"。此外，Goldschmidt - Clermont（1993）、OECD（1995）、Eurostat

---

[①] Harvey, A., Mukhopadhyay, A., "The Role of Time-Use Studies in Measuring Household Outputs: Accounting For Time", Conference of the International Association for Research on Income and Wealth, Lillehammer, Norway, 1996.

[②] Ironmonger, D., Soupourmas, F., "Estimating Household Production Outputs with Time Use Episode Data", Electronic International Journal of Time Use Research, Vol. 6, No. 2, 2009, pp. 240-268.

[③] Ironmonger, D., "Household Production and the Household Economy", Department of Economics, the University of Melbourne, Research Paper No. 833, 2001.

（2000）等均充分肯定了产出途径估算非 SNA 生产价值的优势，例如：可以估算同时从事的多种无酬劳动的价值，能保持与 SNA 生产产值估算原理的一致性，便于与 SNA 生产相关的价值指标进行比较，等等。Gál 等（2015）、Vargha 等（2016）也认为产出法更合理主要是因为它可以考虑到生产效率以及规模经济的不同影响，但现状是时间利用调查并不包含相关产出的数据，其他调查如租房及耐用品的调查所获得的数据又是有限的，所以产出法运用难度较大。

（二）住户生产卫星账户的构建及拓展

一个能打破 SNA 生产范围的限制，将非 SNA 生产纳入国民核算但又不会影响中心框架的最好方法就是建立住户生产卫星账户（Household Production Satellite Account，简称 HHSA）作为国民核算的附属账户。住户生产卫星账户核算了住户为自身最终消费而进行的货物和服务的生产的价值，包括了住户部门 SNA 生产和非 SNA 生产的使用与来源，反映了生产、收入形成、收入分配和消费的整个过程。

欧盟统计局（Task Force of Eurostat）最早进行了住户生产卫星账户的构建研究，通过在欧盟各国的理论研究和核算实践，Varjonen（1999）[①]发表了《住户生产卫星账户相关建议》的工作报告，该报告根据芬兰的时间利用调查数据，估算了住户非 SNA 生产的价值，并编制了住户生产卫星账户。随后相关学者如 Landefeld 和 Mcculla（2000）进行了卫星账户框架的构建，欧盟统计局（2003）[②]最终制定了一套指导性的有关住户生产卫星账户核算方法，即《住户生产和消费：住户卫星账户方法的相关建议》，该报告在 1999 年版的工作报告基础上，进一步总结了欧盟工作小组的研究成果，提出了对于劳动力成本、中间消耗和固定资本消耗的估价方法，住户卫星账户的编制方法，以及住户卫星账户与 SNA 中心账户的整合问题等建议。

联合国开发计划署和经济与社会事务部也在住户非 SNA 生产核算上

[①] Varjonen, J., Niemi, I., Hamunen E., Sandström T., Pääkkönen H., "Proposal for a Satellite Account of Household Production", Eurostat Working Papers, Luxembourg, 1999.

[②] Eurostat, "Household Production and Consumption: Proposal for a Methodology of Household Satellite Accounts", http://ec.europa.eu/eurostat/en/web/products-statistical-working-papers/-/KS-CC-03-003. 2003.

投入了大量人力物力,并出版了一系列指导性手册,如 2000 年出版的《住户账户:概念和编制经验》[1] 上下两卷分别阐述了 SNA 中心框架中的住户部门账户和作为中心框架扩展的住户卫星账户;2003 年出版的《将无酬劳动纳入国家政策》[2] 从时间利用调查数据的搜集、无酬劳动的活动分类、无酬劳动估算方法、估算结果分析、政策建议以及韩国、印度、蒙古等国的核算实践等模块系统地探讨了住户无酬劳动的核算方法。

在以上国际组织研究的推动下,许多国家也尝试估算住户非 SNA 生产价值和住户生产卫星账户的构建。新西兰国家统计局(2001)[3] 利用 1999 年新西兰时间利用调查的数据,估算劳动力价值作为住户非 SNA 生产的净增加值,并且对住户生产卫星账户的核算范围、与中心框架的整合等进行了阐述。英国是第一个采用产出法估算住户非 SNA 生产的国家,英国国家统计局(Holloway 等,2002)[4] 对住户生产从提供住房、提供交通、提供食物、提供衣着、提供小孩照顾、提供成人照顾、志愿活动 7 类分别估算了总产出、中间消耗、固定资本消耗,得出了住户非 SNA 生产的总增加值和净增加值,最终对住户生产卫星账户进行了构建。美国国家统计委员会(Abraham 等,2005)[5] 编著的《超越市场——美国非市场产出核算设计》,该书第三章住户生产部分探讨了住户生产投入和产出的数量和价值的估算、数据来源、住户生产卫星账户的编制等问题。芬兰统计局作为欧盟住户生产卫星账户工作小组的主要研究成员,在前期一系列的研究成果上,Varjonen 和 Aalto(2006)[6] 编著了《住户卫星账户——2001 年芬兰住户生产和消费》,该书主要探讨了住户生产卫星账户的核算

---

[1] United Nations, *Household Accounting: Experience in Concepts and Compilation*, New York: United Nations, 2000.

[2] The Department of Economic and Social Affairs of the United Nations, *Integrating Unpaid Work Into National Policies*, New York: United Nations, 2003.

[3] Statistics New Zealand, *Measuring Unpaid Work in New Zealand* 1999, Wellington: Statistics New Zealand, 2001.

[4] Holloway, S., Short, S., Tamplin, S., "Household Satellite Account Experimental Methodology", UK Office for National Statistics, London, 2002.

[5] Abraham, K., Mackie, C., *Beyond the Market: Designing Nonmarket Accounts for the United States*, Washington, D. C.: National Academies Press, 2005.

[6] Varjonen, J., Aalto, K., *Household Production and Consumption in Finland* 2001: *Household Satellite Account*, Helsinki, Finland: Statistics Finland and National Consumer Research Centre, 2006.

范围、住户生产（SNA 生产和非 SNA 生产）的价值估算以及住户生产卫星账户构建等问题，并以 2001 年芬兰为例编制了住户生产卫星账户。目前，美国、德国、法国、英国、芬兰、新西兰等国家已经定期编制住户生产卫星账户。

为了研究不同代际住户非 SNA 生产的产出和消费情况，即将年龄加入住户生产卫星账户，各国开始构建国民时间转移账户（National Time Transfer Accounts，简称 NTTA），作为住户生产卫星账户的拓展。Phananiramai（2011）是最早进行 NTTA 试点研究的，根据 Donehower（2012）的方法论指导，对泰国非 SNA 生产的时间转移进行了估算。随后，众多欧洲国家开始根据时间利用调查数据来构建 NTTA。如奥地利（Hammer，2014）、法国（Solaz and Stancanelli，2012；d'Albis 等，2013）、德国（Kluge，2014）、匈牙利（Gál 等，2015）、意大利（Zannella，2015）、斯洛文尼亚（Sambt 等，2016）、西班牙（Renteria 等，2016），都研究了各国住户非 SNA 生产在不同年龄和性别间的再分配模式。女性价值估算项目组（Counting Women's Work Project）① 的其中一个任务就是对非洲、拉丁美洲和亚洲国家的住户非 SNA 生产的货币价值在不同年龄和性别间转移进行了估算，从而比较女性市场生产和非市场生产的区别，强调女性对经济的贡献并为促进性别平等的公共政策提供依据。主要研究成果有：National Transfer Accounts（2017），Jiménez‐Fontana（2017），Rivero（2018）。还有一个项目研究组是 AGENTA 项目（Aging Europe‐An Application of National Transfer Accounts）② 致力于研究欧洲各国住户非 SNA 生产活动的产出、消费和转移，来反映不同性别和代际的非 SNA 生产活动的分配模式。最新研究成果 Vargha 等（2017）③ 通过对欧洲 14 国

---

① 该项目网站，http://www.cww‐dpru.uct.ac.za，涉及 9 个中低收入国家（哥伦比亚、哥斯达黎加、加纳、印度、肯尼亚、墨西哥、塞内加尔、南非、越南）和美国。

② 该项目网站，http://dataexplorer.wittgensteincentre.org/shiny/nta/。欧洲 14 个国家完成了 NTTA 核算，分别是：比利时、保加利亚、爱沙尼亚、芬兰、法国、德国、意大利、拉脱维亚、立陶宛、波兰、斯洛文尼亚、西班牙、瑞典和英国。

③ Vargha, L., Gál, R. I., Crosby‐Nagy, M. O., "Household production and consumption over the life cycle National Time Transfer Accounts in 14 European Countries", Demographic Research, Volume 36, Article 32, pp. 905‐944, March, 2017, https://www.demographic‐research.org/volumes/vol36/32/default.htm.

的 NTTA 核算结果分析发现,女性比男性花费更多的时间非 SNA 生产活动上,非 SNA 生产活动投入时间的峰值出现在育龄期 30—40 岁,这时候女性花费更多的时间在照料小孩,第二个峰值出现在退休以后,该阶段女性花费更多的时间在家务劳动上;女性从 20 岁开始,非 SNA 生产活动产出大于消费,是该活动的净提供者,相反,男性在大部分年龄都是非 SNA 生产活动的净受益者。

(三) 非 SNA 生产核算的分析应用研究

1. 提高女性地位的重要途径

许多国家意识到非 SNA 生产核算对女性的重要性,加拿大于 1971 年率先开始了非 SNA 生产价值的核算,各个国际会议也对此进行了探讨。1985 年哥本哈根召开的社会发展问题世界首脑会议上提出的行动纲领:鼓励扩大国际数据库,纳入现有数据中未包括的有益社会活动,例如妇女的无偿工作和对社会的贡献、非正规经济和可持续的生计;1995 年北京召开的第四届世界妇女大会,再次重申了提高妇女地位的问题,《北京行动纲要》中明确建议将住户无酬服务生产的估算列入正式文件。

Walker 和 Gauger (1973)[①] 提出,67%的家务劳动由妇女承担,但由于非 SNA 生产的产出价值不纳入国民核算,不仅女性较重的生产负担得不到重视,而且其经济贡献也明显低估。联合国 (United Nations, 2000)[②] 的一项研究报告也表示,女性承担了全世界工作总量的 75%,但是工资报酬仅为总工资的 10%,分得的财产也仅为总量的 1%。所以,在一些离婚诉讼案件中,由于妇女主要承担非 SNA 活动,其价值没法体现,因此也得不到公平的赔偿。Miranda (2011)[③] 研究表明,所有 OECD 成员国从事非 SNA 生产都是女性比男性多;平均来说,女性要比男性每天多 2.5 个小时。

---

① Walker, K., Gauger, W. H., "Time and its Dollar Value in Household Work", *Family Economics Review*, Vol. 37, No. 2, 1973, pp. 145–148.

② United Nations Development Fund for Women (UNIFFM), "Progress of the World'S Women", UNIFEM Biennial Report, New York, 2000.

③ Miranda, V., *Cooking, Caring and Volunteering: Unpaid Work around the World*, OECD Social, Employment and Migration Working Papers, No. 116, Paris, France, 2011.

ONS（2016）[①] 比较了英国2000—2015年非SNA生产各项活动的变化，从投入时间来看，女性照料小孩的平均每天投入时间2000年为2小时4分钟，2015年为1小时57分钟，虽然投入时间下降了，但是2005年74%的照料小孩活动是由女性提供的；从货币价值来看，照料小孩的货币价值2015年为1324亿英镑，其中69%的价值是由女性提供的。照料老人的货币价值为79.7亿英镑，其中59%的价值是由女性提供的。

2. 反映宏观经济真实情况

早在1944年，库兹涅茨就已经明确表示，如果遗漏了住户家庭服务生产和消费的信息，政府统计的国民收入总量是被低估的，最终消费也不能反映真实情况。Clark（1958）[②] 指出如果不考虑生产性住户活动，则会大大低估住户部门的收入甚至国民收入。Kende（1975）[③] 指出传统意义上的排除家庭成员非SNA生产活动产生的货物和服务，导致了最终消费并非真实消费的体现。Weinrobe（1974）[④] 表明越来越多的妇女进入劳动力市场，因而衡量出的生产率有所偏高，即GDP的经济增长率是高估的，这是由于只考虑市场性产出的变化，而未考虑由此产生的非市场产出的减少。Chadeau（1992）[⑤] 利用1970—1980年6个国家的相关数据，用专业人员替代成本法估算非SNA生产价值，结果显示住户消费将会比未估算非SNA生产价值时增长57%—83%。Goldschmidt-Clermont 和 Pagnossin-Aligisakis（1995）[⑥] 利用1980—1990年芬兰、德国和保加利亚3个国家的数据发现，将非SNA生产纳入国民核算，大约占总消费的60%。Ahmad

---

[①] ONS (Office for National Statistics), "Changes in the Value and Division of Unpaid Care Work in the UK: 2000 to 2015", Office for National Statistics, London, 2016.

[②] Clark, C., *The Economics of Housework*, Oxford: Bulletin of the Oxford Institute of Statistics, 1958.

[③] Kende, P., Vers Une *Évaluation De La Consommation Réelle Des Ménages*, Paris: Revue Consommation, CREDOC, 1975.

[④] Weinrobe, M., "Household Production and National Production: An Improvement of the Record", *Review of Income and Wealth*, Vol. 20, No. 1, 1974, pp. 89–102.

[⑤] Chadeau, A., *What is Households' Non-market Production Worth?*, OECD Economic Studies, No. 18, Paris, France, Spring 1992, p. 87.

[⑥] Goldschmidt-Clermont, L., Pagnossin-Aligisakis, E., "Measures of Unrecorded Economic Activities in Fourteen Countries", UNDP Background Papers Human Development Report, New York, 1995.

和 Koh（2011）[①] 利用 OECD 成员国非 SNA 生产核算的结果，比较了加拿大、荷兰、挪威、英国和美国非 SNA 生产价值对 GDP 增速的影响，结果显示，未考虑住户非 SNA 生产活动，官方公布的 GDP 平均增长速度均高估了实际的经济增长速度。

由此可见，住户非 SNA 生产活动，可能改变对宏观经济增长率趋势的测定，并导致居民消费水平和收入分配指标核算产生变化。例如，若将非 SNA 生产货币价值加入 GDP 中（称为调整后的 GDP），美国调整后的 GDP 在 1965 年将增长 39%，2004 年将增长 27%，2010 年将增长 26%（Landefeld 等 2009；Bridgman 等，2012）。Suh 和 Folbre（2016）[②] 通过对小孩照料部分进行更详细地价值估算得出美国调整后的 GDP 在 2004 年将增长 43%，2010 年将增长 43.9%。

3. 衡量福利水平的必要前提

经济意义上所描述的福利水平源自居民对自身偏好的满足程度。由于在实践中无法直接度量居民的满足程度，人们一般普遍采用"货币收入"来衡量居民个人的福利水平，以"国民总收入"来衡量全体居民的福利水平。早在 20 世纪 20 年代，福利经济学的创始人英国著名的经济学家庇古在《福利经济学》一书中就将国民收入与居民福利水平挂钩，现在仍有不少经济学家受其影响将 GDP 作为居民福利水平的同义词。

但是，GDP 作为衡量居民福利水平的指标也受到了广泛质疑。如 Becker（1981）[③] 提出，非 SNA 生产可以增加对货物与服务的消费总量，因此也是一种隐性收入。除了提供给住户内部成员使用的无酬服务外，对住户外成员提供的无酬服务如自愿帮助邻居照看小孩，照料老人等同样也增进了社会的福利。

[①] Ahmad, N., Koh, S. H., *Incorporating Estimates of Household Production of Non-market Services into International Comparisons of Material Well-being*, OECD Statistics Working Paper, 2011.

[②] Suh, J., Folbre, N., "Valuing Unpaid Child Care in the U. S.: A Prototype Satellite Account Using the American Time Use Survey", *Review of Income & Wealth*, Vol. 62, No. 4, 2016, pp. 668-684.

[③] Gary, S., Becker, A., *Treatise on the Family*, Massachusetts: Harvard University Press, 1981.

Nordhaus 和 Tobin（1972）[①] 认为经济福利和国民经济生产 GNP 是两个不同的概念。有一些特殊的组成部分会增加或减少总福利，那这些部分就应该从 GNP 中加入或去除。其中非 SNA 生产就是对福利有正的影响，因此 GNP 应该加上此部分来反映福利。Varjonen（1999）[②] 表示，住户为自身最终消费所生产的货物和服务应该作为住户可支配收入的一部分，并且与福利水平的测度有关。Hirway（2005）[③] 更为直接地表明，居民福利水平的衡量前提就是计算家务劳动等非 SNA 生产的价值，并将它们添加到 GDP 之上以衡量总福利水平。Ahmad 和 Koh（2011）[④] 从实证分析的角度，将住户非 SNA 生产的价值加入 GDP 中，用于各国福利水平的比较，结果是人均 GDP 中国比美国将提高 50%，因此，通过这样比较才能充分反映各国的福利水平。

更有部分学者构建了包含非 SNA 生产变量的福利函数，较有代表性的如巴德学院利维研究所开展的有关经济福利衡量问题的系列研究（Levy Institute Measure of Economic Well-Being, LIMEW）（Wolff, 2003; 2004; 2007; Wolff 等, 2009）。LIMEW 构建了包含一组变量的经济福利函数，包括基础货币收入（总收入 MI 扣除财产收入、政府转移收入的余额）、企业健康保险金、财产收入、政府净消费支出和住户生产价值，并以美国为例开展了 1959—2004 年经济福利的实际测度。Wolff 等（2016）[⑤] 最先利用 LIMEW 指数进行福利水平的国际比较，对 2000 年和 2005 年加拿大和美国的福利水平进行了比较，得出美国的福利水平高于加拿大，其中住户生产价值在加拿大的总福利中占有重要的作用，1999 年占总福利的

[①] Nordhaus, W., Tobin, J., "*Is Growth Obsolete?*" in *Economic Growth*, New York: Columbia University Press, 1972.

[②] Varjonen, J., Niemi, I., Hamunen E., Sandström T., Pääkkönen H., "Proposal for a Satellite Account of HouseholdProduction", Eurostat Working Papers, Luxembourg, 1999.

[③] Hirway, I., "Measurements Based on Time Use Statistics Some Issues", Paper Prepared for the Conference on Unpaid Work and Economy: Gender, Poverty and Millennium Development Goals, Levy Economics Institute, New York, 2005.

[④] Ahmad, N., Koh, S. H., *Incorporating Estimates of Household Production of Non-market Services into International Comparisons of Material Well-being*, OECD Statistics Working Paper, 2011.

[⑤] Wolff, E. N., Zacharias, A., Masterson, T., et al, "A Comparison of Inequality and Living Standards in Canada and the United States Using an Extended Income Measure", *Eastern Economic Journal*, Vol. 42, No. 2, 2016, pp. 171–192.

32.4%，2005年占总福利的27.8%，而美国1999年和2005年均只占总福利的21%。

4. 度量贫富差距，收入不平等程度

衡量收入不平等程度的常用方法是利用货币收入来计算基尼系数等，还有一种方法是根据广义收入来测量。所谓广义收入（Extended Income）是指除了住户的货币收入以外，还包括住户生产的货物和服务的价值，这部分价值主要利用时间利用调查来计算。Bonke（1992）、Jenkins 和 O'Leary（1996）、Gottschalk 和 Mayer（2002）、Bonke 等（2004）、Wolff 等（2004）学者从实证角度分别用货币收入与广义收入来衡量收入不平等程度，通过比较，得出的结论是用广义收入衡量更加公平。原因是当货币收入与住户生产收入呈负相关时，广义收入的变异系数比货币收入的变异系数要小。

Frazis 和 Stewart（2011）[1] 则认为之所以广义收入衡量收入不平等程度更公平，是因为加入了住户生产这部分固定收入，这部分收入相对于货币收入来说相当大，而不是因为货币收入与住户生产收入弱相关。另外，广义收入衡量收入不平等程度对于住户生产价值的均值是比较敏感的，但是对于住户生产价值的标准差是不敏感的，也意味着该方法具有一定的稳健性。住户生产价值均值10%的变化仅会引起标准差2%—3%的变化，因此有利于不同国家采用该方法进行国际比较。

Wolff 等（2016）[2] 利用包含住户生产价值的福利函数 LIMEW 对美国和加拿大进行收入不平等程度的比较，研究发现如果仅考虑货币收入，美国基尼系数2004年为0.465；加拿大基尼系数2005年为0.413，美国收入不平等程度大于加拿大5.2个百分点；但是利用 LIMEW 计算，美国基尼系数2004年为0.42；加拿大基尼系数2005年为0.357，美国收入不平等程度大于加拿大6.3个百分点。一方面说明 LIMEW 均比传统的用货币收入衡量的基尼系数下降了，另一方面美国与加拿大收入不平等的差距反

---

[1] Frazis, H., Stewart, J., "How Does Household Production Affect Measured Income Inequality?" *Journal of Population Economics*, Vol. 24, No. 1, 2011, pp. 3-22.

[2] Wolff, E. N., Zacharias, A., Masterson, T., et al, "A Comparison of Inequality and Living Standards in Canada and the United States Using an Extended Income Measure", *Eastern Economic Journal*, Vol. 42, No. 2, 2016, pp. 171-192.

而扩大了。

二 国内文献综述

我国有关非SNA生产核算的理论研究并不多，较早提出在中国进行非SNA生产核算的是2005年曾五一的《无偿服务核算研究》，文章通过介绍国外有关非SNA生产核算的情况，提出了在我国开展非SNA生产的设想。其后，介绍应用时间利用调查估算非SNA生产价值的方法（刘丹丹和车红华，2006），阐述了非SNA生产核算的必要性（谷彬，2007；吴燕华，2015），介绍了联合国非SNA生产的分类和我国的具体分类并进行了时间利用试点调查（罗乐勤，2008）。刘丹丹（2012）对各国住户非SNA生产核算的研究成果从估价方法、数据来源和核算工具三方面进行了总结，分析了住户非SNA生产核算在中国的现状并提出了相应对策。

在核算的数据来源——时间利用调查方面，我国研究脚步比较滞后。个别学者开展过小范围的调查，如王雅林教授在1980年、1988年进行了黑龙江居民时间利用调查，王琪延教授在1987年、1996年进行了北京居民时间利用调查。2003—2007年，国家统计局与瑞典统计局开展了关于时间利用统计的合作项目，并于2005年在浙江、云南两省进行了时间利用调查试点。在上述工作的基础上，国家统计局采用国际通行的标准和方法，于2008年在北京、河北、黑龙江、浙江、安徽、河南、广东、四川、云南、甘肃10省市组织实施了我国的第一次时间利用调查，并于2010年3月出版了部分调查数据——《中国人的生活时间分配——2008年时间利用调查数据摘要》，成为研究我国非SNA生产或住户无酬服务的重要资料。

在非SNA生产估算实践方面，较早的是罗乐勤（2008）[1]在厦门城镇地区和义乌农村地区进行了时间利用调查，并对住户非SNA生产进行了试算。随着我国2008年时间利用调查的开展，部分学者利用该数据进行了各省市乃至全国的非SNA生产货币价值的估算实践，如徐蔼婷（2011）[2]基于机会成本法的7种方法估算2008年我国非SNA生产货币价值为114181.8亿元，平均约占当年GDP的37.89%，基于保姆替代法估

---

[1] 罗乐勤：《住户无付酬服务核算若干问题研究》，《统计研究》2008年第6期。
[2] 徐蔼婷：《非SNA生产核算方法研究》，浙江工商大学出版社2011年版。

算出的我国非 SNA 生产货币价值为 54545 亿元，平均约占当年 GDP 的 18.05%；张一波（2011）[①] 利用投入法不同方法估算 2008 年浙江省家务劳动价值占当年 GDP 的 8.61%—21.60%；韦玫廷（2011）[②] 估算出北京市 2008 年家务劳动价值占当年 GDP 的 11.92%—17.58%；王兆萍和张健（2015）[③] 为了避免其他方法对数据的高估或低估，在投入法的基础上构造线性替代法估算了 2008 年甘肃省非 SNA 生产的价值占当年 GDP 的 34.63%。

在住户生产卫星账户构建方面，仅有个别学者进行了住户生产卫星账户的理论阐述和范式构建。刘丹丹（2007）从理论上系统阐述了住户无酬工作的含义、范围及分类和估价方法，并参照芬兰住户生产卫星账户，编制了住户生产卫星账户的框架，并探讨了如何将 SNA 指标调整为住户生产卫星账户指标。刘丹丹（2012）对各国住户非 SNA 生产核算的最新进展进行了总结，分析了住户非 SNA 生产核算在中国的现状，仅在对策建议中提到了定期编制住户生产卫星账户的建议。韩中（2011）从理论角度阐述了住户部门卫星账户的构建，重点研究了在 SNA 住户部门账户体系的经济交易项目如何调整到拓展后住户部门账户体系。韩中（2013，2016）侧重于对住户部门的卫星账户范式的设计，并通过案例研究和数据推演验证其所设计住户生产核算方法的可行性。

三 国内外文献评价

综上所述，国际上对非 SNA 生产核算问题的理论研究已经比较成熟，虽然各国在具体应用方面有稍许差异，但在非 SNA 生产活动的分类、时间利用调查和估算方法等问题上均达成了共识。目前国际上研究的重点是对各种估算方法研究的改进和住户生产卫星账户的构建及拓展研究。未来的研究方向主要是对投入法和产出法估算方法研究的新思路，如何将非 SNA 生产纳入国民经济核算范围，如何构建具有国际可比性的住户生产

[①] 张一波：《住户部门无酬服务产值几何？——以浙江省为例》，《统计科学与实践》2011 年第 6 期。

[②] 韦玫廷：《住户无酬服务价值的核算：市场替代成本法——以北京市为例》，《当代经济》2011 年第 6 期。

[③] 王兆萍、张健：《无酬家务劳动价值的新估算》，《统计与决策》2015 年第 5 期。

卫星账户等问题。

而国内对非 SNA 生产核算的研究,更多的学者是对非 SNA 生产的意义和方法进行了理论研究,仅有部分学者对非 SNA 生产货币价值进行了估算实践。因此,无论在理论上还是实践上,还未形成较为完整科学的方法论体系,相对于国民经济核算的其他理论,我国非 SNA 生产核算研究仍不完善。另外,非 SNA 生产核算方法仅有投入法而没有对产出法进行实践应用,更没有利用我国实际数据编制住户生产卫星账户。

我国是世界上最大的发展中国家,拥有规模最大的住户部门,特殊的国情使我国非 SNA 生产类型更加多样,构成更加复杂,对非 SNA 生产核算方法进行针对性的研究无疑是必要的。因此,全面系统地研究中国非 SNA 生产的核算理论和方法在理论和实践上均具有重要意义。据此,本书通过非 SNA 生产的核算范围、核算主体、核算内容等基本范畴、计量方式、货币价值估算方法等问题进行系统阐述、归类和评价,构建住户生产卫星账户,最终尝试进行我国非 SNA 生产核算理论的分析和实践探索,对我国非 SNA 生产核算进行投入法和产出法的估算,并编制我国住户生产卫星账户。

第三节 研究框架与内容

本书在吸收国内外相关文献研究的基础上,以 2008 年版 SNA 为理论依据,结合我国二元经济的具体国情,将经济学、统计学、会计学等理论和方法作为研究工具,对我国住户生产核算的基本范畴、核算方法及其与 SNA 的内在联系进行系统的研究,试图形成我国完整的住户生产核算理论和方法体系,丰富和完善国民经济核算体系。

一 研究框架

本书在吸收国内外相关文献的基础上,以 SNA2008 为理论依据,以住户部门提供的非 SNA 生产活动为主线,将经济学、统计学、会计学等理论和方法作为研究工具,对我国非 SNA 生产的核算范围、核算主体、核算内容等基本范畴、计量方式、货币价值估算方法进行了系统研究,估算了我国非 SNA 生产的货币价值并进行了应用研究,丰富和完善了现行的国民经济核算体系。

本书的研究思路为"明确核算对象→阐述核算方法→核算分析与应用→尝试实际核算",在此思路的统领下,整体框架如图1-1所示:

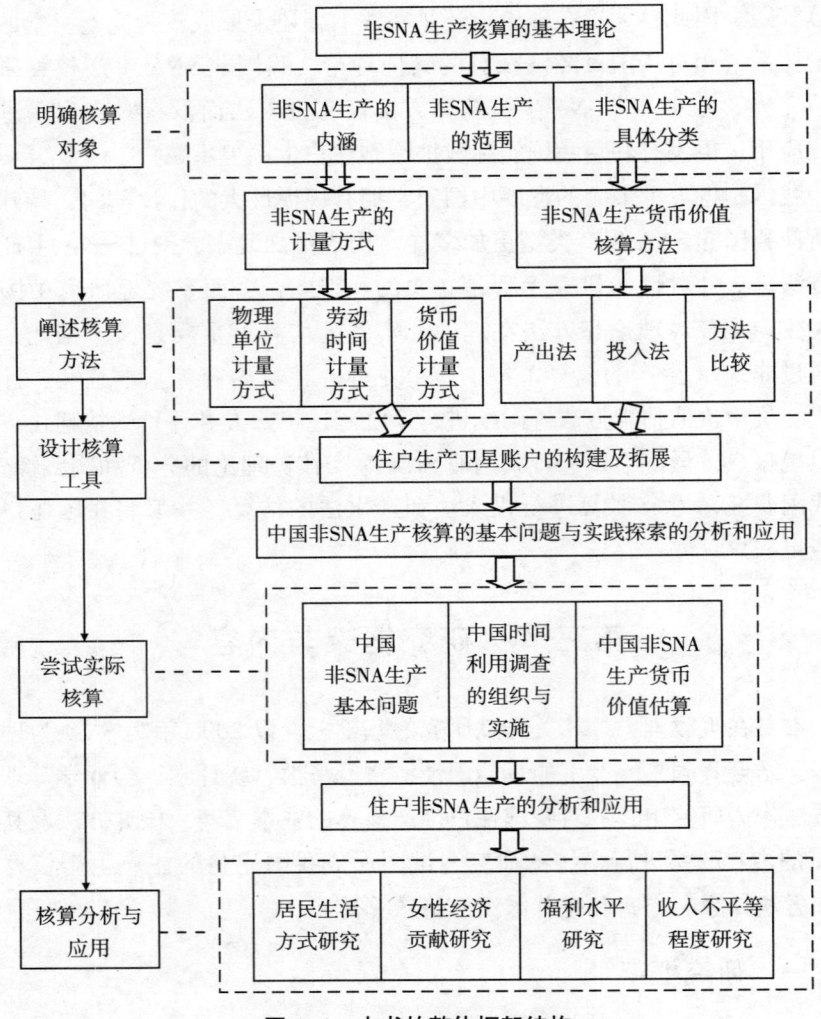

图 1-1 本书的整体框架结构

二 研究内容

基于国民经济核算视角,通过非SNA生产的核算范围、核算主体、核算内容等基本范畴、计量方式、货币价值估算方法等问题进行系统阐述、归类和评价,构建住户生产卫星账户,最终尝试进行我国非SNA生产核算理论的分析和实践探索，设计我国非 SNA 生产核算的基本思路。具体章节安排如下：

第一章为导论，主要介绍研究背景和意义，国内外相关的文献综述以及研究框架和研究内容。在文献综述部分，主要从三个方面进行论述，具体包括：非 SNA 生产的货币价值核算、住户生产卫星账户的构建及拓展和非 SNA 生产核算的分析应用研究。

第二章为非 SNA 生产核算的基本问题研究，从非 SNA 生产的内涵出发，主要介绍非 SNA 生产的整体内涵和分类内涵，明确核算对象。从服务生产理论的内涵与演变出发，基于 2008 年版 SNA 详细探讨非 SNA 生产核算的主体、核算的标准、核算的范围和具体分类等基本特征。进一步地，基于单一标志简单分类、多标志复合分类等视角系统分析非 SNA 生产的可能分类模式。

第三章为非 SNA 生产货币价值的估算方法，本章分成两部分，第一部分介绍非 SNA 生产的数据来源，主要包括时间利用调查、住户产出调查、专项调查等；第二部分通过国内外文献梳理，详细介绍投入法和产出法两种核算方法途径的思路及各国实践，其中投入法具体分成机会成本法、专业人员替代成本法、保姆替代成本法。通过不同方法估算非 SNA 生产货币价值，并对结果进行国际比较。

第四章为融入非 SNA 生产的住户卫星账户的构建及拓展，从住户生产核算的主体和范围出发，以住户循环账户作为核算工具，将非 SNA 生产加入住户生产、收入分配、可支配收入使用和资本账户中，最终构建出住户生产卫星账户。结合目前研究最新成果，对住户生产卫星账户进行了拓展，构建出国民时间转移账户（NTTA），详细阐述 NTTA 核算的方法，最后利用国际核算经验对 NTTA 的结果进行了分析。

第五章为中国非 SNA 生产核算的实践探索——以浙江省为例，本章主要探讨中国非 SNA 生产核算的范围和具体分类，为了获取产出法相关数据，设计住户投入产出问卷对浙江省四个地区的农村和城镇地区进行了抽样调查。详细分析了非 SNA 生产活动的时间利用特点，首次从投入法和产出法两个角度估算非 SNA 生产的货币价值并进行了比较。

第六章为非 SNA 生产核算结果的国际比较——以浙江省和 OECD 成员国为例，通过将浙江省与各国非 SNA 生产的实践结果进行比较，分析浙江省非 SNA 生产投入时间和非 SNA 生产货币价值的特点。总结归纳非

SNA 生产在居民生活方式、女性经济贡献、福利水平与收入不平等程度衡量的国际案例。

第七章阐述本书的主要研究结论与政策探讨，提出开展中国非 SNA 生产核算的政策建议，展望有待进一步探析的相关问题。

第二章　非 SNA 生产核算的基本问题

第一节　非 SNA 生产核算的主体

一　非 SNA 生产的主体概念

从机构部门的角度看,"非 SNA 生产活动"的主体为住户部门。住户部门由所有常住住户单位构成,根据 2008 年版 SNA 的定义:"住户是指这样的一群个人:他们共用生活设施,把成员的部分或全部收入或财产汇聚起来使用,集体性地消费某些货物和服务——主要是住房和食物。除了个体住户之外,还有所谓的机构住户,是指长期住在医院、养老院、宗教场所、监狱等地的人。"一般而言,住户和家庭相类似,每个住户成员都有权利享有住户的共同资源,这些资源主要是集体创造的财富,消费的是住房和食品,并且能至少影响由整个住户作出的关于消费或其他经济活动的一些决策。

二　非 SNA 生产的主体分类

(一) 按是否从事市场生产划分

根据主体是否从事市场生产,可将非 SNA 生产主体分为"自然人住户"和"非法人企业住户"。自然人住户是指一般居民,其对经济事务不具备充分的决策权和自主权;非法人住户是指独立的经济个体,根据一定的规则形成的经济组织形式。

住户部门在整个国民经济活动中并不仅仅扮演消费者的角色,同时也生产各种货物和服务,充当生产者的角色,住户所属非法人企业是住户进行生产的重要手段。非法人企业不同于法人企业,非法人企业不具有法人资格,不能独立承担民事责任,不能独立支配和处置所经营管理的财产,不能和其他经济单位签订合同,也不能以自己的名义发生负债。但与法人企业相似,非法人企业必须有符合规定的名称、固定的经营场所和设施、相应的管理机构和负责人、开展经营活动所需要的资金和人员、符合规定的经营范围和相应的财产核算制度,非法人企业的所有者无条件地以个人身份对生产过程中发生的债务或欠款负有责任。非法人企业主要可以分为个人独资企业、合伙企业和个体工商户三种,按照我国最新的国民经济行业分类,非法人企业从事的生产活动几乎涵盖了包括农林牧渔业、工业、建筑业、服务业、流通业等在内的所有行业,经营范围非常广泛,俨然已经成为我国现阶段经济发展的重要组成部分。非法人企业构成了住户的一部分,当住户成员拥有自己的、而不构成公司或准公司的企业,那么该企业就是住户的不可分割的部分。

可见,住户部门不仅包括通常所讲的家庭,同时还包括归属于这些家庭的非法人企业,两者共同构成了非 SNA 生产核算的主体。

(二) 按就业种类划分

按就业种类不同,将住户部门分为农业住户和非农业住户。其中,非农业住户仅从事农业以外的第二产业和第三产业的生产,而农业住户不仅从事农业生产,同时也可能从事第二产业和第三产业的生产。

对于农业住户和非农业住户,可以借鉴 2008 年版 SNA 划分子部门的方法,根据住户收入来源最多的收入类型进行进一步划分。住户的收入来源主要分为雇主混合收入、自给劳动者混合收入、雇员报酬、财产和转移收入。[①] 因此,按照住户收入来源最多的收入类型,本书将住户部门划分为雇主住户、雇员住户、自给劳动者住户、财产收入住户和转移收入住户,如表 2-1 所示。其中,雇主住户是指以经营非法人企业为主要收入的住户,该类企业的规模相对较大,一般雇用工人生产。雇员住户是指以通过提供劳动力获得工资为主要收入的住户。自给劳动者住户同样以经营非法人企业为主要收入,但企业的规模较小,并不雇用或连续雇用工人生产。财产收入住户是指以通过家庭拥有的动产(如存款、有价证券等)、不动产(如房屋、车辆、土地等)获得主要收入的住户,包括出让财产使用权所获得的利息、租金、专利收入等,以及财产运营所获得的红利、财产增值收益等。转移收入住户是指以获得国家、单位、社会团体的各种

---

① 主要收入一般指超过住户总收入 50% 的某项收入。

转移支付或居民间的收入转移为主要收入来源的住户，包括退休工资、失业救济金、赔偿、保险索赔、住房公积金、家庭间的赠送与赡养、亲友搭伙费等。

表 2-1   非 SNA 生产主体的构成

农业住户	非农业住户
雇主住户	雇主住户
雇员住户	雇员住户
自给劳动者住户	自给劳动者住户
财产收入住户	财产收入住户
转移收入住户	转移收入住户

第二节 非 SNA 生产核算的范围

一 生产活动的内涵与演变

开展非 SNA 生产核算的首要前提是确定核算范围，而对非 SNA 生产范围的界定很大程度依赖于生产，尤其是服务生产范围的动态演化，具体分成以下几个阶段：

（一）亚当·斯密的生产劳动理论

首先，亚当·斯密从货币所有者和资本家的角度给资本主义生产劳动下了一个明确的定义：凡是直接同资本相交换，能为雇主提供利润的劳动，就是生产劳动。不同资本相交换，而直接同收入相交换的劳动，就是非生产劳动。如制造业工人的劳动，通常会把维持自身生活所需的价值与提供雇主利润的价值加在所加工的原材料的价值上，也就是说，这样增加的价值，通常可以补还工资的价值，并提供利润，因而是生产劳动。反之，家仆的劳动却不能增加什么价值，家仆的维持费是不能收回的。其次，他又从劳动者的角度，提出了生产劳动的第二个定义：可以固定并且实现在特殊商品或可卖商品上的劳动就是生产劳动，不固定也不实现在特殊商品或可卖商品上的劳动就是非生产劳动。[①] 如制造业工人的劳动，可

---

① [英] 亚当·斯密：《国民财富的性质和原因的研究》（上），商务印书馆 1972 年版。

以固定并且实现在特殊商品或可卖商品上，可以经历一些时候，不会随生随灭，相当于把一部分劳动贮存起来，有必要时提出来使用。反之，家仆的劳动随生随灭，他的价值保存起来供日后雇用等量劳动之用是很困难的。由此可以看出，亚当·斯密把家仆劳动、律师服务、医疗服务等界定为非生产劳动。住户无酬劳动部分当然也属于非生产劳动。

可见，亚当·斯密把能否创造商品及其价值作为区分生产劳动与非生产劳动的标准，为马克思进一步剖析资本主义生产劳动的本质提供了理论前提。但是，他只是对生产劳动的内涵作了一般的抽象表述，没有对资本主义生产劳动作出具体的分析，因而不能认识到资本主义生产劳动的本质特征。

（二）马克思的限制性生产观

马克思肯定了亚当·斯密关于生产劳动的第一个定义，他认为该定义触及了问题的本质，抓住了要领，是巨大的科学功绩之一，亚当·斯密下了生产劳动是直接同资本交换的劳动这样一个定义，仍然是全部资产阶级政治经济学的基础。而关于生产劳动的第二个定义，马克思认为是一个错误的见解和比较浅薄的见解。认为其"越出了和社会形式有关的那个定义的范围，越出了用劳动对资本主义生产的关系来给生产劳动者和非生产劳动者下定义的范围"[①]，把基于自然经济中的生产劳动的界定囫囵地推适到资本主义生产中。

因此，马克思认为判断是否是生产劳动的标准要看劳动作为生产劳动的特性是否表现为一定的社会关系。因此，马克思把生产劳动的一般本质同资本主义的具体实际结合起来，指出在雇用劳动制度下，生产劳动的实质就是直接增殖资本的劳动或直接生产剩余价值的劳动[②]，揭示出资本主义生产劳动的本质特征。

按照马克思的生产观，服务劳动成为生产劳动与否的关键同样是看是否生产剩余价值。"饭店里的厨师和侍者是生产劳动者，因为他们的劳动转化为饭店老板的资本。这些人作为家仆，就是非生产劳动者，因为我没有从他们的服务中创造出资本。"[③] "作家所以是生产劳动者，并不是因为

---

① 马克思：《直接生产过程的结果》，人民出版社1964年版。
② 同上。
③ 同上。

他生产出观念,而是因为他使出版他的著作的书商发财。"[1] 可见,马克思的生产观依然是限制性的,只有提供物质产品的活动以及附着在物质产品之上的服务性活动才是生产。马克思认为在流通领域,只有运输业、邮政电讯业、商品仓储业、维修业等少数服务部门的劳动具有生产性,其余服务部门的劳动均是非生产性的。而非 SNA 生产活动当然不是生产性劳动。

(三) 新古典学派的拓展性生产观

随着商品经济的发展,除了物质需求外,更多的服务需求如教育、医疗、保险、娱乐等日渐迫切。边际效用创始人之一卡尔·门格尔提出物质价值取决于该物品所提供的各种欲望满足中最不重要的欲望满足对人的福利所具有的意义。[2] 该学派认为商品价值是人对商品效用的主观心理评价,价值量取决于物品满足人类的最后的、最小欲望的那一单位的效用。效用的提出,极大地拓展了生产范围,只要一种生产活动满足"把生产要素转换为具有某种效用的产出",便可将该活动归入生产范围。Fisher 首次提出了第三产业的概念,认为第三产业均是生产性劳动。[3] 基于拓展性生产观,新古典经济学家强调住户家庭为自身消费所进行的个人及家庭服务属于生产活动,因为该活动的产出具有效用。基于拓展性的生产观,新古典学派认为住户无酬劳动(即非 SNA 生产)的产出具有效用,因此也是生产活动。

(四) SNA 的折中性生产观

2008 年版 SNA 区分了两种生产:

1. 经济生产

SNA 将人类活动区分为生产活动和非生产活动,区分两种活动的标准是是否具有社会分工的因素。这里的社会分工是指活动成果是否具有生产者与使用者分离的特性,若某种活动的生产者与使用者能够分离,就体现了社会分工的因素,那么该活动就是生产活动;相反,非生产活动不具有社会分工的因素,其表现形式局限于自我活动范围内,不能雇用或请他人代劳,如吃饭、睡觉、锻炼等活动,就是非生产活动。可见,SNA 经

---

[1] 马克思:《直接生产过程的结果》,人民出版社 1964 年版。
[2] Menger, C., *Principles of Economics*, Auburn, Alabama: Ludwig Von Mises institute, 2007.
[3] Fisher A. G. B., *Economic Progress and Social Security*, London: Macmillan, 1935.

济意义上的生产活动与非生产活动同马克思所说的生产劳动与非生产劳动是截然不同的。SNA 的生产活动实际上可以定义为：生产是在机构单位负责、控制和管理下，利用劳动、资本、货物和服务投入而生产货物和服务的活动。[①] 作为产出的所有货物和服务都必须能够在市场上出售，或者至少能够有偿或无偿地由一个单位提供给另一个单位，也就是创造使用价值的活动。它强调的是生产成果的有用性，而没有考虑与生产成果有关的生产关系等问题。

经济生产观传承了拓展性生产观，根据是否具有社会分工来判断是否是生产活动又进一步可以用 Reid（1934）提出的"第三方"准则来判断，所谓第三方准则是指：如果一项活动能够委托给他人并且产生相同的预期结果，或其产出能够用于交换，该项活动就被认为是生产性的，否则，就是非生产性的。非生产性活动也称个人活动，例如吃饭、睡觉、盥洗、体育锻炼等，通常不能委托给他人代为完成，是非生产性活动；类似的，个人娱乐休闲旅游、去学校上课学习、游戏等有他人同时参与的集体活动，也必须自己亲力亲为而不能委托给他人，因此也是非生产性活动。由此可见，非 SNA 生产活动属于经济生产。根据第三方准则，非 SNA 生产核算范围可以描述为：由无须付酬的成员为住户成员提供的，当住户的收入、市场条件、个人偏好等情况允许的时候，可以由市场付酬劳动来替代的生产活动。

2. SNA 生产

SNA 提出了一个更严格的生产观，即 SNA 生产。SNA 生产范围包括以下三个方面：①所有提供或打算提供给其他单位的货物和服务的生产，包括生产这些货物和服务过程中消耗的货物和服务的生产；②生产者用于自身最终消费和资本形成的所有货物的自给性生产；③自有住房服务的自给性生产和雇用付酬家庭服务人员从事的家庭和个人服务的自给性生产（见表 2-2）。可见，SNA 的生产范围包含所有自产自用的货物，因为生产者可以在货物被生产出来之后再确定是将其出售还是自用。但 SNA 把为住户自身最终消费而进行的全部服务生产排除在生产范围之外（③除外）。理由是在提供这些服务之前，生产者已经明确该服务是用于住户内

---

① 联合国、欧盟委员会、经济合作与发展组织、国际货币基金组织、世界银行：《国民经济核算体系 2008》，中国统计出版社 2008 年版。

部消费的。SNA 关于生产范围的界定其实是一种妥协，但作为一个严谨的体系，它充分考虑了绝大多数用户的需求。这说明了在 SNA 和其他相关的统计体系中，将生产范围限定于市场活动或准市场活动的必要性。

表 2-2　　　　　　　　　　所有人类活动分类

大类	中类	小类
经济生产	SNA 生产活动（有酬劳动）	上文标注的①②③
	非 SNA 生产活动（无酬劳动）	无酬家务劳动、照顾家人、对外提供帮助等
非经济生产	非生产性活动（个人活动）	吃饭、睡觉、个人卫生、休闲娱乐和社会交往等

二　非 SNA 生产的判断标准

究竟哪些活动属于非 SNA 生产范围，关键在于如何判断生产性活动与非生产性活动。纵观国内外关于两者的区分标准，对于住户无酬劳动是否是生产活动，以及哪些活动属于生产活动，主要有以下标准：

（1）马克思的生产剩余价值理论。马克思并没有否认服务的生产性，但他认为只有该服务被资本家所雇用，才能生产剩余价值，才是生产劳动，而住户无酬劳动显然没有被他人雇用，而是一种无报酬的服务于家人的活动，因此，它不属于生产活动。

（2）社会分工标准。即能否做到生产者与使用者相分离。住户无酬劳动，如洗衣、做饭等，随着市场化及家政业的发展，可以做到生产者与使用者相分离。但有争议的是诸如自己给自己洗澡、穿鞋、吃饭等，其实也可以做到生产者与使用者相分离，只是通常我们不去雇用别人，而是自给自足。由此可见，社会分工标准不能清晰地界定住户无酬劳动中具体哪些活动属于生产性活动。

（3）第三方准则。国民经济核算的生产范围的确定是根据第三方准则，用于判断经济意义上的生产活动与非生产活动。2008 年版 SNA 进一步指出经济意义上的非生产性活动包括吃饭、喝水、睡觉、锻炼等基本的人类活动，这些个人的基本活动无法由他人代替进行，付钱雇他人进行锻炼不能使自己身体健康。体育锻炼、娱乐活动、睡觉休息等活动是可以根据第三方准则来判断，它们属于非生产活动，因为这些活动根本不能委托给他人完成以达到预期效果。而对于吃饭、喝水、洗澡等活动，实际上可以委托给他人进行喂食，也可以做到同样效果，但它们却属于非生产活动,还有一些国家把园艺活动认为是闲暇活动;父母花在孙子身上的时间必须作为住户服务计算还是作为一种闲暇活动计算?但是根据第三方准则它显然属于生产活动。另外,有些活动是生产性活动但是却不满足第三方准则,因为这些活动只能由本人完成。例如,去银行贷款或者向律师咨询意见这些活动大部分是需要面对面解决并由本人完成,由此可见第三方准则还存在一定的缺陷,并不能提供充分的无争议的分类。

三 非 SNA 生产的范围

住户部门的生产活动可以分为市场性生产和非市场性生产两部分,前者是用于市场交易的部分,后者则是住户自产自用的部分。两者的区分主要是根据生产成果能否在市场上按有经济意义的价格进行出售或以其他方式被处置。若是,则为市场性生产,反之则为非市场性生产。2008 年版 SNA 将住户部门的市场性生产和部分非市场性生产纳入生产核算范围中,而将住户为自身最终消费所从事的服务的生产和志愿服务排除在生产范围之外。根据 2008 年版 SNA 的定义,部分非市场性生产主要包括以下两个部分:一是住户为自身最终消费所进行的所有货物的生产,如农作物和牲畜的自给性生产,自有住房的建设等;二是住户为自身最终消费所进行的服务的生产只包括住户为自己提供的住房服务和付酬的家庭服务,其他所有住户为自身和其他住户成员最终消费所提供的住户无付酬服务都被排除在外。

为了便于区分,本书将住户部门核算期内所有生产活动中已被纳入现行生产核算范围中的部分称为住户 SNA 生产,而将被排除在生产核算范围之外的生产活动称为住户非 SNA 生产。因此,住户 SNA 生产包括住户部门市场性生产和部分非市场性生产,其中非市场性生产主要包括住户部门自给性货物生产、自有住房服务生产和有酬雇员服务生产。住户非 SNA 生产(住户无酬服务)主要是指住户为自身最终消费而从事的服务生产和对住户外成员提供的志愿服务,主要包括:①提供住房服务:包括住户室内外卫生打扫、清洁、住房的维修等;②提供食物服务:包括膳食制备和饭后清理;③提供衣物服务:包括衣物的洗涤、熨烫、缝补等;④照料活动:包括照料小孩及成年人;⑤志愿服务:住户成员向社区或其他住户无酬提供的帮助。其中此处的志愿服务是指产出形态为服务的活动,而那些产出形态为货物的志愿活动是包括在住户 SNA 生产中的。住户非 SNA 生产的核算范围如表 2-3 所示。

表 2-3 住户非 SNA 生产的核算范围

住户 SNA 生产						住户非 SNA 生产
住户市场生产	以货物为产出的志愿活动	住户为自身最终使用的生产				志愿服务
^	^	自给性货物的生产，特别是建筑物的建筑	自有住房服务生产	有酬雇员服务生产	其他自给性服务的生产	^

第三节　非 SNA 生产的具体分类

纵观已有的研究，尽管非 SNA 生产并不具有统一的分类范式，但基本遵循两种思路，即单一标志简单分类和多标志复合分类。所谓"单一标志简单分类"是指依据单一分类标志将非 SNA 生产划分成不同类别的过程，如将非 SNA 生产活动按照产出的使用价值分为居住类、食物类、衣着类、护理类、教育类、帮助类非 SNA 生产；将非 SNA 生产活动按照产出的消费价值分为：为住户内部成员消费的非 SNA 生产、为住户外部成员消费提供的非 SNA 生产活动。所谓"多标志复合分类"是指依据多个标志将非 SNA 生产划分成不同类别的过程，采用两个或两个以上分类标志，其分类过程更为灵活。

"单一标志简单分类"虽然操作简单，能够满足非 SNA 生产的基本分析需要，但是其分类结构过于单一，计量口径相对宽泛，无法满足深层次分析的需求，不利于对其货币价值进行估算。基于此，目前主流的分类方式是"多标志复合分类"。本书以联合国和欧盟的非 SNA 生产复合分类体系为例，阐明非 SNA 生产的具体分类。

一　联合国的非 SNA 生产分类体系

联合国的时间利用统计活动国际分类（International Classification of Activities for Time-use Statistics，简称 ICATUS）是对一天 24 小时所有活动的标准分类。该标准的主要目的是为时间利用研究在国际上和时间上的对比提供参考依据。

联合国统计署开发设计 ICATUS 遵循两个基本原则：①在与 SNA 体系

框架一致条件下开发这一标准以改进对妇女付酬和无付酬劳动的衡量。②确保与现行的各种国际分类标准一致。ICATUS 将各类活动分为三大类：①SNA 活动（落入 SNA 生产范畴的生产活动）；②SNA 扩展活动（属于一般生产范畴但在 SNA 生产范畴之外的生产活动，称非 SNA 活动）；③非生产活动（不属于生产性的活动或个人活动）。[①]

表 2-4 的 SNA 扩展活动正是非 SNA 生产核算的内容，基本分类结构见表 2-5。

表 2-4　联合国 ICATUS 中活动的一级大类分类

类别	一级大类
SNA 活动	01 为法人机构/准法人机构、非营利机构和政府工作（正规部门就业） 02 为家庭进行的初级产品生产（从事农业、林业、狩猎、渔业、矿业和采石业等活动） 03 为家庭进行的非初级产品生产（从事产品的制造活动） 04 为家庭进行的建筑业活动（从事建筑活动） 05 为家庭提供有收入的服务（从事有收入的服务活动）
SNA 扩展活动	06 住户内自身最终使用的无付酬服务 07 照顾住户成员户无付酬服务 08 向其他住户提供社区服务和帮助
非生产活动	09 学习 10 社会活动和社区参与 11 文化、娱乐和体育事件、比赛 12 嗜好、游戏和其他业余活动 13 户内与户外体育活动参与和相关活动 14 大众媒体的使用 15 个人料理和维护

表 2-5　联合国 ICATUS 分类标准中的非 SNA 生产具体类别

一级大类	明细分类
06 住户内自身最终使用的无付酬服务	06111　食品管理（食物准备供应及饭后清理） 06112　住宅和周围环境的保洁维护 06113　自己动手装饰、维护和小修 06114　纺织品和鞋袜的照管（衣物类和鞋类的清洁和保养） 06115　住户管理 06116　宠物照管 06121　购物和相关活动 06122　购买/利用服务和相关活动 062　以上活动涉及的相关旅行（出行路途时间）

[①] The Department of Economic and Social Affairs of the United Nations, *Guide to Producing Statistics on Time Use: Measuring Paid and Unpaid Work*, New York: United Nations, 2005.

续表

一级大类	明细分类	
07 照顾住户成员的无付酬服务	0711 0712 072	照顾孩子 照顾成人 以上活动涉及的相关旅行（出行路途时间）
08 向其他住户提供社区服务和帮助	0811 0812 0813 0830	对其他住户的无酬帮助 社区有组织的服务 有组织无酬志愿服务 其他社区服务
084 以上活动涉及的相关旅行（出行路途时间）		

二 欧盟的非 SNA 生产分类体系

为规范和统一欧洲各国的时间利用调查分类，欧洲统计局于 2000 年出版了《欧洲时间利用调查的一致性指导》(Guidelines on Harmonised European Time Use Surveys，HETUS) 对非 SNA 生产进行了详细的划分。[1] 该指导性文件对于促进欧洲各国的时间利用调查具有里程碑的作用。时间利用调查表的设计为欧洲 15 个国家提供了数据收集的灵活性和可计算性。基于各国实践经验，2000 年的指导性文件急需更新。因此，在 2005 年成立了时间利用调查工作小组，进行了指导文件的修订和各国实践的讨论，最终基于与 2000 年指导性文件的兼容性以及简化原则，出版了 2008 年版的《欧洲时间利用调查的一致性指导》[Guidelimes on Harmonised European Time Use Surveys：2008 Guidelines (Methodologies and Working Papers)]。2008 年版的指导性文件比 2000 年版对时间利用调查收集的数据在各国更具可比性，提供了更可靠的方法论基础，并大大增强了数据的使用价值。

表 2-6　　欧盟统计局的非 SNA 生产具体类别（2008 年版）

一级分类	二级分类	三级分类
3 住户内无酬服务和家庭照顾服务	31 食物准备	311 食物准备、烘烤及保存；312 洗盘子
	32 房屋维护	321 房屋清扫；322 院子清扫；323 供水供热；324 各种管理安排；329 其他房屋维护
	33 织物的制造和保养	331 洗衣物；332 熨烫；333 制造新的织物和手工艺品；339 其他织物的制造和保养

---

[1] European Commission & Eurostat, *Guidelines on Harmonised European Time Use Surveys*, Luxembourg：Eurostat, 2000.

续表

一级分类	二级分类	三级分类
3 住户内无酬服务和家庭照顾服务	34 园艺和宠物饲养	341 园艺；342 照料动物；343 照料宠物；344 遛狗；349 其他园艺和宠物饲养
	35 建筑和修理	351 房屋建造和翻新；352 房屋的修理；353 家庭设备的制造和维修；354 交通工具的维修；359 其他建筑和修理
	36 采购和服务活动	361 采购；362 商业和政府活动；363 个人活动；369 其他采购和服务活动
	37 家庭管理	371 家庭管理
	38 照顾孩子的服务	381 生理照顾及监督；382 教导孩子；383 陪孩子阅读、玩耍及交谈；384 陪伴孩子；389 其他照顾孩子的服务
	39 照顾成人的服务	391 对长期生病的成人的生理照顾；392 对长期生病的成人的其他照顾；399 对健康或暂时生病的成人的照顾
4 志愿者活动和参加会议（住户外）	41 机构工作或服务	411 机构工作或服务
	42 对其他家庭的非正式帮助	421 帮助房屋构建和维修；422 帮助工作和耕种；423 照顾生活在其他家庭的自己的小孩；424 照顾其他家庭的小孩；425 照顾其他家庭的成人；429 其他的非正式帮助
	43 参加活动	说明：不属于非 SNA 生产范围
9 出行（按目的分类）	/	936 与采购和服务相关、与家庭管理相关的出行；938 与照顾孩子相关的出行；939 与照顾成人相关的出行
	/	940 与志愿者活动和参加会议相关的出行

2008 年版指导性文件与 2000 年版在非 SNA 生产活动的分类中主要区别体现在对三级分类进行了合并或拆分，主要修订为：

（1）将 311 膳食/点心制备、312 烘烤和 314 食物保存合并为 311 食物准备、烘烤及保存；

（2）将 334 制造织物和 335 手工艺品合并为 333 制造新的织物和手工艺品；

（3）将 342 照料动物（宠物）拆分为 342 照料动物和 343 照料宠物；

（4）将 351 房屋建造和修理拆分为 351 房屋建造和翻新和 352 房屋的修理；

（5）将 362 商业服务和 363 政府服务合并为 362 商业和政府活动；将 367 宠物兽医服务改成 363 个人活动；

（6）将 383 与孩子阅读或玩耍和 384 与孩子交谈合并为 383 陪孩子阅

读、玩耍及交谈；将 386 陪伴孩子和 387 拜访学校/护理中心合并为 384 陪伴孩子。

除了联合国的 ICATUS 分类标准、欧盟 TUS 活动分类标准外，还有美国 ATUS 分类标准等。在各国的时间利用调查中，活动分类标准并不一致。而且即使参照标准相同，各国在具体活动上仍有差异。如日本的非 SNA 生产核算未包括房屋的维修和家庭园艺等活动，而欧美等国则包括在内。澳大利亚在购物活动中不包括浏览橱窗，而美国则包括在内。因此，在参照联合国的 ICATUS 分类标准下，各国都根据本国实际情况进行了相应的调整。

"多标志复合分类"充分展现了非 SNA 生产的具体结构，无论是欧盟统计局还是联合国的三级分类，均详细地展现了非 SNA 生产和各类活动的具体结构；分类的细化有利于进行非 SNA 生产时间成本报酬的选择，使估算非 SNA 生产的货币价值成为可能。

第三章 非 SNA 生产货币价值的估算方法

第一节 非 SNA 生产货币价值估算的数据来源

一 时间利用调查

时间利用调查（Time Use Survey，简称 TUS）是投入法估算非 SNA 生产货币价值的主要数据来源，也是产出法间接推算非 SNA 生产货币价值的重要来源之一。

（一）时间利用调查发展历史及现状

时间利用调查记录了人们一天的时间分配，跟谁一起，在哪里进行的活动或同时进行的其他活动。它为计算非 SNA 生产的货币价值提供了基础。

时间利用调查始于 20 世纪 20 年代，20 世纪中期主要用于了解居民的时间分配情况，进行生活质量评价等。随着社会的进步和时代的发展，时间利用调查方法技术的不断发展，1995 年第四次世界妇女大会通过的《北京宣言》和《行动纲领》提出了各国政府统计机构开展时间利用研究的动议，以改进对妇女无酬劳动的计量方法，客观反映妇女对国家经济社会的贡献。从 1995 年以后，欧盟各国、韩国、日本等发达国家已进行过多次时间利用调查。一些发展中国家如老挝、南非、巴勒斯坦、尼泊尔、印度、蒙古、危地马拉也开始进行时间利用调查，以改进对本国无酬劳动和非正规就业的统计。UNSD（2005）曾高度评价了时间利用调查的作用，认为其"为社会发展、劳动力分配、居民时间分配、无酬服务价值估算、居民养老金计划、居民健康医疗计划等问题提供了一个全新的研究视角"。基于此，100 多个国家和地区先后开展了不同形式的居民时间利用调查。表 3-1 列示了最新一期时间利用调查的时间和国家。从各洲来看，北美洲、欧洲、大洋洲大部分国家都实施了时间利用调查，而亚洲、非洲等国家也逐渐开展时间利用调查。另外，日本、荷兰、韩国、挪威、新西兰、芬兰等国家，时间利用调查已经成为一项常规性的调查，每隔 5 年或 10 年定期组织实施。英国、美国等国家的时间利用调查频率更高，每隔 1 年或 2 年就进行一次，这无疑为非 SNA 生产的深入核算奠定了基础。部分发展中国家，如印度、巴勒斯坦、巴西等国也较早地实施了本国的时间利用调查，积极为开展非 SNA 生产核算等研究积累经验。

表 3-1　　　全世界进行时间利用调查的国家（1990—2013）

洲别	国家及最新调查时间（年）
亚洲	中国 2008，蒙古 2000，韩国 2009，日本 2006，印度 1999，土耳其 2006，阿曼 2007—2008，伊拉克 2007，以色列 1991—1992，巴基斯坦 2007，泰国 2001，老挝 2007—2008，柬埔寨 2003—2004，菲律宾 2000，印度尼西亚 1998—1999，马来西亚 2003，巴勒斯坦 1999—2000
北美洲	加拿大 2005，美国 2008，墨西哥 2009
南美洲	厄瓜多尔 2005，玻利维亚 2001，巴拉圭 1997—1998，巴西 2009，秘鲁 2010，哥伦比亚 2012
欧洲	匈牙利 1999—2000，奥地利 2008—2009，比利时 2005，丹麦 2008—2009，芬兰 2009，法国 2009—2010，德国 2000—2001，意大利 2002—2003，西班牙 2002—2003，爱尔兰 2005，荷兰 2011—2012，挪威 2000—2001，波兰 2003—2004，葡萄牙 1999，斯洛文尼亚 2000—2001，西班牙 2002—2003，瑞典 2000—2001，英国 2005，立陶宛 2003，拉脱维亚 2003，爱沙尼亚 1999—2000，斯洛伐克 2006，罗马尼亚 2001，阿尔巴尼亚 1999，前南斯拉夫共和国 2004，保加利亚 2001—2002，塞尔维亚 2010—2011，希腊 1996，瑞士 2001
非洲	南非 2000，马达加斯加 2001，乍得 1995，贝宁 1998，尼日利亚 1998，摩洛哥 2011—2012，坦桑尼亚 2005，阿尔及利亚 2012，埃塞俄比亚 2012，加纳 2009
大洋洲	澳大利亚 2006，新西兰 2009—2010

我国研究脚步比较滞后，个别学者开展过小范围的调查，如王雅林教授在 1980 年、1988 年进行了黑龙江居民时间利用调查，王琪延教授在 1987 年、1996 年进行了北京居民时间利用调查。2003—2007 年，国家统计局与瑞典统计局开展了关于时间利用统计的合作项目，并于 2005 年在浙江、云南两省进行了时间利用调查试点。在上述工作的基础上，国家统计局采用国际通行的标准和方法，于 2008 年在北京、河北、黑龙江、浙江、安徽、河南、广东、四川、云南、甘肃 10 省市组织实施我国的第一次时间利用调查，并于 2010 年 3 月出版了部分调查数据——《中国人的生活时间分配——2008 年时间利用调查数据摘要》，成为研究我国非 SNA

生产或住户无酬服务的重要资料。

（二）调查工具

用来获取关于特定时期内活动及其持续时间的数据调查工具类型可分为两大组：时间日志法（Time Diaries）和这些日志的程式化问题（Stylised Questions）。

1. 时间日志法

时间日志法是对各类活动精确而详细的时间利用描述。时间日志的基本目标是使被调查人能够报告在特定时期内进行的所有活动和每项活动的开始和结束时间。主要涉及三项重要因素：

一是记录各项活动。根据活动记录方式的不同，时间日志法可分为事后译码和事前译码。事后译码也可称全面日志法（Full Diary），回答者可自由记录特定时间段的所有活动，事后再对活动进行编码分类。事前译码也称简化日志法（Light Diary or Simplified Diary），选择的活动类型是事先已经确定的，只要在指定的活动范围内回答时间利用情况即可。事后译码通常可以产生比标记过的预编码列表更为精确的描述。

二是记录各项活动的时间。根据间隔不同，时间日志法可分为开放式与固定时段式。开放式只需记录活动的开始与结束时间；固定时段式有10分钟、15分钟、30分钟和一小时不等。中国2008年进行的时间利用调查采用的间隔时间为10分钟（见表3-2），一般来说，短的时间段（5到15分钟）能让被采访者更轻易地回想起日常活动。

表3-2　　　　　　　　中国（2008）日志表内容

天色	时间段	您正在做什么？（指正在从事的主要活动，请用文字具体描述）	从事主要活动时您在哪里？（在表下活动地点中选填地点代码，如是交通活动，选填交通方式代码）	您同时还做什么？（指从事主要活动时，您还在做的次要活动，请用文字具体描述）	主要活动开始时与谁在一起？（划"√"标出，第5—8列可同时多选）			
					独自一人或与陌生人	家人			其他相识的人
						0—6岁	7—64岁	65岁及以上	
甲	乙	1	2	3	4	5	6	7	8

续表

天色	时间段	您正在做什么？（指正在从事的主要活动，请用文字具体描述）	从事主要活动时您在哪里？（在表下活动地点中选填地点代码，如是交通活动，选填交通方式代码）	您同时还做什么？（指从事主要活动时，您还在做的次要活动，请用文字具体描述）	主要活动开始时与谁在一起？（划"√"标出，第5—8列可同时多选）				
					独自一人或与陌生人	家人			其他相识的人
						0—6岁	7—64岁	65岁及以上	
	4：00—4：10								
	4：10—4：20								
	…………								
	…………								
	至次日								
	3：50—4：00								

三是记录附加相关信息。如某类活动进行的地点，与谁在一起进行此类活动，是否同时在进行其他活动，等等。此类附加信息一方面有助于统计分析，另一方面也有助于回答者更详细地回忆所进行的各类活动。

2. 程式化问题

程式化问题广泛应用在对特定活动的时间利用上，这类问题要求被访者回忆一段时间以前所进行的活动及时间利用情况，诸如"上一周你在照料小孩上花费了多长时间？""昨天你打扫卫生平均花了多少时间？"

利用这样一些提问，程式化问题收集关于先前24小时（或上周）一组特定的活动发生的频率和所花的持续时间的信息。被调查人提问在上一天（或前天或上周）是否参加了一项特定的活动。如果答案为是，要求被调查人回答当天在该项活动上花了多少时间。重要的是所列的活动应尽量全面以便捕获被调查人在给定时间内所从事的所有的活动。

3. 时间日志法与程式化问题的选择

时间日志法是用来反映时间利用情况的首选方法。时间日志法产生的回馈要比回答那些程式化问题来得更加可靠，同时，时间日志法允许报告复合的活动，即那些同时完成两种或两种以上的活动，以便给住户生产一个更全面的描述。但是，时间日志法可能产生低回应率和答案不可靠的风险，如果需要用几天或一周的时间来填写，会太繁重以至于住户不能坚持记。

程式化问题最大的优势在于成本比较低，并且能够对于某天不经常发生或者在一年之内才发生几次的活动进行时间记录和估价，它一般适合于短期时间（如昨天）发生的活动的记录。但是，一些研究结果也表明了程式化问题的缺陷，诸如"上一周你在照料小孩上花费了多长时间?"这类问题要求被访者回忆相当长的一段时间而且也会由于个人对照料小孩的理解不同而产生很大的差异，从而导致了统计误差比较大的情况。程式化问题的另一个缺陷就是它可能会受很多其他因素的影响，造成回答者报告他们想象的生产活动或者是他们认为来访者最希望听到的回答（如多报给小孩阅读的时间而少报看电视的时间）。

表 3-3 列举了部分国家时间利用调查的调查类型和调查工具。

表 3-3　　　　部分国家的时间利用调查相关情况比较

国家	调查名称	调查类型	调查工具
澳大利亚	1997 年时间利用调查	独立调查	全面日志法；5 分钟间隔
贝宁	1998 年时间利用调查	劳动力、收入、教育和相关社会指标调查模块	简化日志法；62 项活动；15 分钟间隔
加拿大	1998 年综合社会调查时间利用调查	独立调查	全面日志法；开放式时间
多米尼加	1995 年时间利用调查	独立调查	全面日志法；15 分钟间隔
芬兰	1999/2000 年时间利用调查	独立调查	全面日志法；10 分钟间隔
危地马拉	2000 年国民生活条件调查	生活条件调查模块	程式化问题；22 项活动
印度	1998 年时间利用调查	独立调查	全面日志法；60 分钟间隔
老挝	1998 年消费支出调查时间利用模块	消费支出调查模块	简化日志法；21 项活动；30 分钟间隔
墨西哥	1998 年时间利用调查	独立调查	全面日志法；开放式时间
蒙古	2000 年时间利用调查	独立调查	全面日志法；10 分钟间隔
摩洛哥	1997/1998 年妇女时间预算调查	独立调查	全面日志法；开放式时间
尼泊尔	1998/1999 年劳动力调查	劳动力调查模块	劳动力问卷调查中相关活动的程式化问题

续表

国家	调查名称	调查类型	调查工具
新西兰	1998/1999 年时间利用调查	独立调查	全面日志法；5 分钟间隔
尼加拉瓜	1998 年生活标准核算研究调查（LSMS）	生活标准核算研究调查模块	程式化问题；22 项活动
阿曼	1999 年度国民指标全面监测调查	住户收入和消费支出调查模块	简化日志法；23 项活动；15 分钟间隔
巴勒斯坦	1999—2000 年时间利用调查	独立调查	全面日志法；30 分钟间隔
韩国	1999 年时间利用调查	独立调查	全面日志法；10 分钟间隔
南非	2000 年时间利用调查	独立调查	全面日志法；30 分钟间隔
瑞典	2000 年时间利用调查	独立调查	全面日志法；10 分钟间隔

资料来源：The Department of Economic and Social Affairs of the United Nations（2005）。

（三）数据收集的方法

时间利用数据可通过参与人观察、自填式或访谈等方式收集。相对于所获取的数据的可靠性、答复率的效应和成本而言，所有这些数据收集方式各有优缺点。

1. 直接观察法

直接观察法是指观察者有目的、有计划地运用自己的感觉器官或借助科学观察工具（如照相机、摄像机，录音机等），直接对被调查者的日常活动进行观察和记录。

采用直接观察法时，调查点调查员观察和记录被调查人的时间利用情况。可以连续地或采用随机点式法进行观察。就连续观察而言，调查员在整个记录期内自始至终观察被调查人。另外，采用随机点式观察时，调查员只在记录期内随机选择的时点观察被调查人。

2. 自填式日志问卷法

自填式日志问卷法，即被调查者按照规定自己填写时间日志表，然后邮寄回调查者或者由调查者回收。在将时间日志表交给被选定的调查对象之前，调查者通常会先进行基本信息的访问问卷调查并对后续的日志表填写给予指导。

3. 访问调查法

时间利用调查经常将访问调查法作为收集数据的主要方式。最常用的是亲自或面对面访谈法。计算机辅助电话访问日益用于各种专题的住户调查，但只有少数几个国家采用。更常见的是访问调查法与回顾时间日志或程式化问题一起使用。

表 3-4 列举了以上几种方法的优缺点，适用范围及在时间利用调查中有哪些国家采用了这些方法。从表中可以看出，面对面的访问调查是时间利用调查最广泛采用的方法，也是一些发展中国家所采用的。而自填式日志问卷法被大多数的欧洲国家所采用。计算机辅助的电话访问法只有那些时间利用调查发展比较完善，具有先进的计算机处理和通信发达的极少数国家采用。表中各种方法并不是独立使用的，有时候往往是多种方法的结合运用。如多米尼加就采用面对面访谈与直接观察相结合，阿曼采用面对面访问与自填式日志问卷相结合，等等。因此，选择哪种调查方法，都应该与调查的目的及成本等因素综合考虑后决定。

表 3-4　　　　　　　　时间利用调查数据收集方法比较

数据收集方法	优点	缺点	采用的国家
面对面访问法	较高的参与度、可靠性与回答率；适用于受教育程度低的人群，通信工具不发达地区；在研究复杂问题和多目标调查中最适用	成本较高，费人力、费财力、费时间；对访问者需要专门的培训	印度（1998）、老挝（1998）、蒙古（2000）、韩国（1999）、南非（2000）、尼泊尔（1998/1999）、摩洛哥（1997/1998）、墨西哥（1998）、贝宁（1998）、多米尼加（1995）、尼加拉瓜（1998）、阿曼（1999）
计算机辅助的电话访问法	成本较低，节约了交通成本、数据采集成本，减少了记录误差；速度快；适用于多目标的调查	无电话人群被排除在外；同一住户内超过一个人的调查的回答率比较低；要求访问者具有在访问过程中迅速判断活动类型的能力	加拿大（1998）、丹麦（1997）、美国（2005）
自填式日志问卷法	适用于受教育程度较高的对象；回答者不易受外界干扰	回答率和有效率低；对无回答者的研究比较困难；不适用于文盲和半文盲对象	瑞典（2000）、新西兰（1998/1999）、澳大利亚（1997）、巴勒斯坦（1999/2000）、蒙古（2000）、韩国（1999）、阿曼（1999）
直接观察法	适用于调查人数少，调查时间短的特定活动；可作为其他调查方法的一个补充	成本较高；回答者容易受外界影响；适用于特殊群体如学生或小孩在医院、教室等受限制场所的活动调查	多米尼加（1995）

为了促进跨国统计数据的可比性，一些国际组织开始编制一些指导性

文件，主要是欧盟和联合国。2000年欧盟统计局的《欧盟时间利用调查指南》(*Guidelines on Harmonised European Time Use Surveys*) 以及2005年的联合国的《编制时间利用统计指南：计量有酬和无酬工作》(*Guide to Producing Statistics on Time Use: Measuring Paid and Unpaid Work*) 为有关国家开展时间利用调查提供了参考指南，主要包括数据收集和处理的标准和方法、时间利用统计活动国际分类。

理想的时间利用调查应该跨越一个年度，包括工作日和休息日，也包括公共假日。但是一些国家，以OECD成员国为例，如加拿大、中国、丹麦、法国、爱尔兰、日本、韩国、墨西哥和南非，只涉及了某一年或某一周的特定时间，不包括节假日时期将会造成每年工作时间的高估和非工作时间的低估。另外，爱尔兰、墨西哥采用了简化的时间日志表，因此，他们的数据相对来说也不够准确。

在不同的时间利用调查方法上，时间日志法被认为是黄金标准（Gold Standard）。被调查者记录24小时所进行的活动，事后采用编码的方式将其归类到ICATUS的时间活动分类中。程式化问题法则是记录每项活动所进行的时间，如果程式化问题中的活动分类足够详细，那么该方法有时候与时间日志法所获得的数据具有同样的效用。目前各国感兴趣的是发展新的时间利用数据收集方法如利用智能手机或其他互联网工具等。因此，未来5年内具有"黄金标准"的时间日志法可能会改变。①

二 住户产出调查

住户产出调查（Household Output Survey，简称HOS）是以获取住户生产产量信息为根本目的而开展的专项调查。无论是全面调查，还是抽样调查，住户产出调查均要求住户成员提供详细的生产活动种类和产出数量，因此住户产出调查是收集非SNA生产产出数据的首选途径。

从调查范围来看，较少有国家开展全国范围的住户产出调查。1979年，芬兰统计局实施的全国家务劳动调查与住户产出调查较为接近，除了以日记形式记录家务劳动信息外，调查内容还涉及住户生产的产出，但主要针对"膳食制备"和"衣物清洗"两类生产（Suviranta, 1982）。1990

---

① National Transfer Accounts, "Counting Women'S Work: Measuring the Gendered Economy in the Market and at Home", Hawaii: East-West Center (NTA Bulletin, No. 11), 2017.

年，Fitzgerald 和 Wicks（1990）在美国蒙大拿州米苏拉市的城市地区进行了住户产出抽样调查。基于对人口普查街道的划分，以系统抽样方法生成了 480 个住户家庭样本，调查内容包括家庭结构、成员年龄、就业和收入等背景资料和 8 类生产活动共 57 项生产的产出信息。根据活动的发生频率，Fitzgerald 和 Wicks（1990）区分了经常发生的生产活动和不经常发生的生产活动。对于经常发生的生产活动，要求被调查者回忆过去一周经常发生的生产活动产出量；对于不经常发生的生产活动，则要求被调查者回忆过去更长时间的产出量。同时，为比较家庭生产效率和市场生产效率，调查内容还包括劳动时间的投入信息。尽管采用回忆的方式来记录数据可能被调查者的以往而低估了某些生产活动产量，致使估计精度小于日记形式记录的产量估计结果，但该研究为利用住户产出调查获取家庭生产产出的相关研究积累了宝贵的经验。

Ironmonger 和 Perry（1990）在 1988 年组织开展了一次住户产出的试点调查。与 Fitzgerald 和 Wicks（1990）不同的是，试点调查采用问卷和日记相结合的记录方法。整个调查分成两部分：第一部分是家庭基本信息调查（以问卷记录数据），主要获取被调查者的人口和社会经济特征信息，如个人年龄、性别、婚姻状况、就业状况、教育状况、家庭结构、家庭收入等；第二部分是"生产时间和产出"调查（以日记形式记录数据），主要获取住户成员从事家庭 9 种生产活动的时间投入及全部产出信息。在持续一个星期的调查时间内，所有 15 岁以上的成年人均要求记录"烹调和清洗"和"照顾子女"的生产情况。基于此，日记根据记录内容分为三类：记录"家务劳动"和"其他维修及住所保养"的 H 型日记；记录"洗衣和衣服护理""园艺和动物照顾"和"教育"的 L 型日记；记录"购物"和"社区工作和照料老人"的 S 型日记。被调查要求对所从事的活动进行较详细的描述，如哪天、开始时间、持续时间、提供给谁等。研究小组最终获得了持续一个星期并覆盖所有住户生产产出的珍贵资料，为改进数据收集手段和估值方法提供了基础资料。

虽然非 SNA 生产活动的住户产出调查开展较困难，但通过其他方法可以提供相关住户生产的数据和住户生产活动进行的频率。例如每年在法国进行的"食物调查"，包括土生土长食品数量、在家做饭的次数、在饭店和食堂吃饭的支出和它们各自的价格，这些数据为估算非 SNA 生产中的"食物备制"的货币价值提供了信息。芬兰于 1980 年进行的住户劳动调查表明，获得更大范围的商品和服务的生产数量数据是可能的。芬兰的调查不仅得到了食品和餐饮生产的数据，还包括洗衣服的公斤数，和作为相应活动生产量指标使用的清洁住处的平方米数。它还报告了需要特殊照顾的幼童（7岁以下）和残疾人或慢性病人的数目，这些是估计"护理服务产量"的基础。产量的数量指标也可以从健康调查、住户预算调查或其他围绕住户生产各领域的特殊调查中获得。

三 其他调查

收集非 SNA 生产的产出数据还可借助其他途径。Holloway 等（2002）对英国家庭生产的产出统计，包括 7 类生产活动共 41 项产出。在产出数据的收集过程中采用多种渠道收集，如行政记录、专题研究报告、专项调查资料、国民经济核算资料等，如表 3-5 所示。

表 3-5　Holloway 等（2002）产出法估算非 SNA 生产价值的数据来源

非 SNA 生产活动	数据资料来源
提供住房活动	国民经济核算资料（The National Account）
提供交通活动	全国旅游调查资料（The National Travel Survey）
提供营养活动	2000 年 Taylor Nelson Sofres 市场研究报告
提供服装及洗衣服务	针织、羊毛织物和服饰的中间消耗资料 英国洗衣市场报告（Lever Faberge UK Laundry Market Report）
幼儿照顾活动	英国教育和技能部行政记录（The Department for Education and Skills for England） 英国卫生署（The Department of Health for England）
成人照顾活动	家庭资源调查资料（The Family Resource Survey）
志愿活动	国家统计局综合调查（National Statistics Omnibus Survey） 住户调查（The General Household Surveyt） 连续住户调查（Continuous Household Survey） 全国志愿者调查（The National Survey of Volunteers）

第二节　产出法估算非 SNA 生产货币价值

产出法是从产出途径估算非 SNA 生产的货币价值。具体公式为：
非 SNA 生产的总产值＝非 SNA 产品数量×市场价格
非 SNA 生产的增加值＝非 SNA 生产总产值－中间投入
非 SNA 生产的净增加值＝非 SNA 生产的增加值－固定资本消耗

一 估算非 SNA 生产的总产值

非 SNA 生产的总产值（总产出）是指一定时期内住户成员创造的所有非 SNA 产品货币价值的衡量。假设非 SNA 生产的产出品包括 n 种产品或服务，各类产品或服务具有相同或类似的市场替代品，且市场替代品具有稳定的价格，那么非 SNA 生产的总产值计算公式如下：

$$HP = \sum_i \sum_j (Q_{ij} P_i) \tag{3-1}$$

其中，HP 是非 SNA 生产的总产出，Q_{ij} 是第 j 个住户每年生产的第 i 种产品或服务的数量，P_i 是第 i 种产品或服务的市场替代品的价格。

以膳食的准备为例，其总产值＝膳食制备服务产量（餐/人）×市场替代品价格，其增加值＝总产值－为准备膳食而购买的原料、能源和其他材料消耗等中间投入。Colman（1998）曾明确指出，理论上最合理的非 SNA 生产价值的估算应该基于产出的交换价值，通过市场上同类产品的价格对住户生产的产出直接估计。Ironmonger（2001）同样也表示产出法是最合理的方法。产出法的难点在于数据收集存在较大困难，如非 SNA 产品、中间投入产品、固定资产、市场替代品，涉及产量、市场价格、存量变化、使用寿命，等等。

（一）非 SNA 产品或服务数量的统计

确定非 SNA 产品或服务数量的前提就是定义非 SNA 生产的产出单位（Output Unit）。产出单位是各类非 SNA 生产成果的计数单位，是衡量非 SNA 产品或服务数量的基本单位，其不仅直接影响最终统计的产量大小，更关系到被调查者对生产内容的理解。例如，将"膳食（小吃）的准备"的产出单位定义为次，那么某人一天准备了 3 次膳食和 2 次小吃的产量统计结果是 5 次；如果将产出单位定义为"人/餐"，如果 3 个人分享了上述的膳食和小吃，那么非 SNA 生产产量统计结果是 15 人/餐。为了便于比较，对非 SNA 生产的产出单位的定义一般按照其市场替代品的单位来定义，另外，为了体现与投入法估算非 SNA 生产货币价值的区别，尽量少使用时间单位来定义产出单位。比如照料小孩，一般产出单位定义为"小孩个数"，而不是"小时"。当然，如果市场上幼儿照料服务是根据时间来计价的，那么选择"幼儿/小时"为产出单位也是可行的。

早期如芬兰（Suviranta, 1982），核算了三类活动——膳食制备服务、清洗衣物和打扫卫生，将产出单位定义为"数量、重量和平方米"。较为全面的探讨是 Fitzgerald 和 Wicks（1990），对美国住户生产的产出单位进行了详细的刻画（如表 3-6 所示）。

表 3-6　Fitzgerald 和 Wicks（1990）对家庭生产的分类和产出单位的定义

非 SNA 生产类型	产出单位	非 SNA 生产类型	产出单位
A 清洁活动		熨衣服	件数
垃圾处理	袋	修补衣服	件数
吸尘	房间（或时间）	修改衣服	件数
一般房间整理	房间	E 修理维护活动	
厨房地面清洁	面积	电器维修	工作
厨房其他清洁活动	厨房	水管维修	工作
浴室地面清洁	浴室	内部喷漆	房间
浴室其他清洁活动	浴室	外部喷漆	房屋
盆、瓷砖、马桶清洗	浴室	结构的调整	工作价值
铺床	床	园林绿化	工作
换床单	床	交通工具的清洁	车辆
房间地面清洁	面积	交通工具的调整	工作
房间的其他清洁活动	房间	为交通工具添加润滑剂	工作
草坪修剪	草坪	为交通工具更换轮胎	轮胎
窗户清洁	窗户	交通工具的其他修理	工作
冰箱除霜	冰箱	烟囱清扫	烟囱
炉灶清理	炉灶	其他设备的修理	工作
橱柜清理	橱柜	F 食物准备	
车库清理	车库	家庭种植的食物	市场价值
庭院清理	庭院	牲畜养殖	市场价值
清理积雪	道路	打猎活动	磅
院子中犁地活动	院子	捕鱼收获	磅
院子垃圾处理	院子	野果的采摘	磅
B 未成年人照顾		G 杂项	
给小孩喂食	小孩人数	房屋升级服务	市场价值
给小孩换衣服	小孩人数	院子升级服务	工作
给小孩洗澡	小孩人数	缴税准备服务	返税
接送小孩	公里	H 劳动时间衡量	
C 膳食制备		照顾未成年人	小时
膳食制备和饭后清理	人/餐	照料老人	小时
D 衣物清洗及护理		照顾病人	小时
洗衣干衣	机器载重		

资料来源：Fitzgerald 和 Wicks，1990。

虽然表3-6所定义的生产范围与本书所定义的非SNA生产范围存在一定的差异，"食物准备（F类）"的多项产出如家庭种植的食物、牲畜养殖、野果的采摘等均不属于非SNA生产范围，但是该研究仍具有十分重要的参考意义。为了避免单纯地以时间投入来计量照顾服务类产出，Dalenberg等（2004）对照顾服务的质量与投入时间关系进行了系统的考察。研究发现，照顾服务的质量并非与投入时间成正比。例如父母选择观看孩子的篮球比赛，也可以选择陪孩子一起参加篮球比赛，从照顾服务的内容和质量来看，后者均高于前者。据此，应该根据照顾服务的工作量来定义产出单位更为合适，提出了"标准照顾日"的概念，将照顾时间和服务内容折算成标准单位。

Harvey和Mukhopadhyay（1996）是第一次采用时间利用调查数据来估计加拿大非SNA生产的产出价值，计算了用餐的数量，照看小孩的时间，晚上住宿的天数，等等。Ironmonger和Soupourmas（2009）核算了澳大利亚膳食制备、衣服清洗、小孩照顾、住宿、交通、志愿活动、教育七大类活动的产出价值，创新在于增加了交通的产出。结果显示，澳大利亚成人平均每天的家庭用餐数量为2.24餐、平均每周的家庭用餐数量为15.7餐（包括各类小吃）。Ironmonger和Soupourmas认为时间利用调查的用餐次数存在较大遗漏，便将以上数据提高了近一倍，以"平均每天的用餐数量为32餐"作为"膳食制备和服务"的产出数量，其他相关产出数量也做了类似的调整。

（二）市场替代品价格的选择

1. 选择合适的市场替代品

在现有的文献中，早期仅针对少部分生产活动展开探讨，如芬兰（Suviranta，1982），核算了三类活动——膳食制备服务、清洗衣物和打扫卫生，并以国有饭店膳食制备、私人干洗店的洗衣服务和幼儿中心的清洁服务作为相应的市场替代品来计算非SNA生产价值；法国（Chadeau and Fouquet，1981），核算了膳食制备、洗衣及家庭维修等；并以宾馆和饭店相应的服务作为市场替代品。Fitzgerald和Wicks（1990）对市场替代品的选择则相对谨慎，他们选择"家庭餐厅和快餐店服务"作为"膳食制备服务"的市场替代品、以"当地洗衣服务"作为"衣物洗涤及相关服务"的市场替代品、以"当地电器公司提供的维修服务"作为"电器维修服务"的市场替代品。Harvey和Mukhopadhyay（1996）选择"汽车旅馆的住宿服务"作为加拿大住户家庭"住宿服务"的市场替代品。

综观已有文献及各国实践,非 SNA 生产活动的市场替代品选择并没有统一的标准。Chadeau(1985)归纳了各类市场替代品的选择,虽然某些生产活动与市场替代品的匹配过于笼统,如用"酒店客房服务"作为"室内和室外清洗、园艺、房屋维修和保养"等 7 小类的市场替代服务,但该框架无疑具有十分重要的参考价值,见表 3-7。

表 3-7　　　　　Chadeau(1985)对市场替代品的选择

非 SNA 生产活动	市场替代服务
做饭、洗碗、商场购物(包括交通、排队购买和离开)	吃饭采用餐厅服务 小吃采用咖啡厅服务
室内和室外清洗、洗涤和熨烫亚麻制品、园艺、暖气提供、家庭耐用品购买、房屋维修和保养、房屋整理	酒店客房服务
服装缝纫和修补	裁缝的服务
小件物品的洗涤和熨烫	家务工的服务
汽车维修及保养	汽修工的服务
照顾婴幼儿	婴幼儿中心日间护理服务,婴幼儿护工提供的服务
儿童照顾(1—14 岁)、户外医疗保健、产妇护理、室内和室外比赛、户外活动、运送儿童、宠物照料	休闲中心工人提供的服务或儿童护工提供的服务
在家护理、成人护理	受过训练的护士提供的服务或助理护工提供的服务
监督的练习和功课、其他书籍的朗读	私人家教提供的服务
杂项:户口、档案、书信、行政问题处理(包括等待时间)	私人秘书提供的服务

2. 选择合适的市场替代品价格

对市场替代品价格的选择有多种渠道,可以选择调查地当地的市场价格、来自普查资料、官方的统计数据,也可以进行专项调查。

Fitzgerald 和 Wicks(1990)调查至少 6 家从事同类服务的厂商以获得平均价格作为相应市场替代品价格,如以"家庭餐厅和快餐店服务的平均价格"代替"膳食制备服务的市场价格",以"当地洗衣服务价格"代替"衣物洗涤及相关服务的市场价格",以"当地电器公司提供的维修服务的最低费用"代替"电器维修服务的市场价格"。

Holloway 等(2002)市场替代品数据来源于英国不同的调查,如住户活动的市场价格用"全国学生住宿成本调查"中的餐点自理宿舍的房租代替，交通活动的市场价格用"全国旅游调查"的私人租用车辆的价格代替，成人照顾活动的市场价格用"老年人照顾活动市场调查"的家庭护理服务价格代替等。

Ironmonger 和 Soupourmas（2009）核算了澳大利亚膳食制备、衣服清洗、小孩照顾、住宿、交通、志愿活动、教育七大类活动的产出价值，对市场替代品价格的来源更加丰富，具体见表3-8。其中，①住宿服务价格来自人口和住房普查（Census of Population and Housing），采用的是住宿业平均房价（人/晚）的80%替代，即60.03美元，扣除20%折扣是给予饭店对常住顾客的价格优惠。②膳食制备服务价格来自官方统计信息，采用的是饭店、咖啡店和快餐店的零售价格，并将膳食价格分成主食和点心的价格进行统计，最终确定成人膳食平均价格12美元（餐/人）和小孩膳食平均价格4.5美元（餐/人）。③衣物清洗服务价格来自"澳大利亚每天生活——住房、服装、餐饮、旅游及护理专项调查"（Daily Living in Australia-A Survey of Housing, Clothes, Meals, Trips and Care），将衣物分成三种类型：裤子裙子类，衬衫T恤类和内衣、袜子、手帕类，将不同类型衣物清洗价格进行平均，最终确定衣物清洗服务价格为2.18美元/件。④小孩照顾服务价格来自当地市场价格，以同时照顾两个小孩且每周工作46小时的家庭保姆工资9.25美元/小时来替代。⑤运输服务价格也采用当地市场价格，以墨尔本当地出租车的每公里收费1.8美元/公里替代。⑥志愿活动价格采用志愿者和社会工作者的机会成本报酬率24.09美元/小时替代。⑦教育活动价格采用联邦最低标准工资13.47美元/小时替代。

表3-8 Ironmonger 和 Soupourmas（2009）对市场替代品的选择

非SNA生产类别	产出单位	市场替代品价格	单价	数据来源
住宿服务	人/晚	住宿业平均房价	60.03美元	人口和住房普查
膳食制备服务	餐/人	饭店、咖啡店和快餐店的平均零售价格	成人：12美元 小孩：4.5美元	官方统计信息
衣物清洗服务	件	衣物清洗的平均价格	2.18美元	专项调查资料
小孩照顾服务	小时	家庭保姆工资	9.25美元	当地市场价格

续表

非 SNA 生产类别	产出单位	市场替代品价格	单价	数据来源
运输服务	公里数	墨尔本当地出租车的每公里收费	1.8 美元	当地市场价格
志愿活动	小时	志愿者和社会工作者的机会成本报酬率	24.09 美元	官方统计信息
教育活动	小时	联邦最低标准工资	13.47 美元	官方统计信息

二 估算非 SNA 生产的增加值

（一）非 SNA 生产中间投入产品的识别

社会产品根据经济用途可以分成两类，即最终产品和中间产品。其中，最终产品是指在核算期内不需要继续加工，直接作为社会投资和消费的产品和服务；中间产品是指在核算期内生产并需进一步加工，不能直接作为社会投资和消费的产品和服务，其价值体现即为中间投入。例如，吃面包是对面包的最终消费，因此面包是最终产品，但是生产面包所投入的面粉和水，是用于进一步加工面包的，因此面粉和水是中间产品。非 SNA 生产过程中所耗费的各种原材料、辅助材料、燃料、动力等低值易耗品以及有关的服务可称为非 SNA 生产的中间投入产品。OECD（1997）出台的"按目的划分的个人消费分类体系"（The Classification of Individual Consumption by Purpose，简称 COICOP）是对最终消费支出进行分类的指导性文件，该文件将住户的购买产品分为三大类：耐用品（Durable Goods，简称 D）、半耐用品（Semidurable Goods，简称 SD）、非耐用品（Nondurable Goods，简称 ND）三类。其中，D 是指购买频率较低，可在一年以上的时间内反复使用且具有较高单位价值的物品；ND 是指购买频率较高，使用时间较短甚至一次性消费的具有较低单位价值的物品；SD 是介于耐用品和非耐用品之间的一类物品，是指可以在较长时间内反复使用、单位价值相对较低的物品。具体来看，对非 SNA 生产中间投入产品的识别应该注意以下几点：

（1）根据货物或服务的使用目的来确定

住户购买的货物与服务是否属于非 SNA 生产中间投入产品，必须根据其实际使用目的进行判断。只有基于生产目的而消耗的产品才有可能属于中间投入，用来满足个人或家庭的物质、文化和精神需求的产品消耗仍属于最终消费品。以电力为例,如膳食制备、洗衣服等生产过程中耗用的电力,则属于中间产品;如看电视娱乐、听广播等耗用的电力,则属于最终产品。

(2) 根据货物或服务的消耗次数来确定

对货物与服务是否属于非 SNA 生产中间投入产品的识别可根据其消耗次数来判断。一次性消耗的产品有可能属于中间投入,而多次消耗的产品一般不属于中间产品。比如住户购买的蔬菜原料,其价值在一次膳食制备过程中全部转移,为一次性消耗品,而对于烹调菜肴所使用的铁锅来说,尽管其价值在一次膳食制备过程中也发生了转移,其转移量是微小的,铁锅还可重复使用,因此其并不属于非 SNA 生产的中间投入。

(3) 根据货物或服务的相对价值来确定

对货物与服务是否属于非 SNA 生产中间投入产品的识别可根据其相对价值来判断。相对价值低的产品有可能属于中间投入,而相对价值高的产品一般不属于中间产品。比如在小规模住房维修活动中使用个别小型工具,尽管其并非属于一次性消耗品,但与维修活动本身的产出价值相比,其单位价值较小,也往往被视为非 SNA 生产的中间产品。

(4) 中间消耗与产出口径的一致性

对货物或服务是否属于非 SNA 生产中间投入产品的识别还可根据"统计口径的一致性"来判断。原则上只有在 SNA 生产范围和非 SNA 生产范围内计算了产出,又在非 SNA 生产过程中被消耗的产品才有可能属于非 SNA 生产中间投入产品。

综上所述,非 SNA 生产的中间投入产品可以是非耐用品,也可以是半耐用品;可以是有形产品,也可以是无形服务;可以是 SNA 产品,也可以是非 SNA 产品。

(二) 非 SNA 生产中间投入产品的分类

Varjonen 和 Aalto (2006) 将芬兰的非 SNA 生产划分成提供住房、提供服务、提供衣物、提供照顾服务、购物活动和出行活动 6 类,并对各类非 SNA 生产的中间投入产品进行了详细的归纳,如表 3-9 所示。对几种共同使用的中间投入按照不同比例进行分摊,如电和天然气的分摊方式是 72% 用于提供住房,24% 用于提供食物,4% 用于提供衣物;水的分摊方式是 66% 用于提供住房,20% 用于提供食物,14% 用于提供衣物。

表 3-9　　　　　　芬兰非 SNA 生产的中间投入产品归类

非 SNA 生产	中间投入产品
提供住房	手套、房屋的修理和维护、燃料、木柴、一次性浴室用品、家具等维修服务、纸巾、纸袋、塑料袋、蜡烛、针、钉子、家电维修服务、住房保险服务、水（66%）、电（72%）、天然气（72%）
提供食物	米、面粉、土豆粉、玉米粉、鱼、肉类、蔬菜、糖盐、油、醋、沙拉酱、辣椒酱等调料、其他需加工的食物、水（20%）、电（24%）、天然气（24%）、家庭设备修理服务（50%）
提供衣物	布料、棉花、羊绒等材料、缝纫用品、水（14%）、电（4%）、天然气（4%）、家庭设备修理服务（50%）、洗涤剂、护理剂等
提供照顾服务	玩具、尿片、其他照顾用品
购物活动	与购物相关的出行、邮寄服务、通信服务、互联网服务、报纸期刊、银行收费服务
出行活动	汽车零部件、维修工具、其他交通工具零部件、润滑油、防冻剂、汽车维修服务、运输设备服务、运输设备维修服务、车库租赁服务、与交通相关的税收、保险和缴费服务

借鉴 Varjonen 和 Aalto（2006）的经验，结合 COICOP 的基本分类方法，以及第二章对非 SNA 生产范围的界定，本书对各类非 SNA 生产的中间投入产品归纳成以下几类：

1. 居住类非 SNA 生产的中间投入产品

居住类非 SNA 生产的中间投入产品是指在居住类非 SNA 服务提供过程中所耗费和使用的各种原材料、辅助材料、燃料、动力等物质产品及相关的服务。居住类主要服务就是非 SNA 生产范围中的"住宿服务"及"与房屋有关的维修保养服务"。其中"住宿服务"直接消耗的物质产品和服务包括水、电、一次性浴室用品、清洁服务等；"与房屋有关的维修保养服务"直接消耗的产品和服务包括房屋或设施的小型维修服务和保险服务、维修过程中使用的工具类产品，如水、电、天然气等。

2. 食物类非 SNA 生产的中间投入产品

食物类非 SNA 生产的中间投入产品是指在食物类非 SNA 服务提供过程中所耗费和使用的各种原材料、辅助材料、燃料、动力等物质产品及相关的服务。食物类主要服务是指"膳食制备"服务以及"食物类相关工具或设施的维修保养服务"。其中"膳食制备"服务直接消耗的产品和服务包括膳食制备过程中耗用的食材、调料品、水、电、天然气等产品；"食物类相关工具或设施的维修保养服务"直接消耗的产品和服务包括厨房设施的维修服务、烹调工具的维修服务等。

3. 衣着类非 SNA 生产的中间投入产品

衣着类非 SNA 生产的中间投入产品是指在衣物清洁、护理、修补等过程中消耗和使用的原材料、辅助材料、燃料、动力等物质产品及相关的服务。具体包括：布料、棉花、羊绒等原材料；肥皂、洗衣粉、洗衣液等洗涤用品；柔顺剂、鞋油等护理用品；水、电等辅助材料；针、线等缝纫用品；相关的运输和设备维修服务。

4. 护理类非 SNA 生产的中间投入产品

护理类非 SNA 生产的中间投入产品是指在提供各种照顾服务过程中所消耗和使用的原材料、辅助材料、燃料、动力等物质产品及相关的服务。护理类非 SNA 生产的中间投入产品可根据照顾对象进一步细分为：①儿童护理的中间投入产品，主要包括婴儿使用的尿片、尿不湿、小玩具、纸巾、湿巾、奶瓶等其他低值易耗品；②成人护理的中间投入产品，主要包括纸巾、湿巾等老年人、病人、残疾人照顾过程中所使用的一次性耗用品，也包括轮椅等相关设备的修理服务等；③宠物护理的中间投入产品，主要涉及宠物清洁、照顾过程中所有消耗品与服务。

5. 教育类非 SNA 生产的中间投入产品

教育类非 SNA 生产的中间投入产品是指对儿童或成人提供教育服务过程中所投入的原材料、辅助材料、燃料、动力等物质产品及相关的服务。主要包括纸、笔、报纸、黑板、益智玩具、学习软件等教育用品；电池、电灯辅助材料；与教育类非 SNA 生产相关的设备维修服务。

6. 无偿帮助类非 SNA 生产的中间投入产品

无偿帮助类非 SNA 生产的中间投入产品是向其他住户或机构单位提供无偿帮助过程中所消耗使用的各种原材料、辅助材料、燃料、动力等物质产品及相关的服务。由于无偿帮助类活动范围较大，其中间投入几乎涵盖了以上所有消耗用品和服务。

至于对多种活动共同消耗的产品，如水、电、天然气等，采用比例分摊方法确定其中间投入价值，而相关住户调查、家庭收支调查等为该分摊比例提供了计算依据。

（三）非 SNA 生产中间投入产品的计价

非 SNA 生产中间投入产品的计价应该根据产品的性质加以区分。对于由市场提供的中间投入产品的计价应选择购买者的价格计算；对于住户内部成员提供的中间投入产品应以市场替代品的价格作为计算依据。另外，与 SNA 生产中间投入产品计价原则一致，非 SNA 生产中间投入产品也应采取权责发生制原则，即只有当产品在非 SNA 生产过程中消耗时才能被记为中间投入，若未投入非 SNA 生产过程则不视为中间投入。

（四）估算非 SNA 生产的增加值

非 SNA 生产增加值是对一定核算期内住户成员生产的非 SNA 最终产品货币价值的衡量，测算的是非 SNA 生产所创造的新增的价值，反映了非 SNA 生产的经济贡献。计算公式如下：

$$\text{非 SNA 生产总产值} = \sum_i \sum_j (Q_{ij} P_i) \tag{3-2}$$

$$\text{非 SNA 生产中间值投入} = \sum_i \sum_j (q_{ij} p_i) \tag{3-3}$$

$$\text{非 SNA 生产增加值} = \sum_i \sum_j (Q_{ij} P_i) - \sum_i \sum_j (q_{ij} p_i) \tag{3-4}$$

其中，Q_{ij} 是第 j 个住户每年生产的第 i 种产品或服务的数量，P_i 是第 i 种产品或服务的市场替代品的价格，q_{ij} 是第 j 个住户每年消耗的第 i 种中间投入产品的数量，p_i 是第 i 种中间投入产品的市场替代品的价格。

根据以上公式，Varjonen 和 Aalto（2006）计算了芬兰各类非 SNA 生产中间投入和增加值，结果如表 3-10 所示。数据显示，志愿活动、护理活动和衣物制作及缝补具有相对较高的产出效率，其中间投入产出率分别为 95.23%、93.35% 和 92.08%，而宠物照料、膳食制备和房屋维护的产出效率相对较低，其中间投入产出量分别为 87.26%、74.28% 和 73.37%。

表 3-10　　　　2001 年芬兰各类非 SNA 生产的价值构成　　单位：百万欧元

非 SNA 生产分类	房屋维护	膳食制备	衣物制作及缝补	护理活动	宠物照料	志愿活动	总计
总产出	25919	23169	6578	5290	2552	5351	68859
中间投入	6901	5959	521	352	325	255	14313
总增加值	19018	17210	6057	4938	2227	5096	54546
固定资本消耗	1897	637	135	66	62	41	2838
净增加值	17121	16573	5922	4872	2165	5055	51708
投入产出率（%）	73.37	74.28	92.08	93.35	87.26	95.23	79.21

资料来源：Varjonen 和 Aalto，2006。

三 估算非 SNA 生产的净增加值

要估算非 SNA 生产净增加值，必须先估算固定资本消耗。固定资本消耗，在中国一般称为固定资产折旧。估算思路为：先识别非 SNA 生产固定资产并掌握非 SNA 生产固定资产的具体分类，然后确定其使用比例，选择合适的折旧方法，最终估算出固定资本消耗。

（一）非 SNA 生产固定资产的识别

非 SNA 生产固定资产是指在非 SNA 生产过程中被重复或连续使用一年以上且单位价值较高的房屋、建筑物、家庭设备、运输工具以及其他与非 SNA 生产有关的器具、工具等。识别非 SNA 生产固定资产必须注意以下几点：

（1）并非所有的家庭耐用品都是非 SNA 生产固定资产。尽管非 SNA 生产固定资产多数以家庭耐用品的形式存在，但只在非 SNA 生产过程中投入使用的耐用品才是固定资产。例如，织物和布料、皮革品和鞋类（除部分外）并不参与非 SNA 生产，而电视机、音像设备等部分家用电器可能参与非 SNA 生产，如用于幼儿照顾，也可能用于休闲娱乐。因此，家庭耐用品并不与非 SNA 生产固定资产等同，只有参与非 SNA 生产的家庭耐用品才是固定资产。

（2）非 SNA 生产固定资产的单位价值相对较高。对非 SNA 生产固定资产单位价值高低的判断可通过与非 SNA 生产的产出价值比较得到。如果家庭耐用品的单位价值较高，可将其归入固定资产的范畴，反之，则视为非 SNA 生产的中间投入产品。例如，在提供衣物的非 SNA 生产活动中，尽管缝衣针在较长时间内反复使用，而其相对价值小，因此往往将其作为非 SNA 生产的中间投入产品。

（3）非 SNA 生产固定资产还包括家庭半耐用品。非 SNA 生产还涉及许多用具和设备，如锅、餐具、锤子、锯子等。这些产品具有较长的使用寿命和较低的单位价值。在非 SNA 生产过程中，家庭半耐用品发挥了与耐用品类似的作用，当其价值并不很小时，将其归入非 SNA 生产固定资产是合理的。因此，并非所有的家庭半耐用品都属于非 SNA 生产固定资产，仅涉及其中单位价值相对大的部分。

（二）非 SNA 生产固定资产的具体分类

与其他活动一样，资本和劳动在住户非市场生产中可以相互替换。显然，创新和发明，如洗碗机、洗衣机、微波炉等为劳动替代资本提供了可能性。因此，非 SNA 生产固定资产的分类和估算显得尤为重要，在不同国家不同时点的比较上要具有一致的方法。

根据欧盟和 OECD 基于 GDP 的最终消费的分类（Eurostat – OECD Classification of Final Expenditure on GDP Categories），将家庭耐用品分为家用电器、机动车辆和耐用消费品，如家具、工具设备等（如表 3-11 所示）。值得注意的是，并非表中所列的家庭耐用品都属于非 SNA 生产固定资产，如汽车，除了用于住户非市场生产外，也用于休闲活动等。因此，表中的家庭耐用品并不与非 SNA 生产固定资产等同，只有参与非 SNA 生产的家庭耐用品才是固定资产。

表 3-11 欧盟和 OECD 基于 GDP 的最终消费的分类（固定资产部分）

编号	类别	具体内容
11.05.11.1	厨房家具	厨房用的桌子、椅子、橱柜等
11.05.12.1	地毯和其他地板覆盖物	地毯、垫子和其他可移动的地板覆盖物（不包括瓷砖和地板）
11.05.31.1	主要家用电器	冰箱、洗衣机、烘干机、洗碗机、熨烫机、锅、电饭煲、烤箱、微波炉、空调、加湿器、取暖器、热水器、换气扇、抽油烟机、真空吸尘器、蒸汽清洗机、洗地毯机、洗涤、打蜡、抛光地板机器，保险柜、缝纫机、编织机、饮水机等
11.05.51.1	主要工具和设备	电动工具如电钻、锯、割草机、园艺拖拉机、水泵等；此类物品修理
11.06.13.1	治疗器具和设备	眼镜、隐形眼镜、假牙、助听器、医疗按摩器材及健康灯、轮椅、拐杖、血压器等
11.07.11.1	柴油动力汽车	柴油动力汽车
11.07.11.3-5	汽油动力汽车	汽油动力汽车
11.07.12.1	摩托车	所有类型的摩托车、电动自行车、雪地车、边车等
11.07.13.1	自行车	自行车和三轮车包括人力车的所有类型
11.07.14.1	畜力车	畜力车
11.08.21.1	电话和传真设备	电话、无线电话、传真机、电话答录机、电话扬声器；此类物品修理
11.09.11.1	音像设备	电视机、盒式磁带播放机和录像机、收音机、CD 机、唱片机、音响、麦克风、耳机等
11.09.12.1	照相和摄影设备和光学仪器	照相机、电影摄影机和录音摄像机、摄像机、电影和幻灯机、放大机、配件（屏幕、观众镜头、闪光灯附件、过滤器、曝光表等）、望远镜、显微镜和指南针

续表

编号	类别	具体内容
11.09.13.1	信息处理设备	个人电脑、显示器、打印机，计算机软件如操作系统、应用程序、语言等，计算器，打字机
11.09.21.1	户外休闲的主要耐用消费品	露营车、拖车、超轻型飞机、滑翔机、热气球，船舷外马达、船帆、索具，游戏和运动（独木舟、皮船主要项目、冲浪板、潜水设备），高尔夫球车（包括拟合出船、露营车、大篷车等）
11.09.22.1	室内娱乐乐器和主要耐用消费品	各种乐器（包括电子乐器，如钢琴、小提琴、吉他、鼓、小号、单簧管、长笛、录音机、口琴等），台球桌，乒乓球桌，球球机，游戏机等
11.12.31.1	珠宝、钟表	宝石、金属和珠宝，珠宝饰物，袖扣和领带别针，钟表、手表、秒表、闹钟、旅行钟，这些物品的修理

资料来源：https://www.techylib.com/el/view/spotpull/oecd-eurostat_classification_of_expenditure_on_gdp。

Varjonen 和 Aalto（2006）对芬兰的非 SNA 生产的固定资产进行了详细的划分（如表 3-12 所示）。借鉴芬兰的经验，并结合 COICOP 的观点及第二章生产核算范围的界定，本书将各类非 SNA 生产的固定资产进行归类。

表 3-12　　　　　　　　芬兰非 SNA 生产的固定资产归类

非 SNA 生产	固定资产类型
提供住房	沙发、椅子、桌子、床、地毯、衣柜、梳妆台、空调、暖气设备、冷气机、电风扇等，电灯、台灯、手电筒、热水器、淋浴房、浴霸、浴缸、热水器、浴霸、浴缸、吸尘器、水桶、盆等
提供食物	电冰箱、冷藏柜、柜子、吊柜、冷热水供应系统、排水设备、洗物盆、洗物柜、消毒柜、粉碎器、调理的台面、盘子、刀叉、水杯、燃气灶、电磁炉、微波炉、烤箱、电饭锅、豆浆机、餐厅中的家具设备和进餐使用的工具和器皿等
提供衣物	洗衣房、洗衣机、烘干机、晾衣设备、缝纫机、电熨斗等
提供照顾服务	婴儿房、婴儿车、婴儿床、玩具、轮椅、按摩器等
购物活动	电话、手机、传呼机、个人电脑等
出行活动	机动车、雪橇、自行车、游艇等

资料来源：Varjonen 和 Aalto，2006。

1. 居住类非 SNA 生产固定资产

居住类非 SNA 生产固定资产是指住户成员提供居住类非 SNA 生产服务过程中被重复或连续使用一年以上且单位价值较高的房屋、建筑物、家庭设备及其他工具等。主要包括以下五类：第一类是家具类，如沙发、椅子、桌子、床、地毯、衣柜、梳妆台等；第二类是空调设备，如空调、暖气设备、冷气机、电风扇等；第三类是照明设备，如电灯、台灯、手电筒等；第四类是洗浴设备，如热水器、淋浴房、浴霸、浴缸等；第五类是清洁设备，如吸尘器、水桶、盆等。

2. 食物类非 SNA 生产固定资产

食物类非 SNA 生产固定资产是指住户成员提供食物类非 SNA 生产服务过程中被重复或连续使用一年以上且单位价值较高的房屋和厨房用具等。具体包括五类，第一类是储藏用具，如电冰箱、冷藏柜等食品冷藏用具、柜子、吊柜等食物用品储藏用具；第二类是洗涤用具，主要包括冷热水供应系统、排水设备、洗物盆、洗物柜、消毒柜、粉碎器等；第三类是调理用具，主要包括调理的台面、切菜、调制食物用的工具和器皿；第四类是烹调用具，包括燃气灶、电磁炉、微波炉、烤箱、电饭锅、豆浆机等；第五类是进餐用具，包括餐厅中的家具设备和进餐使用的工具和器皿。

3. 衣着类非 SNA 生产固定资产

衣着类非 SNA 生产固定资产是指住户成员提供衣着类非 SNA 生产服务过程中被重复或连续使用一年以上且单位价值较高的洗衣场地、洗涤用具、储衣用具、干衣设备、护理设备等。如洗衣房、洗衣机、排水系统、洗物盆、水池、衣柜、收纳盒、烘干机、晾衣设备、缝纫机、电熨斗等。

4. 护理类非 SNA 生产固定资产

护理类非 SNA 生产固定资产是住户成员在对儿童、病人、老人或其他家庭成员提供照料服务过程中被重复或连续使用一年以上且单位价值较高的房屋、设备和工具。与其他类型的固定资产相比，护理类非 SNA 生产所涉及的固定资产相对较少，主要包括婴儿房、婴儿车、婴儿床、玩具、轮椅、按摩器具及相应的通信设备等。

5. 教育类非 SNA 生产固定资产

教育类非 SNA 生产固定资产是指住户成员提供教育类非 SNA 服务过程中被重复或连续使用一年以上且单位价值较高的房屋、家具、电子设备及相关的学习用具等。其中，教育类非 SNA 生产所涉及的房屋主要指书房；家具主要包括书桌、书架等；电子设备则主要包括电脑、电子词典、录音机、MP3、打印机、复印机等；相关的学习用具泛指书本、算盘、模型等教具。

6. 无偿帮助类非 SNA 生产固定资产

无偿帮助类非 SNA 生产固定资产是指住户成员向其他住户或机构单位提供无偿帮助过程中所使用的耐用品。该类非 SNA 生产没有特定的固定资产，必须根据无偿帮助的实际活动内容进行相关固定资产的判断，而较为常用的固定资产包括交通工具和通信工具等。

(三) 确定非 SNA 生产固定资产的使用比例

由于家庭耐用品和半耐用品既可用于生产活动（包括 SNA 生产和非 SNA 生产），也可用于非生产活动（如个人休闲娱乐）。那么该类产品应归属于固定资产还是最终消费？也就是非 SNA 生产固定资产的使用比例如何确定问题，一般有两种方法。

1. 单一归属法

所谓单一归属法是指住户成员根据购买的目的对耐用品和半耐用品属性进行判定，并依据判定结果进行处理的一种方法。该法主要针对的是耐用品和半耐用品最初的购买动机。以私家车为例，如果住户成员购买私家车的目的是方便购物，那么该私家车就属于住户固定资产，其支出记为固定资本形成，其消耗记为固定资产折旧；如果住户成员购买私家车的目的是休闲旅游，那么该私家车就属于最终消费品，其支出应当计入最终消费支出。该方法操作简单，可行性强，与 SNA 对耐用品的识别和处理方式保持一致，但是由于耐用品和半耐用品都是多用途产品，该方法往往无法反映住户对家庭耐用品和半耐用品的真实使用情况。

2. 比例归属法

对耐用品和半耐用品生产与非生产使用比例的确定可根据实际使用量计算，也可基于时间利用来推断。以私家车为例，其生产和非生产的比例可以根据行驶里程数来确定，如果一年中有 60% 的行驶里程数用于购买商品、照顾孩子等非 SNA 生产活动，则将购买私家车支出的 60% 记为固定资产形成，而将剩下的 40% 计入最终消费。比例归属法最大的优点在于反映了住户家庭耐用品和半耐用品的真实使用情况，但由于操作过程较为烦琐，该法并不被推崇。

Varjonen 和 Aalto（2006）根据使用年限对家庭耐用品和半耐用品的类别归属展开了专门探讨，详细情况如表 3-13 所示。大部分家具、设备、电器及房屋日常维护用具生产使用比例为 100%，其他生产使用比例为 0—30%。其中 C06131D（眼镜、隐形眼镜、假牙、助听器），C06132D（其他治疗康复用具），C07110D（汽车），C07120D（摩托车、雪地车），C07130D（自行车）的生产使用比例是根据使用时间计算的。

表 3–13　　　　芬兰家庭耐用品和半耐用品的生产使用比例

COICOP	家庭耐用品和半耐用品种类	使用年限（年）	生产使用比例（%）
C05111D	家具	15	100
C05112D	园艺和其他室外家具	10	100
C05113D	灯具	10	100
C05114D	艺术品	10	100
C05115D	装饰品和镜子	10	100
C05120D	地毯和其他地板覆盖物	12	100
C05311D	烤箱和炉子	15	100
C05312D	冰箱和冷冻机	13	100
C05313D	洗衣机、洗碗机、烘干机	12	100
C05314D	缝纫机	20	100
C05315D	电饭锅、微波炉、吸尘器	15	100
C05510D	园艺工具	10	100
C06131D	眼镜、隐形眼镜、假牙、助听器	5	21
C06132D	其他治疗康复用具	5	21
C07110D	汽车	18	30
C07120D	摩托车、雪地车	10	0
C07130D	自行车	10	30
C08120D	通信设备	5	20
C09111D	收音机、复读机等	10	100
C09112D	电视机、录像机	10	100
C09130D	个人电脑、计算器、打字机	5	20
C05211SD	纺织品	10	100
C05212SD	床垫	10	100
C05320SD	家用小电器	7	100
C05411SD	盘子	15	100
C05412SD	餐具和炊具	15	100
C05413SD	其他日常用品	15	100
C05521SD	家用容器及工具	10	100

COICOP	家庭耐用品和半耐用品种类	使用年限（年）	生产使用比例（%）
C05522SD	小型电器配件	10	100
C09320SD	渔具	7	100
C09342SD	宠物用具	8	100
C12222SD	婴儿车、安全座椅等	3	100

注：D 表示家庭耐用品，SD 表示家庭半耐用品。

(四) 估算非 SNA 生产固定资本消耗

1. 非 SNA 生产固定资本消耗的含义

非 SNA 生产固定资本消耗是指在核算期内，由于自然因素、磨损等导致住户成员拥有和使用的非 SNA 生产固定资产存量预期价值的下降。对非 SNA 生产固定资本消耗而转移到非 SNA 产品上的价值的补偿方式就是"非 SNA 生产固定资产折旧"。

2. 非 SNA 生产固定资产的折旧方法

非 SNA 生产固定资本消耗往往通过折旧的提取来体现，常用的折旧计提方法有：直线法、工作量折旧法、加速折旧法。其中，直线法计提折旧主要是根据固定资产的使用年限计提折旧，工作量折旧法依据固定资产的实际工作量来计提折旧，加速折旧法基于"前期折旧多、后期折旧少"的原则来计提折旧。计算非 SNA 生产固定资产的折旧主要分成两步：

第一步，计算当期非 SNA 生产固定资产的价值

对非 SNA 生产固定资产的价值通过资本存量乘以单位资本的价格计算（Jorgenson 和 Griliches，1967）。对非 SNA 生产固定资产存量的计算广泛使用的是永续盘存法（Perpetual Inventory Method，简称 PIM），计算公式为：

$$K_t = K_{t-1}(1 - \delta) + I_t \qquad (3-5)$$

其中，K_t 为第 t 年的资本存量，K_{t-1} 为第 $t-1$ 年的资本存量，I_t 为第 t 年名义投资，δ 为折旧率，一般为 20%。[①]

单位资本的价格包括三个部分：资本的回报、折旧和重估，计算公式为：

---

① 20%的折旧率是根据类似固定资产如车辆和计算机的折旧率设置的。

$$P_K^t = P_I^t(r+\delta) \qquad (3-6)$$

其中，r 是年资本回报率，一般为 4%①，P_K^t 为资本价格，P_I^t 为耐用消费品价格指数。

最终，非 SNA 生产固定资产的价值计算公式为：

$$P_K^t K^t = (r+\delta) P_I^t K^t \qquad (3-7)$$

第二步，利用不同的折旧方法计提折旧

考虑到非 SNA 生产固定资产类型的差异以及住户成员对其不同的使用方式，基于非 SNA 生产固定资产的具体类别来探讨折旧方法是合理的，主要分成以下几种类别：

(1) 具有明确使用寿命的非 SNA 生产固定资产折旧方法。表 3-13 显示，具有明确使用寿命的非 SNA 生产固定资产多为家具、电器设备、日常维护用具及交通工具等。该类别固定资产的折旧宜选择直线折旧法，这不仅因为其具备使用年限数据，更因其价值的损耗方式基本与住户成员的使用习惯吻合的特征。基于直线折旧法计算的各期折旧额是相等的，如一台洗衣机的购买价格为 1800 元且使用寿命为 12 年，则每年的固定资本消耗额为 150 元。芬兰统计局（Varjonen and Aalto，2006）、欧盟统计局（Task Force of Eurostat，2003）等也赞同采用直线折旧法来计算该类非 SNA 生产固定资产的折旧额。

(2) 房屋类非 SNA 生产固定资产的折旧方法。2008 年版 SNA 唯一计提折旧的固定资产是居民自有住房，其所采用折旧方法是固定折旧率法。所谓固定折旧率法是基于固定资产原始价值或重置价值，根据预先规定的折旧率来计提各期折旧额的方法。如荷兰自有住房折旧率为 4%、我国农村居民自有住房的折旧率为 2%、我国城镇居民自有住房的折旧率为 4%。因此对房屋类非 SNA 生产固定资产也可以选择固定折旧率法来确定。

(3) 不具有明确使用寿命的非 SNA 生产固定资产折旧方法。对于种类繁多、新旧更替较为频繁、不具有明确使用寿命的非 SNA 生产固定资产，不建议每种资产都分别折旧，可以采用分类折旧法替代。所谓分类折旧法是指以一类非 SNA 生产固定资产为对象，采用直线折旧法或固定折旧率法对其计算总折旧的一种方法。例如将非 SNA 生产固定资产分为洗

---

① 4%是根据类似文献的惯例和实践设置的。

涤类、工具类、餐具类等小类，洗涤类非 SNA 生产固定资产的期初结存数为 400 元，本年新增价值 100 元，平均使用年限为 5 年，如采用直线折旧法，分类折旧的结果是对该年洗涤类非 SNA 生产固定资产计提 100 元的折旧。

（五）估算非 SNA 生产净增加值

非 SNA 生产净增加值是指非 SNA 生产增加值中扣除固定资本消耗的余额，是对非 SNA 生产创造的实际新增价值的测度。表 3-14 给出了 2001 年芬兰各类非 SNA 生产净增加值的计算过程。

表 3-14　　　　2001 年芬兰各类非 SNA 生产的价值构成　　　单位：百万欧元

非 SNA 生产分类	房屋维护	膳食制备	衣物制作及缝补	护理活动	宠物照料	志愿活动	总计
总产出	25919	23169	6578	5290	2552	5352	68859
中间投入	6901	5959	521	352	325	255	14313
总增加值	19018	17210	6057	4938	2227	5096	54546
固定资本消耗	1897	637	135	66	62	41	2838
净增加值	17121	16573	5922	4872	2165	5055	51708

资料来源：Varjonen 和 Aalto, 2006。

四　产出法估算非 SNA 生产货币价值的评价

Colman（1998）曾明确指出，理论上最合理的非 SNA 生产价值的估算应该基于产出的交换价值，通过市场上同类产品的价格对住户生产的产出直接估计。加拿大统计局（1998）曾明确指出，理论上最充分的非 SNA 生产价值估算的方法应基于产出的交换价值，通过市场上类似产品的价格对住户生产的产出直接估价。Ironmonger（2001）同样也表示产出法是最合理的方法。此外，Goldschmidt - Clermont（1993）、OECD（1995）、欧盟统计局（2000）等均充分肯定了产出途径估算非 SNA 生产价值的优势，如能估算同时从事的多种非 SNA 生产的价值，能保持与 SNA 生产产值估算原理的一致性，便于与 SNA 生产相关的价值指标进行比较，等等。具体来看，采用产出法核算非 SNA 生产的价值具有以下优点：

（1）能估算同时从事的多种非 SNA 生产货币价值。例如，在膳食制备的同时照料小孩,如果用产出法核算,非 SNA 生产的产品表现为膳食制备的餐数(餐/人)以及照看小孩的时间(小时),通过对"膳食制备"和"照料小孩"的市场替代品的选择,可以计算出这两个产出品的价值,实现了对同时从事多种非 SNA 生产货币价值的计算。

(2)与 SNA 生产产值的估算原理保持一致,便于与 SNA 的价值指标进行比较。1993 年版 SNA 认为,以产出数量及市场价格计算价值的方法是理论上最优的。基于产出途径估算的非 SNA 生产价值具有 SNA 生产价值完全一致的估算思路,满足 SNA 生产与非 SNA 生产之间的各层次价值指标,如总产值、增加值和净增加值开展对比的基本前提。

产出法估算非 SNA 生产的货币价值也存在一些缺点:

(1)估算过程相对复杂。无论是估算非 SNA 生产总产值、非 SNA 生产的中间投入,还是估算非 SNA 生产的固定资本消耗,都需经历变量的基本分类、估算方法的选择、价格的度量、使用寿命的确定、数据的收集等若干步骤,计算过程相当的烦琐。

(2)数据收集存在较大的实际困难。如非 SNA 产品、中间投入产品、固定资产、市场替代品,涉及产量、市场价格、存量变化、使用寿命,等等。要收集这些数据,根据国外实践,除了进行必要的普查外,还需进行一些专项调查,如住户产出调查、住户时间利用调查、各类非 SNA 生产服务的市场替代品价格统计等。因此产出法估算非 SNA 生产货币价值存在较大的难度。

(3)产出法所涉及的部分理论尚未形成一致的结论。如定义非 SNA 生产的产出单位,确定各类非 SNA 生产的中间投入产品,耐用品和半耐用品哪些归属于中间投入产品,哪些归属于固定资产,非 SNA 产品的市场替代品选择等问题均处在理论的发展阶段,这也使产出法估算缺乏理论指导,操作难度进一步加大。

第三节 投入法估算非 SNA 生产货币价值

投入法是指从投入途径估算非 SNA 生产的货币价值。由于非 SNA 生产需投入劳动力、原材料、燃料、房屋、各种电器等生产要素,因此将劳动力、中间消耗、固定资产等各项要素的成本加总便可获得各层次非 SNA 生产价值的估算。理论上,投入法估算结果将体现为三个层次:非

SNA 生产净增加值、非 SNA 生产增加值和非 SNA 生产总产值。三者的关系为：

非 SNA 生产的净增加值＝非 SNA 生产劳动力投入价值

非 SNA 生产的增加值＝非 SNA 生产的净增加值＋固定资本消耗

非 SNA 生产的总产值（总成本）＝非 SNA 生产的增加值＋中间消耗

其中，劳动力投入价值＝非 SNA 生产的劳动持续时间×相应的劳动报酬率。非 SNA 生产增加值是净增加值与固定资本消耗之和，是非 SNA 生产过程对劳动力和房屋、车辆、电器设备等固定资产利用情况的货币表现，是对劳动力要素和固定资产使用的成本描述；将非 SNA 生产增加值与中间消耗加总便得到非 SNA 生产的总成本，是非 SNA 生产对劳动力、固定资产和原材料、辅料、燃料及动力等中间投入产品利用情况的货币表现，是对劳动力要素、固定资金使用和中间投入产品的成本描述。

如果忽略中间消耗和固定资本消耗，便可认为非 SNA 生产货币价值相当于劳动力投入价值，即

非 SNA 生产总成本＝劳动力投入价值＝非 SNA 生产总产值

投入法假定劳动力是非 SNA 生产中唯一的投入，即它的增加值只包含劳动报酬。通过时间利用调查（TUS），可以得到非 SNA 生产投入时间，乘以适当的替代工资率，就得到非 SNA 生产的增加值。

时间的计算公式为：

$$H_{ij} = (MD_{ij}/60) \times 365 \qquad (3-8)$$

其中，H_{ij} 为第 j 个人口组下的第 i 类非 SNA 生产活动平均每人每年投入时间的小时数，MD_{ij} 为第 j 个人口组下的第 i 类非 SNA 生产活动平均每人每天投入时间的分钟数。非 SNA 生产活动类别 $i=1, 2, \ldots, M$，人口组类别 $j=1, 2, \ldots, N$。按照选取的替代工资率不同，投入法主要可分为机会成本法、专业人员替代成本法和保姆替代成本法。

一 机会成本法（OCA）

（一）估算思路

机会成本法（The Opportunity Cost Approach，简称 OCA），是指以从事 SNA 生产活动（有酬生产活动）所能获得的报酬率来衡量从事非 SNA 生产活动（无酬生产活动）的时间成本，并以此来估算非 SNA 生产价值

的一种方法。

SNA生产报酬率与家庭成员自身的特征密切相关，如年龄、教育程度、性别、城乡差别等，也与从事的生产类型相关，因此，用不同性别和年龄的家庭成员在劳动市场上可获得的平均工资作为计算非SNA生产的机会成本报酬率。计算公式为：

$$HW = \sum_{j=1}^{N} H_j P_j W_j \qquad (3-9)$$

其中，H_j 为第 j 个人口组下的非SNA生产活动平均每年投入时间的小时数，人口分组由影响非SNA生产投入时间和收益能力的性别、年龄和教育程度等决定，P_j 为人口组 j 的人数，W_j 为劳动力市场上人口组 j 的平均工资。

（二）机会成本报酬率的选择

机会成本报酬率的选择可以多种方法替代，最常见的是用平均收入率替代机会成本报酬率。根据各国文献和实践，计算平均收入率可细分成以下两种思路。

1. 用各组的平均收入率替代相应组的机会成本报酬率

用人口组 j 的平均工资作为相应组 j 的非SNA生产机会成本报酬率。假设根据教育程度将非SNA生产主体分成高、中、低三个人口组，各人口组的平均工资率记为 $W_1 W_2 W_3$，则公式为：

$$HW = \sum_{j=1}^{3} H_j P_j W_j \qquad (3-10)$$

其中，H_j 为第 j 个人口组下的非SNA生产活动平均每年投入时间的小时数，P_j 为人口组 j 的人数，W_j 为劳动力市场上人口组 j 的平均工资。在具体的计算过程中，人口组的分组标志是很重要的，只有按影响时间投入的关键因素分类，才能保证计算的结果更加符合实际。分组标志可以按性别、年龄、教育程度、雇用状态等来分，不同的分组标志对计算的结果有一定的影响。Tae-Hong（2001）采用三种工资率替代韩国居民的非SNA生产机会成本报酬率，分别是各年龄段居民的平均收入率（OCA-1）（见表3-15）、不同年龄和教育程度居民的平均收入率（OCA-2）（见表3-16）、不同年龄和教育程度居民的平均收入率（OCA-3）（见表3-17）。

表 3-15　按性别、年龄分组的韩国非 SNA 生产价值估算（OCA-1）

教育程度	年龄（岁）	男 非SNA生产时间（分钟）①	男 人口数（人）②	男 每小时工资（韩元）③	女 非SNA生产时间（分钟）④	女 人口数（人）⑤	女 每小时工资（韩元）⑥	合计（①/60×365）×②×③+（④/60×365）×⑤×⑥（万亿韩元）
总计（Ⅲ栏）	20 以下	67.73	3623202	3132	90	3404785	3397	10.99
	20—24	51.14	1164787	4150	115	1760448	4588	7.15
	25—29	43.27	2034835	6155	275	2002585	5756	22.55
	30—34	46.27	1979115	7962	355	1915713	6893	32.92
	35—39	41.43	2225397	9389	313	2112065	6090	29.74
	40—49	38.08	3449039	10024	270	3357298	5106	36.14
	50—59	43.72	2261901	8846	269	2263320	4496	22.00
	60 以上	62.74	2250311	6829	217	3130285	4747	25.51
合计		—	—	—	—	—	—	187.00

资料来源：Tae-Hong，2001。

OCA-1：将群体按照年龄和性别分成 16 个人口组，用 16 个人口组的平均收入率分别替代对应组居民的机会成本报酬率，计算如下：

$$HW = \sum_{j=1}^{N} H_j P_j W_j = \sum_{j=1}^{16} [(MD_j/60) \times 365 \times P_j \times W_j]$$

$$= (①/60 \times 365) \times ② \times ③ + (④/60 \times 365) \times ⑤ \times ⑥$$

$$= 187.00 \text{ 万亿（韩元）}$$

表 3-16 按性别、教育程度和年龄分组的韩国非 SNA 生产价值估算（OCA-2）

教育程度	年龄（岁）	男 非SNA生产时间（分钟）①	男 人口数（人）②	男 每小时工资（韩元）③	女 非SNA生产时间（分钟）④	女 人口数（人）⑤	女 每小时工资（韩元）⑥	合计（①/60×365）×②×③+（④/60×365）×⑤×⑥（万亿韩元）
高中及以下	20以下	67.73	3622163	3133	89.75	3402274	3399	10.99
	20—24	53.90	1050974	4104	135.73	1266538	4640	6.27
	25—29	44.62	1287081	5661	310.74	1275503	5359	14.90
	30—34	45.92	1176675	6848	358.33	1409075	5758	19.94
	35—39	38.96	1417871	7684	308.92	1688175	4694	17.47
	40—49	37.14	2624596	8009	266.85	3033653	4148	25.18
	50—59	44.73	1883217	6691	268.92	2164172	3877	17.15
	60以上	60.04	1971294	4686	216.88	3093382	3793	18.85
大专及以上	20以下	20.00	1039	2772	20.00	2511	3248	0.00
	20—24	26.82	113813	4374	63.17	493910	4464	0.93
	25—29	40.97	747754	6698	208.70	727082	6215	6.99
	30—34	46.80	802440	8971	344.25	506638	8412	10.97
	35—39	45.93	807526	11356	328.86	423890	10017	11.06
	40—49	41.17	824443	13858	299.09	323645	12487	10.21
	50—59	37.58	378684	16127	280.89	99148	13794	3.73
	60以上	81.95	279017	13922	259.47	36903	16914	2.92
合计	—	—	—	—	—	—	—	177.56

资料来源：Tae-Hong，2001。

OCA-2：将群体按照年龄、性别和教育程度分成 32 个人口组，分别用 32 个人口组的平均工资率替代相应组居民的机会成本报酬率，计算如下：

$$HW = \sum_{j=1}^{N} H_j P_j W_j = \sum_{j=1}^{16} [(MD_j/60) \times 365 \times P_j \times W_j]$$
$$= (①/60 \times 365) \times ② \times ③ + (④/60 \times 365) \times ⑤ \times ⑥$$
$$= 177.56 \text{ 万亿（韩元）}$$

表 3-17　按性别、年龄分组的韩国非 SNA 生产价值估算（OCA-3）

教育程度	年龄（岁）	男 非SNA生产时间（分钟）①	男 人口数（人）②	男 每小时工资（韩元）③	女 非SNA生产时间（分钟）④	女 人口数（人）⑤	女 每小时工资（韩元）⑥	合计 (①/60×365)×②×③+(④/60×365)×⑤×⑥（万亿韩元）
总计（Ⅲ栏）	20 以下	67.73	3623202	3132	90	3404785	3132	10.50
	20—24	51.14	1164787	4150	115	1760448	4150	6.61
	25—29	43.27	2034835	6155	275	2002585	6155	23.89
	30—34	46.27	1979115	7962	355	1915713	7962	37.34
	35—39	41.43	2225397	9389	313	2112065	9389	43.00
	40—49	38.08	3449039	10024	270	3357298	10024	63.23
	50—59	43.72	2261901	8846	269	2263320	8846	38.13
	60 以上	62.74	2250311	6829	217	3130285	6829	34.13
合计		—	—	—	—	—	—	256.83

资料来源：Tae-Hong, 2001。

OCA-3：将群体按照年龄和性别分成 16 个人口组，用 16 个人口组的平均收入率分别替代对应组居民的机会成本报酬率，但与 OCA-1 不同的是，用男性的工资代替女性的工资以避免对非 SNA 生产价值的低估，计算如下：

$$HW = \sum_{j=1}^{N} H_j P_j W_j = \sum_{j=1}^{16} [(MD_j/60) \times 365 \times P_j \times W_j]$$
$$= （①/60×365）×②×③+（④/60×365）×⑤×③$$
$$=256.83 \text{ 万亿（韩元）}$$

Weinrobe（1974）对 1960—1970 年美国女性非 SNA 生产价值的估

算,将美国女性分为全职女性、主要职业女性、兼职女性和未就业女性来计算不同群体非 SNA 生产的机会成本率,估算结果表明,10 年间名义非 SNA 生产价值从 1960 年的 1011 亿美元扩大到 1970 年的 1686 亿美元。Nordhaus 和 Tobin (1972) 同样根据就业情况将生产主体划分为就业者、失业者、家庭工作人员、学生等,选择相应的工资率来衡量不同群体的非 SNA 生产机会成本。

2. 用平均收入率替代全部组的机会成本报酬率

平均收入率可以选择某一人口组的平均收入率,也可以选择总体的平均收入率来替代全部主体的机会成本报酬率。该思路以非 SNA 生产主体向市场提供相同内容的服务所能获得的报酬作为其非 SNA 生产活动的机会成本,而前述第一种思路是以非 SNA 生产主体放弃从事非 SNA 生产转而从事其他内容的 SNA 生产所能获得的报酬作为其非 SNA 生产活动的机会成本。两种方法的区别在于,前述替代方法与非 SNA 生产主体特征相关,如年龄、性别、教育程度等;而该替代思路与非 SNA 生产的内容相关。综观已有文献,常见的替代思路包括第三产业平均收入替代法、社会最低工资替代法、社会平均收入率替代法,即用相应的 W 来替代 W_j,式 3-9 将转化为:

$$HW = W \sum_{j=1}^{N} H_j P_j \qquad (3-11)$$

其中,H_j 为第 j 个人口组下的非 SNA 生产活动平均每年投入时间的小时数,P_j 为人口组 j 的人数,W 为非 SNA 生产的机会成本报酬率。由于非 SNA 生产多由服务活动构成,部分学者建议选择第三产业平均收入率来替代非 SNA 生产的机会成本报酬率,如 Hirway (2005) 曾选择农业平均收入率来代替非 SNA 生产主体的机会成本报酬率,以此估算出印度非 SNA 生产价值。考虑到非 SNA 生产具有相对较低的生产效率,部分学者采用社会最低工资率来替代非 SNA 生产主体的机会成本报酬率,如第二种思路,选择合适的工资率如 Goldschmidt - Clermont 和 Pagnossin - Aligisakis (1996) 利用社会最低工资、Aslaksen 和 Koren (1996) 利用社会平均收入率等来代替全部非 SNA 生产主体的机会成本报酬率。ABS (1997)、Fukami (1999)、Tae - Hong (2001) 等同样采用该方法估算了澳大利亚、日本和韩国的非 SNA 生产价值。

(三) 机会成本法的评价

1. 优点分析

(1) 具有较充分的理论依据,估算思路较为合理。新家庭经济理论为非 SNA 生产价值核算提供了方法论基础。新家庭经济理论认为,家庭活动并非单纯的消费,而是生产活动,它生产某种"满足",而任何最终物品或劳务的生产和消费都可视为获取一种满足而消耗的各种投入的组合(Becker, 1981)。任何一种家庭活动,都可视为在货币和时间两种限制条件下的经济行为,家庭成员所拥有的收入总额既包括货币收入,也包括时间收入。基于新家庭经济理论,一系列基于时间价值衡量家庭生产价值的方法应运而生,如 Murphy (1978) 提出的机会成本法,主张用工资率来衡量非 SNA 生产的机会成本报酬率。因此,机会成本法被称为"理论最成熟、考虑最充分"的估算方法。

(2) 估算资料较易获取,计算过程也较为简便。无论是用各组的平均收入率替代相应组的机会成本报酬率还是用平均收入率替代全部组的机会成本报酬率,机会成本法对估算资料的要求并不高。一方面,机会成本法并不要求住户成员记录各类非 SNA 生产的详细数据,只需具备各组的非 SNA 总生产时间,或全部主体的非 SNA 生产时间。官方统计机构公开发布的工资信息可成为获取平均收入率数据的来源,一般无须借助额外的调查。另一方面,机会成本法的计算公式构成简单,计算操作也十分容易。

2. 缺点分析

(1) 有时无法准确估算非 SNA 生产价值。利用机会成本报酬率来估算非 SNA 生产价值存在以下两个问题:一是许多住户从事无付酬工作是因为在市场上找不到合适的付酬工作,即他们的机会成本等于 0,即非 SNA 生产价值为 0。二是由于每个人的工资水平各不相同,相同的产品如果由不同的人生产,其价值会存在差异。例如,用大公司任何主管人员的工资来估计他们照顾孩子的时间价值会夸大住户生产部门对生产所做的贡献。这两种情况下,都无法准确估算非 SNA 生产价值。

(2) 估算结果极大地依赖于机会成本报酬率的选择。机会成本报酬率的选择有诸多方法,可以是女性平均工资,也可以是按年龄分组的女性平均工资、按教育程度分组的女性平均工资,等等。从事非 SNA 生产机会成本报酬率的选择不同其价值也不同。缺点是不同的人从事同一种活动会有不同的价值。目前尚未有国家可以提供统一的机会成本报酬率,即便通过详细的时间利用调查也较难得到准确的机会成本信息。Tae Hong (2001) 的估算实践表明，不同的机会成本率选择造成非 SNA 生产价值 11.08 百万—19.56 百万韩元的变化，非 SNA 生产价值占 GDP 的比重 12.8%—22.9%的变化。资料表明，不同国家不同年份的估算结果存在差异，即使相同国家相同年份估算结果也不一致，主要原因是机会成本报酬率的选择具有浓重的主观色彩。

二 专业人员替代成本法（SWCA）

（一）估算思路

专业人员替代成本法（Specialist Wage Cost Approach，简称 SWCA），也称行业替代法（Specialist Substitute Approach，简称 SP），是指雇用市场上的专业人员如清洁工、厨师、园艺者所支付的工资率来计算非 SNA 生产的劳动报酬率，据此来估算非 SNA 生产价值的一种方法。SWCA 假设市场上存在相同或类似的产品及专业生产者，各类非 SNA 生产活动可以委托给市场专业生产者生产，如饭菜烹饪可委托给厨师完成，小孩照料可委托给保姆完成，洗衣服可委托给洗衣工完成等，并且市场生产的生产效率与非 SNA 生产效率一致。SWCA 的计算公式为：

$$HW = \sum_{i=1}^{M} \sum_{j=1}^{N} (H_{ij} P_j W_{ij}) \qquad (3-12)$$

其中，H_{ij} 为第 j 个人口组下的第 i 类非 SNA 生产活动平均每人每年投入时间的小时数，人口组分类按行业/职业类别分组，P_j 为第 j 个人口组下的人口数，W_{ij} 为第 j 个人口组下的第 i 类非 SNA 生产活动的平均每小时工资。

（二）替代行业或职业的选择

早在 1964 年，Sirageldin 便采用该方法估算了美国非 SNA 生产的价值，Murphy（1978、1982）、Adler 和 Hawrylyshyn（1978）也基于该法计算了美国及加拿大的非 SNA 生产价值。Fukami（1999）的研究更是该法的典范，详细分析了日本非 SNA 生产匹配的市场专业生产者，如烹饪活动采用厨师学员的工资率，清洁卫生采用建筑清洁工的工资率，洗衣服、制衣和缝补、家庭杂务和购物、幼儿照顾、老人护理、志愿活动分别采用洗衣工、织布工、管家、幼儿园教师、护理助理、服务业从业人员的工资率，见表 3-18，估算出 1996 年日本的非 SNA 生产价值为 997760 亿日元，占 GDP 的比重为 20%。

表 3-18　日本非 SNA 生产活动与替代的职业类别对应

非 SNA 生产类型	替代的职业类别
烹饪	厨师学员
清洁卫生	建筑清洁工
洗衣服	洗衣工
制衣和缝补	织布工
家庭杂务	管家
购物	管家
照料小孩	幼儿园教师
照料老人	护理助理
志愿者活动	具有平均收入的服务业人员

资料来源：Fukami，1999。

用行业替代法核算非 SNA 生产时，确定其替代的行业或职业是决定核算准确性的关键因素。美国是用相关行业类别来替代非 SNA 生产活动，见表 3-19。

表 3-19　美国非 SNA 生产核算行业替代法计算的工资标准

时间利用调查活动分类	替代的行业类别（美国劳工局行业分类）	2004 年每小时工资（美元）
膳食制备和饭后清理	722 餐饮业	7.84
住户内外卫生打扫	56172 建筑清洁服务业	9.51
衣物类和鞋类的清理和保养	8123 干洗和洗衣服务业	8.99
住户管理	5614 商务支持中心	17.46
管理花草、宠物照料	56173 景观服务业	12.04
维修住宅	8144 个人及家居用品维修业	14.86
小孩照顾	6244 托儿所	9.76
购买货物和服务	5615 旅行安排和预订服务	8.91
志愿活动	5615 旅行安排和预订服务	8.91
出行来回路途时间	5615 旅行安排和预订服务	8.91
健康护理（照顾成年人或老人）	6241 个人和家庭服务业	12.14

资料来源：Landefeld 和 Fraumeni，2005。

此外，Frazis 和 Stewart（2006）对各类非 SNA 生产报酬率的选择更为细致，其所参照的是美国人口调查 CPS 中的市场专业生产者的工资率，并按照行业分类进行加权平均得到的。另外 ABS（1997）、Webster（1999）、Giannelli（2010）等同样采用该方法估算了美国、加拿大、澳大利亚及部分欧洲国家的非 SNA 生产价值。

（三）专业人员替代成本法的评价

1. 优点分析

（1）能够较完整反映非 SNA 生产的价值构成。SWCA 的估算思路是将非 SNA 生产活动分成不同的类别，并利用每种类别的市场替代品价格，来估算非 SNA 生产的价值。该估算不仅能反映非 SNA 生产的总价值，还能得到各分类生产的价值估算，较完整地展现了非 SNA 生产的价值构成，为开展非 SNA 生产的深入分析准备了更详细的资料。

（2）能够与市场生产进行效率对比。SWCA 分类估算的非 SNA 生产价值代表的非市场生产的效率，而用产出法估算的各类非 SNA 生产价值代表市场生产的效率，两者可以进行效率差异比较。Fitzgerald 和 Wicks（1990）利用产出法和投入法 SWCA 对 53 类非 SNA 生产进行了价值核算并进行了效率比较，最终得出在小孩喂食和烟囱清扫上，家庭生产（非市场生产）比市场生产更有效率，其余大部分非 SNA 生产活动均是市场生产更有效率。

2. 缺点分析

（1）可能高估非 SNA 生产价值。SWCA 反映了运用于特殊活动的技术的每小时的价值，提供了对各类非 SNA 生产活动的市场度量。但是，用专业人员工资与住户生产相比，市场生产在许多方面存在着优势，如组织管理、设备先进、规模经济、流水作业、专业分工等。这些因素导致市场生产的生产率高于住户生产，因此使用专业人员工资估算非 SNA 生产价值往往会造成高估。

（2）具有较高的数据要求。运用 SWCA 需具备三类数据：非 SNA 生产活动的分类数据、各类非 SNA 生产持续时间数据和相应专业生产者报酬率数据。虽然时间利用调查可以获取各类非 SNA 生产持续时间，但是获取各类非 SNA 生产的市场工资率难度较大。因为并非所有的非 SNA 产品都有市场替代品，获取这类产品的工资率也存在一定难度，而且分类汇总计算增加了估算的复杂程度。

(3) 缺乏一定的理论基础。SWCA 假设非 SNA 生产是同时雇用多名市场专业人员，这违背了家庭的实际情况。一般地，一个家庭不可能同时雇用厨师来烹饪，雇用清洁工来打扫卫生，再雇用私人家教来指导孩子学习等。

三 保姆替代成本法（HRCA）

（一）估算思路

保姆替代成本法（Housekeeper Replacement Cost Approach，简称 HRCA），也称全面替代法（The Global Substitute Method，简称 GL），是指用一个全能型的保姆的工资率作为非 SNA 生产的劳动报酬率，据此估算非 SNA 生产价值的一种方法。HRCA 假设非 SNA 生产活动完全可以由保姆胜任，并且工资率稳定。计算公式为：

$$HW = \sum_{j=1}^{N} H_j P_j W \qquad (3-13)$$

其中，H_j 为第 j 个人口组下的非 SNA 生产平均每年投入时间的小时数，人口分组由影响非 SNA 生产活动时间和收益能力的性别、年龄和教育程度等决定，P_j 为第 j 个人口组下的人口数，W 是市场上保姆的平均每小时工资。

相关文献显示，HRCA 是目前非 SNA 生产货币价值估算最常用的方法之一。早期的非 SNA 生产活动的价值核算有美国（Mitchell，1921；Kuznets，1944）、瑞典（Lindahl 等，1937）、英国（Clark and Colin，1958），他们的估算方法比较简单，普遍采取雇用一个家庭仆人的年工资乘以城乡住户总数这种简单的算法。此后 Chadeau 和 Fouquet（1981）、Murphy（1982）、Suviranta（1982）、Vihavainen（1995）、Acharrya（1997）采用保姆的工资率乘以从事非 SNA 生产的总劳动时间来计算，对美国、法国、芬兰、尼泊尔等国的非 SNA 生产价值予以估算。最近的估算实践包括韩国（Tae-Hong，2001）、芬兰（Varjonen and Aalto，2006）、OECD（Ahmad and Koh，2011）等。

其中，芬兰（Varjonen and Aalto，2006）不仅采用保姆替代成本法估算了芬兰非 SNA 生产的净产值、增加值和总产值，还详细展现了其投入产出结构，是最为详细的投入途径估算实践，如表 3-20 所示，其中保姆的工资为 9.99 欧元/小时。

表 3-20　　　　　2001 年芬兰各类非 SNA 生产的价值构成　　　单位：百万欧元

非 SNA 生产分类	房屋维护	膳食制备	衣物制作及缝补	护理活动	宠物照料	志愿活动	总计
劳动力价值	17107	16559	5914	5570	2159	5046	52355
生产税	14	14	8	6	6	9	57
生产补贴	0	0	0	-704	0	0	-704
净增加值	17121	16573	5922	4872	2165	5055	51708
固定资产折旧	1897	637	135	66	62	41	2838
总增加值	19018	17210	6057	4938	2227	5096	54546
中间消耗	6901	5959	521	352	325	255	14313
总产出	25919	23169	6578	5290	2552	5351	68859

资料来源：Varjonen 和 Aalto，2006。

OECD（Ahmad and Koh，2011）采用保姆替代成本法估算非 SNA 生产价值占 GDP 的比重最低的是韩国 19%，最高的是葡萄牙 53%，而采用机会成本法估算非 SNA 生产价值占 GDP 的比重最低的是匈牙利 37%，最高的是英国 74%。保姆工资率一般用未登记（非正规）活动的平均工资来衡量，但基于数据的可获得性，一些国家采用登记的活动计算，并用税收和社会保险金的收入进行调整后的值（如澳大利亚和日本）；一些国家直接用净工资收入的 50% 来衡量（如爱沙尼亚、墨西哥和波兰）；一些国家用税收和保险金收入调整后的照料小孩的保姆工资来衡量（如挪威）。

（二）保姆替代成本法的评价

1. 优点分析

（1）数据要求低，计算简单。HRCA 的估算思路只需要提供两类数据，一是非 SNA 生产的总时间投入，二是保姆的工资率。其中非 SNA 生产的总时间投入数据来源于时间利用调查，保姆工资率的数据通过专项抽查或官方统计资料可以获得，因此对数据要求低。估算非 SNA 生产价值仅需两者相乘即可，计算简单。

（2）估算结果较为准确。保姆的生产效率与住户成员的生产效率比较接近，用其估算非 SNA 生产价值较为准确。从生产内容、生产工具、所处生产环境等方面，保姆与住户成员都比较类似，因此两者的生产效率也比较相似，这是 HRCA 估算结果具有较高准确性的根本原因。

2. 缺点分析

并非所有的住户无付酬服务都可以由保姆来完成,如对孩子的教育和对病人的护理,大多数保姆无法胜任,这些活动需要具有特殊技能的人才能完成。另外,一些志愿活动也不宜用保姆的工资作为评价的标准。

除此之外,还有混合替代成本法(Replacement Cost Hybrid Approach,简称 RCHA),以澳大利为例,一部分用保姆的工资率替代,如家务劳动;一部分用私人护理工的工资替代,如成人护理。

四 投入法估算非 SNA 生产货币价值的比较分析

(一) 不同方法的比较

在计算过程中,采用什么样的方法对非 SNA 生产进行估价是一个非常重要的问题,因为不同方法得出的结果可能差别很大。表 3-21 是 OECD 各成员国采用三种方法计算非 SNA 生产价值占 GDP 的比重。从表中可以看到以下几点:

第一,非 SNA 生产的价值占 GDP 的比重都很大,欧洲等国都达到了 37% 以上且明显高于亚洲等国。以专业人员替代成本法为例,比重最高的是澳大利亚,达到了 58%,其次是瑞士,为 52.3%,最低的是日本,为 20%。欧洲各国所占比重比亚洲国家明显高很多,这也充分说明了进行非 SNA 生产核算的必要性,并从中分析差距产生的原因以及对相关政策的指导作用。

第二,从各国采用三种不同方法对非 SNA 生产进行核算的结果来看,充分说明了价值核算对所用方法的敏感性:机会成本法总是得到最高值,保姆替代成本法几乎总是得到最低值,这是由于采用的工资所决定的,一般来说,不同年龄性别住户成员的平均工资肯定要比一个管家或保姆的平均工资来得高。

表 3-21　　　　各国非 SNA 生产价值占 GDP 的比重　　　　单位:%

国家	年份	研究者	机会成本法	保姆替代成本法	专业人员替代成本法
丹麦	1987	Bonke (1993)	—	37	
荷兰	1990	Bruyn-Hundt (1990)	108	82	—

续表

国家	年份	研究者	非SNA生产价值占GDP的比重		
			机会成本法	保姆替代成本法	专业人员替代成本法
澳大利亚	1992	Castles (1992)	69	54	58
加拿大	1992	Chandler (1994)	46.3	—	41.4
挪威	1992	Dahle/Kitterod (1992)	39	38	37
德国	1992	Schafer/Schwarz (1994)	63	44	46
新西兰	1990	Statistics New Zealand (1992)	66	42	51
芬兰	1990	Vihavainen (1995)	59	45	—
瑞士	1997	Sousa-Poza (1999)	49.40	41.11	52.30
日本	1996	M. Fukami (1999)	23.2	15.2	20.0
韩国	1999	—	38.7	29.9	31.8

注：机会成本法使用的是税前工资。

资料来源：Tae Hong, 2001。

表3-22给出了最新的OECD估算结果，研究发现机会成本法依然显著高于保姆替代成本法估算的非SNA生产价值。OECD（Ahmad and Koh, 2011）采用保姆替代成本法估算非SNA生产价值占GDP的比重最低的是韩国，占19%，最高的是葡萄牙，占51%，而采用机会成本法估算非SNA生产价值占GDP的比重最低的是匈牙利，占37%，最高的是英国，占74%。

表3-22　　　　各国非SNA生产价值占GDP的比重

国家	非SNA生产时间（小时/人/天）	15岁以上人口数（千人）	保姆替代成本法		机会成本法	
			非SNA生产价值（百万本国货币）	非SNA生产价值占GDP比重（%）	非SNA生产价值（百万本国货币）	非SNA生产价值占GDP比重（%）
澳大利亚	4.05	17483	587048	47	753018	60
奥地利	3.38	7067	83359	29	130673	46
比利时	3.33	8937	94713	27	160323	46
加拿大	3.29	27718	340870	21	738153	46
丹麦	3.61	4483	653994	38	1082767	62

续表

国家	非SNA生产时间（小时/人/天）	15岁以上人口数（千人）	保姆替代成本法 非SNA生产价值（百万本国货币）	保姆替代成本法 非SNA生产价值占GDP比重（%）	机会成本法 非SNA生产价值（百万本国货币）	机会成本法 非SNA生产价值占GDP比重（%）
爱莎尼亚	3.87	1110	63551	25	117763	47
芬兰	3.35	4421	56788	31	101311	55
法国	3.28	52406	645505	33	1118964	57
德国	3.54	71204	753029	30	1345921	54
匈牙利	3.34	8537	9776782	37	9858616	37
爱尔兰	3.54	3526	56544	31	93500	52
意大利	3.59	51382	564203	36	800920	51
日本	2.73	110358	213659439	42	285989774	57
韩国	2.26	40149	199834867	19	468545888	46
墨西哥	4.21	75282	2887409	24	5146457	42
荷兰	3.65	13512	144539	24	294211	49
新西兰	3.78	3390	80400	43	110383	59
挪威	3.14	3859	549048	22	1240363	49
波兰	3.83	32253	283490	22	523896	41
葡萄牙	3.71	8996	88218	51	101028	59
斯洛文尼亚	3.84	1695	13519	36	14330	38
西班牙	3.30	38898	447628	41	569152	52
瑞典	3.55	7678	911219	28	1849334	58
英国	3.52	50488	461338	32	1073612	74
美国	3.44	243169	3460784	24	7796130	55

资料来源：Ahmad 和 Koh，2011。

（二）不同时间的比较

从表3-23中可以看出不同国家从1971年到2008年非SNA生产价值占GDP比重的变化过程，无论采用保姆替代成本法还是机会成本法估算其价值，该比重均呈现出显著下降的趋势。以美国为例，采用保姆替代成本法，非SNA生产价值占GDP比重从1975年的34%显著下降至2008年的18%，减少了近一半。

表 3-23　　　　　　不同年份非 SNA 生产价值占 GDP 的比重　　　　　　单位:%

	年份	1971	1981	1986	1992	1998	2008	
加拿大	保姆替代成本法	27	23	22	20	18	15	
	机会成本法	71	61	57	54	48	40	
	年份	1975	1980	1985	1990	1995	2000	2008
荷兰	保姆替代成本法	42	31	31	26	24	20	19
	机会成本法	96	72	71	60	55	47	45
	年份	1981		1990		2000	2008	
挪威	保姆替代成本法	32		29		20	17	
	机会成本法	83		75		53	45	
	年份		1983	1987	1995	2000	2008	
英国	保姆替代成本法		44	38	29	30	26	
	机会成本法			118	102	77	80	68
	年份	1975	1985	1998	2003	2008		
美国	保姆替代成本法	34	28	24	20	18		
	机会成本法	92	75	63	54	48		

非 SNA 生产货币价值占 GDP 的比重随时间推移出现下降主要是由于越来越多的妇女参与到付酬的劳动市场中，也可能是由于家庭生产力的提高：一是节省劳动力的机器设备的使用，例如洗碗机、微波炉和食物搅拌机；二是节省劳动力的商品的使用，例如，削蔬菜器、速冻食品和一次性商品。

（三）不同工资率的比较

投入法估算非 SNA 生产货币价值必然要面对工资率的度量问题。基于不同的计算口径，工资率的选择主要有以下三种：一是用总工资（Gross Wages），即税前工资，是指在劳动收入中扣除雇主为雇员缴纳的各类社会保障金后，形式上发到雇员手中的货币工资；二是用包含社会保障收入的总工资（Gross Gross Wages），是指在总工资的基础上，加上雇主为雇员缴纳的各类社会保障金，对雇主来说，表现为劳动力雇用的总成本。三是用净工资（Net Wages），即税后工资，是指在总工资的基础上扣除雇员应上缴的所得税和各种社会保险等社会保障金后的实际收入。表 3-24 描述了基于不同口径工资率估算芬兰非 SNA 生产货币价值的结果。研究显示，工资率形式的不同度量对保姆替代成本发法（HRCA）的估算结果影响显著。以芬兰的研究为例，采用包含社会保障收入的总工资、总工资、净工资的估算结果表明，2001年芬兰非SNA生产价值占GDP的比重分别为48.0%、40.3%、29.5%，差异显著。

表3-24 采用不同口径工资率的芬兰HRCA估算结果

类型	工资率（欧元/小时）	非SNA生产价值（百万欧元）	非SNA生产价值占GDP比重（%）
包含社会保障收入的总工资	11.99	65 018	48.0
总工资（税前）	9.99	54 547	40.3
净工资（税率27.9%）	7.20	39 940	29.5

注：27.9%的税率来源于芬兰纳税人协会的数据，根据2001年的税率以及月人均收入1500欧元的基础上计算的。

表3-25中，非SNA生产价值以占GDP或GNP的百分率来表示，其结果按照机会成本法（OCA）、专业人员替代成本法（SWCA）和保姆替代成本法（HRCA）分类。该表也显示了不同的工资率对时间价值的影响——税后工资（净工资）、税前工资（总工资）、税前工资加社会保障收入。从表3-25可以看出以下几点：

（1）不同的工资率对时间价值的影响，由于包含社会保障收入的总工资且大于总工资和净工资，所以用总工资率计算的价值必然大于净工资率计算的价值。由此产生的一个问题是，究竟各国比较时采用何种方法更好呢？一般来说，大多数国家在核算时采用包含社会保障收入的总工资。主要基于以下理由：一是采用包含社会保障收入的总工资计算与政府和非营利组织提供的非市场服务估算方法一致。二是如果住户在市场上出售服务或者他们的服务不得不在市场上购买，那购买价格会覆盖所有生产成本，包括社会保障费用。三是工资统计数字基于包含社会保障收入的总工资，净工资的可比数据通常不可获得。

（2）进一步验证了价值核算对所用方法的敏感性：机会成本法总是得到最高值，保姆替代成本法几乎总是得到最低值。挪威是唯一的一个保姆替代成本法的价值比机会成本法高的国家。

（3）进一步证实了一些国家非SNA生产所占GDP的比重随着时间其

相对数量在下降。本书选取几个样本人口相同、核算方法相同，可以进行比较的国家，德国从34%下降到32%，加拿大从43%下降到41%，挪威从50%下降到39%，只有澳大利亚比重有所上升，从1986年的49%上升到1992年的58%。

表3-25　　　　　　　　　非SNA生产的货币价值　　　　　　　　单位：%

国家	年份	人口	OCA	SWCA	HRCA
			\multicolumn{3}{c}{方法}		
\multicolumn{6}{c}{A 净平均工资率}
美国	1960	16岁以上	38	37	无
	1970	16岁以上	37	34	无
	1976	18岁以上	44	无	无
德国	1964	14岁以上	37	27	无
	1970	14岁以上	34	25	无
	1974	14岁以上	30	23	无
	1980	14岁以上	29	22	无
加拿大	1961	15岁以上	44	39	无
	1971	15岁以上	40	41	无
	1981	15岁以上	35	无	无
	1986	15岁以上	33	无	无
\multicolumn{6}{c}{B 总平均工资率}
美国	1976	18岁以上	60	44	32
德国	1976	14岁以上	47	34	无
	1970	14岁以上	45	33	无
	1974	14岁以上	43	32	无
	1980	14岁以上	44	32	无
加拿大	1981	15岁以上	51	43	21
	1986	15岁以上	48	41	22
	1992	15岁以上	46	41	无
澳大利亚	1975	18—69岁	41	无	无
	1986	15岁以上	55	49	无
	1992	15岁以上	69	58	54
挪威	1981	16—74岁	40	无	无
	1992	16—79岁	39	37	38
\multicolumn{6}{c}{C 包含社会保障收入的总平均工资率}
法国	1975	18岁以上	68	无	44
	1985	15岁以上	无	64	36
挪威	1972	16—74岁	无	50	53
	1981	16—74岁	无	39	41

资料来源：OECD，2000。

（四）非 SNA 生产与 SNA 生产效率的比较问题

最早进行非 SNA 生产和 SNA 生产效率比较的是 Fitzgerald（1990），对特定时间内市场产出和家庭产出的数量进行比较，结果显示，大部分非 SNA 生产活动市场生产和家庭生产存在显著差异且市场生产更有效率，但也有少部分活动，如给小孩喂食和烟囱清扫，家庭生产比市场生产更有效率，具体见表 3-26。

表 3-26　　　　　　　　非 SNA 生产活动的效率比较

非 SNA 生产类型	谁更有效率	非 SNA 生产类型	谁更有效率
1 清洁活动	市场	23 院子垃圾处理	市场
2 垃圾处理	—	24 给小孩喂食	家庭
3 吸尘	市场	25 给小孩换衣服	—
4 一般房间整理	—	26 给小孩洗澡	
5 厨房地面清洁		27 接送小孩	
6 厨房其他清洁活动	—	28 膳食制备和饭后清理	市场
7 浴室地面清洁		29 洗衣干衣	市场
8 浴室其他清洁活动	—	30 熨衣服	
9 盆、瓷砖、马桶清洁	市场	31 修补衣服	—
10 铺床		32 修改衣服	
11 换床单	—	33 烟囱清扫	家庭
12 房间地面清洁		34 电器维修	
13 房间的其他清洁活动	市场	35 水管维修	
14 草坪修剪	市场	36 内部喷漆	
15 窗户清洁	市场	40 交通工具的清洁	市场
16 冰箱除霜	—	41 交通工具的调整	
17 炉灶清理		42 为交通工具添加润滑剂	市场
18 橱柜清理		43 为交通工具更换轮胎	市场
19 车库清理		44 交通工具的其他修理	
20 庭院清理	市场	45 其他设备的修理	
21 清理积雪	—	53 缴税准备服务	市场
22 院子中犁地活动	市场		

注："—"表示两者无显著性差异，Fitzgerald 和 Wicks，1990。

但是关于两者效率问题仍存在不同意见。一些时间利用调查的专家强调有一些非 SNA 生产活动的市场生产效率高于家庭生产，主要由于市场生产通常配备专业设备和培训过的人员（Abraham and Mackie，2005）。但是，有些专家认为，由于追逐短期利润或其他方面市场生产效率要低于家庭生产（Braverman，1998）。遗憾的是，现有文献并没有对两者生产效率的不同进行系统的估算。在一些国家的估算实践中，仅是对特定的非 SNA 生产活动，利用调整系数进行效率调整。例如，烤面包这项非 SNA 生产活动，可以由专业厨师来替代，但家庭生产的效率通常来说要低于专业厨师，那么，用专业厨师的工资率来替代时，应该对工资率进行调整以反映住户稍低的效率水平，并给定调整系数为 75%，相当于家庭生产的效率低于市场生产 25%（Landefeld 等，2009），具体见表 3-27。在美国的估算实践中，假定膳食制备和饭后清理，住户内外卫生打扫，衣物类和鞋类的清理和保养，住户管理，管理花草、宠物照料和维修住宅这 6 类活动的家庭生产效率低于市场生产，调整系数分别设定为：75%、80%、80%、75%、75% 和 50%。并假定其余生产活动在家庭生产和市场生产上的效率相同。

表 3-27 专业人员替代成本法工资率及调整系数

非 SNA 生产活动	美国行业分类	2004 年小时工资率（美元/小时）	调整系数
膳食制备和饭后清理	722 餐饮业	7.84	75%
住户内外卫生打扫	56172 建筑清洁服务业	9.51	80%
衣物类和鞋类的清理和保养	8123 干洗和洗衣服务业	8.99	80%
住户管理	5614 商务支持中心	17.46	75%
管理花草、宠物照料	56173 景观服务业	12.04	75%
维修住宅	8144 个人及家居用品维修业	14.86	50%
小孩照顾	6244 托儿所	9.76	100%
购买货物和服务	5615 旅行安排和预订服务	8.91	100%
志愿活动	5615 旅行安排和预订服务	8.91	100%
出行来回路途时间	5615 旅行安排和预订服务	8.91	100%
健康护理（照顾成年人或老人）	6241 个人和家庭服务业	12.14	100%

资料来源：Landefeld 等，2009。

综上所述，虽然 SNA 生产与非 SNA 生产的效率不同是毋庸置疑的，但是调整系数的确定仍处于争议阶段,并且目前仍没有找到可行的经验方法来确定调整系数的大小。Landefeld 等（2009）的调整系数也带有主观性并且不利于国际数据的比较。除了 SNA 生产与非 SNA 生产的效率问题外,同样也存在年轻人和老年人生产的效率问题。可以假设劳动力市场上不同年龄段的人工资的不同梯度已经反映了这种效率,因为很少有国家进行充分的调查来估计这个效率。因此,国民时间转移账户（National Time Transfer Accounts,简称 NTTA）的专家小组建议,对非 SNA 生产进行估算时不必进行效率的调整（Donehower,2014）。

第四节 非 SNA 生产货币价值估算方法的综合比较

一 估算思路的比较

产出法的估算思路是生产角度衡量所有非 SNA 生产主体在核算期内创造的价值。估算的结果体现为三个层次：非 SNA 生产总产值、非 SNA 生产总增加值、非 SNA 生产净增加值。其中,非 SNA 生产总产值是根据非 SNA 生产的产品数量乘以相应的市场价格计算,它包括新增价值,也包括转移价值；非 SNA 生产的总产值减去中间消耗就是非 SNA 生产的总增加值,它是非 SNA 生产提供的全部最终产品的市场价值之和；非 SNA 生产的总增加值减去固定资本消耗就是非 SNA 生产的净增加值,它反映了非 SNA 生产主体的虚拟劳动力价值补偿。产出法的估算思路类似于 GDP 生产法的计算思路。

表 3-28　　　　　　　　投入法和产出法的估算思路

投入法	产出法
非 SNA 生产劳动力价值 （非 SNA 生产的劳动持续时间×相应的劳动报酬率）	非 SNA 生产总产值（总产出） （非 SNA 产品数量×市场价格）
+生产过程中的税收	-中间消耗
-生产过程中的其他补贴收入	=总增加值
=净增加值	-固定资本消耗
+固定资本消耗	=净增加值
=总增加值	-生产过程中的税收

续表

投入法	产出法
+中间消耗	+生产过程中的补贴
=总产值（总成本）	=混合收入（包括劳动力和资本的补偿）

投入法的估算思路是从生产过程中的要素投入成本来衡量非 SNA 生产主体在核算期内创造的价值。估算的结果依然体现为以上三个层次，其中非 SNA 生产劳动力投入的价值相当于非 SNA 生产的净增加值，加上固定资产的消耗就是非 SNA 生产的总增加值，再加上原材料、燃料、辅料等中间消耗，便可获得非 SNA 生产的总产值，即总成本的估算。投入法的估算思路类似于 GDP 收入法的计算思路。

二 估算结果的比较

Fitzgerald（1990）利用产出法和投入法中的专业人员替代成本法估算非 SNA 生产价值，并对两种方法的估算结果进行了对比（如表 3-29 所示）。结果发现，除了杂项外，其余各类非 SNA 生产活动两种方法估算的结果具有显著差异。投入法价值大于产出法价值的是食物制作这一项，其余各项均是产出法价值大于投入法价值。Holloway（2002）、Varjonen 和 Aalto（2005）等研究发现两种途径的非 SNA 生产估算结果无法相等，甚至出现较大差异。究其原因，产出法的估算起点是非 SNA 生产的市场价值，除衡量劳动力虚拟价值补偿之外还包含了一定的收益；而投入法估算的结果是反映劳动力投入成本的价值补偿，未包含任何收益因素，如膳食准备和制作的生产价值投入法总是高于产出法的计算，而照料小孩和衣物清洗和保养的生产价值投入法总是低于产出法的计算。

表 3-29　　　投入法和产出法估算非 SNA 生产价值比较　　　单位：美元

产出类型	产出法价值	投入法价值	产出法价值/投入法价值	均值比较	投入时间（分钟）
打扫卫生	919	840	1.1	2.1[b]	194
照料小孩	436	166	2.6	4.8[a]	46
膳食制备	2756	1666	1.7	7.9[a]	356
衣物清洗和保养	718	416	1.7	7.4[a]	84

续表

产出类型	产出法价值	投入法价值	产出法价值/投入法价值	均值比较	投入时间（分钟）
维护和保养	204	150	1.4	3.1[a]	20
食物制作	28	84	0.3	3.6[a]	10
杂项	256	204	1.3	1.7	24
用时间衡量的产出	598	584	1.0	—	134
总计	5915	4110	1.4		868

注：a 表示在 1% 水平上显著，b 表示在 5% 水平上显著。
资料来源：Fitzgerald，1990。

三 估算方法的优缺点比较

表 3-30　　　　　　投入法与产出法优缺点比较

	产出法	投入法
优点	衡量真实产出； 产品具有广泛的市场替代品； 与 SNA 框架一致； 可以反映住户生产效率； 能有效解决同时从事多种非 SNA 生产活动的价值估算； 能有效区分闲暇和工作的界限	估算过程简单，具有较高的实际操作性； 除了时间投入数据外，其他资料要求较少； 对于一些特别活动可能是唯一一种估算途径
缺点	需要更多的数据和花费更多的时间； 不存在市场替代品的估算较困难； 对估算的基本问题缺乏统一的理论标准	只估算了投入而没有产出数据； 不能反映住户的生产效率问题； 与 SNA 的估算思路不一致； 计算结果受报酬率不同的影响； 无法估算同时从事的非 SNA 生产价值

产出法的优点在于估算的是真实的产品价值，并与 SNA 框架一致，反映住户生产的情况。其缺点在于收集不同产出品的数量是相当耗费时间和成本的，对于发展中国家来说，找到非 SNA 生产活动的相应的市场替代品也是困难的。

投入法的优点在于计算简单且数据要求较少，收集非 SNA 生产时间是可获得的。虽然时间利用调查也耗费成本，但是该调查还可用于其他多种目的。投入法的缺点是非 SNA 生产活动只有主要活动被考虑在内，对于同时发生的其他活动被忽略了；另外投入法对于生产效率的提高没有可行的衡量方法，并且估算结果很大程度上依赖于报酬率的选择，缺乏稳定性。

第四章 融入非 SNA 生产的住户卫星账户的构建及拓展

在某些情况下,仅仅利用中心框架是不够的,即便灵活应用也不行。尽管中心框架从理论上看是一致的,但是如果细节太多,它就会繁复不堪。此外,有些要求可能与中心框架的概念和结构是相抵触的。对于某些类型的分析而言,其基本目的并非要使用某些替代性经济概念,而只是要在国民经济核算的框架中重点分析经济社会行为的某个领域或方面。其目的是使人们看清楚隐藏在中心框架账户之中的或者表露有限的一些方面,并对其进行深入分析。

在其他一些类型的分析中,可能更注重使用替代性的概念。例如,生产范围可能会发生改变,往往是扩大生产范围,比如把住户成员为自己最终消费而进行的家庭服务生产纳入生产范围。通过把耐用消费品和人力资本包含在内,可以扩大固定资产以及有关的固定资本形成概念。这些方法以不同方式刻画了经济过程本身,并计算了一些补充的或替代性的总量。建立一个框架,使之一方面包含那些已经在中心账户中明确或隐含地包括的内容,同时再增加一些补充内容(货币量或实物量)和替代性概念和表述,将有助于分析一些重要领域,如社会保护、健康或环境等。但是,在任何情况下,都应该明确这些框架与中心框架的联系;许多内容是共有的,对立的特征不应贸然采用,而是要经过对现实情况的深思熟虑。这些与中心框架并非完全一致的特殊构造被称为卫星账户。

一个能打破 SNA 生产范围的限制,将非 SNA 生产纳入国民核算但又不会影响中心框架的最好方法就是融入非 SNA 生产的住户卫星账户,即住户生产卫星账户(Household Production Satellite Account,简称 HHSA)作为国民核算的附属账户。住户生产卫星账户核算了住户为自身最终消费而进行的货物和服务的生产的价值，包括了住户部门 SNA 生产和非 SNA 生产的使用与来源，反映了生产、收入形成、收入分配和消费的整个过程。

第一节 住户卫星账户的基本范畴

一 住户生产核算主体的界定

(一) 住户部门的内涵及界定

2008 年版 SNA 将整个国民经济总体划分为政府部门、公司部门、住户部门和为住户服务的非营利机构部门。其中公司部门按照从事的主要生产活动又可细分为金融公司部门和非金融公司部门。机构部门是由机构单位构成，机构单位是指能够拥有资产、发生负债、从事经济活动并与其他实体进行交易的经济实体。在现实生活中，有两个主要类型的单位可能具备了机构单位的条件。一类是个人或以住户形式存在的个人群体；另一类是得到法律或独立于个人的社会承认的法律实体或社会实体。多人住户的各个成员不是单独的机构单位，许多资产或负债都是两个或两个以上住户成员共同拥有或承担的，同一住户的各个成员的部分收入或全部收入可能集中起来供住户成员共同享用。此外很多支出决策特别是与食品或住房有关的支出决策可能是由整个住户集体做出的。在实际操作层面上，无法实现对每个住户成员编制出有意义的资产负债表或其他账户，而是将由多人组成的住户看成机构单位，所有的住户构成了住户部门。

(二) 住户部门的子部门分类

按照就业种类不同，将住户部门分为农业住户和非农业住户。借鉴 2008 年版 SNA 划分子部门的方法，根据住户收入来源最多的收入类型进行进一步划分。住户的收入来源主要分为雇主混合收入、自给劳动者混合收入、雇员报酬、财产和转移收入。[①] 因此，按照住户收入来源最多的收入类型，本书将住户部门划分为雇主住户、雇员住户、自给劳动者住户、

---

① 主要收入一般指超过住户总收入 50% 的某项收入。

财产收入住户和转移收入住户（如图4-1所示）。其中，雇主住户是指以经营非法人企业为主要收入的住户，该类企业的规模相对较大，一般雇用工人生产。雇员住户是指以通过提供劳动力获得工资为主要收入的住户。自给劳动者住户同样以经营非法人企业为主要收入，但企业的规模较小，并不雇用或连续雇用工人生产。财产收入住户是指以通过家庭拥有的动产（如存款、有价证券等）、不动产（如房屋、车辆、土地等）获得主要收入的住户，包括出让财产使用权所获得的利息、租金、专利收入等，以及财产运营所获得的红利、财产增值收益等。转移收入住户是指以获得国家、单位、社会团体的各种转移支付或居民间的收入转移为主要收入来源的住户，包括退休工资、失业救济金、赔偿、保险索赔、住房公积金、家庭间的赠送与赡养、亲友搭伙费等。

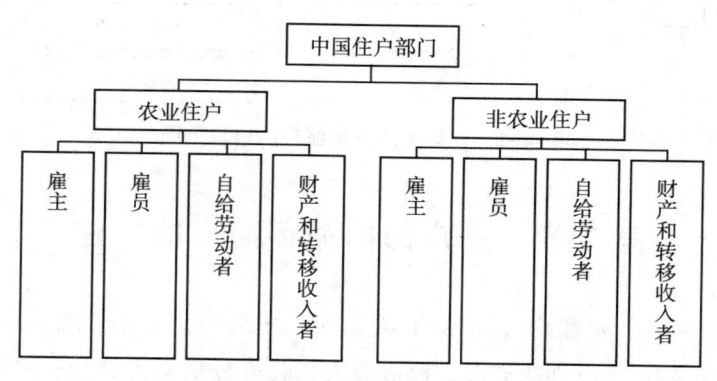

图 4-1 住户卫星账户构建的主体及其子部门

二 住户生产核算范围的界定

住户生产核算范围包括住户 SNA 生产和住户非 SNA 生产。其中，住户 SNA 生产包括住户部门市场性生产和部分非市场性生产（住户部门自给性货物生产、自有住房服务生产和有酬雇员服务生产）；住户非 SNA 生产主要是指住户为自身最终消费而从事的服务生产和对住户外成员提供的志愿服务，主要包括提供住房服务、提供食物服务、提供衣物服务、照料活动、志愿服务。住户生产卫星账户的核算范围（如图 4-2 所示）。

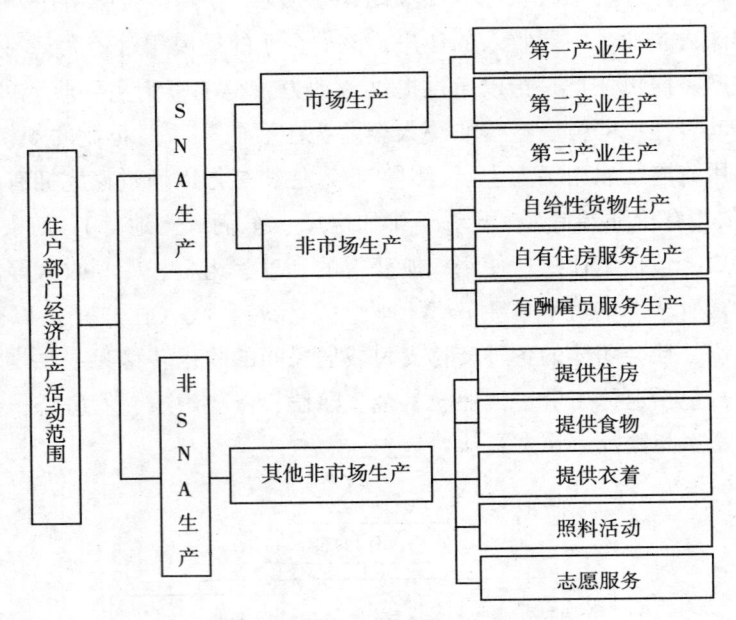

```
                              ┌─ 第一产业生产
                   ┌─ 市场生产 ─┼─ 第二产业生产
                   │           └─ 第三产业生产
         ┌─ SNA生产 ┤
住户      │        │            ┌─ 自给性货物生产
部门      │        └─ 非市场生产 ─┼─ 自有住房服务生产
经济      │                     └─ 有酬雇员服务生产
生产 ────┤
活动      │                     ┌─ 提供住房
范围      │                     ├─ 提供食物
         └─ 非SNA生产 ── 其他非市场生产 ─┼─ 提供衣着
                                      ├─ 照料活动
                                      └─ 志愿服务
```

图 4-2　住户生产卫星账户的核算范围

第二节　住户部门循环账户的构建

住户生产卫星账户（HHSA）是基于住户部门，对住户成员从事 SNA 生产和非 SNA 生产创造产出、形成收入，收入分配和再分配、进行消费、形成积累等各种交易流量和存量变化的系统描述，反映住户部门经历国民经济运行各环节的具体内容及和其他机构部门有机联系的一系列账户。尽管向非 SNA 生产活动进行了拓展，编制住户生产卫星账户体系仍可借鉴 SNA 账户的编制规则，经适当的调整即可。

作为对机构部门的账户描述，住户生产卫星账户体系应包括四类账户：生产账户、收入分配和再分配、收入使用账户、积累账户，各账户经由平衡项的联系构成统一整体。

考虑到生产范围的拓宽主要涉及住户部门非金融资产范围和类型的调整，并不对金融资产和负债存量带来直接影响，而拓展后的资产物量其他变化账户和重估价账户与拓展后的生产账户及收入分配账户的联系并不密切，因此本书主要对拓展后的资本账户展开设计。最终整体生产账户框架

（如图 4-3 所示）。

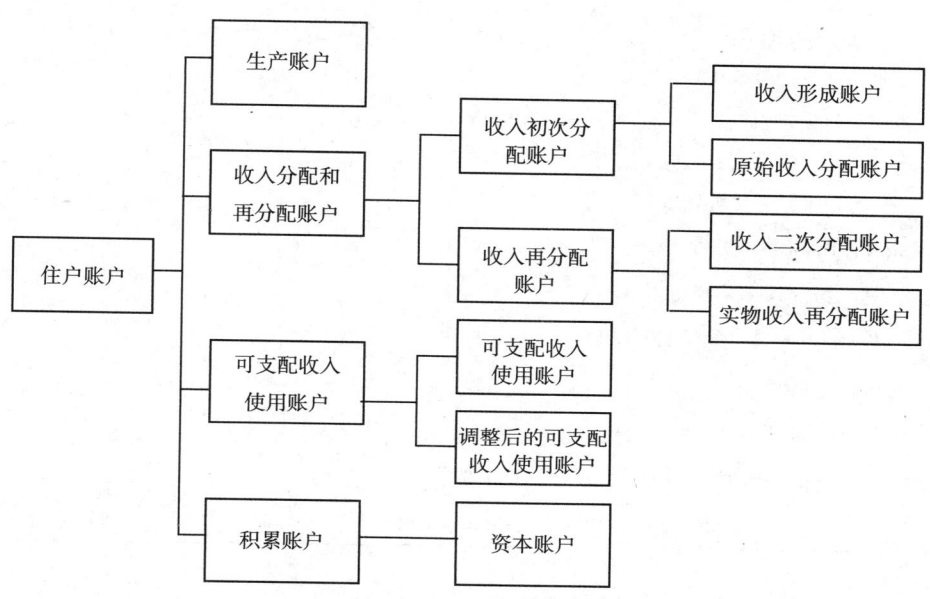

图 4-3　住户部门账户体系的整体结构

一　拓展后的生产账户

在生产阶段，SNA 账户体系中的住户部门的生产核算仅仅核算了住户部门的 SNA 生产，而将住户部门非 SNA 生产排除在生产核算范围之外。与现行国民经济核算体系中心框架下住户部门生产活动不同的是，住户生产卫星账户基于拓展性的生产观，只要符合经济生产的定义，都将予以核算，因此，住户生产卫星账户中既包含住户部门的 SNA 生产，也包括住户部门的非 SNA 生产，故其拓展后的总产出、中间消耗、增加值等交易项目，应在 SNA 账户体系中住户部门生产账户对应的经济交易项目基础上再加上住户部门非 SNA 生产的总产出、中间消耗、增加值等交易项目，本书给出了虚拟数据进行核算，其基本范式如表 4-1 所示。

表 4-1　　　　　　　住户部门生产账户基本表式　　　　　单位：亿元

使用		资源	
拓展后的中间消耗	24047	拓展后的总产出	93176

续表

使用		资源	
SNA 生产中间消耗	9735	SNA 生产总产出	24317
非 SNA 生产中间消耗	14312	非 SNA 生产总产出	68859
拓展后的总增加值	69129		
SNA 生产总增加值	14582		
非 SNA 生产总增加值	54547		
拓展后的固定资本消耗（−）	8000		
SNA 生产固定资本消耗（−）	5156		
非 SNA 生产固定资本消耗（−）	2839		
拓展后的净增加值	61129		
SNA 生产净增加值	9421		
非 SNA 生产净增加值	51708		
合计	93176	合计	93176

从 SNA 中心框架调整到住户生产卫星账户，各经济交易项目的总量关系为：

拓展后的总增加值＝拓展后的总产出−拓展后的中间消耗

＝（SNA 生产总产出＋非 SNA 生产总产出）−（SNA 生产中间消耗＋非 SNA 生产中间消耗）

拓展后的净增加值＝拓展后的生产总增加值−拓展后的固定资本消耗

＝（SNA 生产增加值＋非 SNA 生产增加值）−（SNA 生产固定资产消耗＋非 SNA 生产固定资产消耗）

需要说明的是，在拓展后的生产账户体系中，平衡项一般以总额与净额并列的形式存在，主要考虑到固定资产消耗数据较难核准的性质。但在后面各账户中，出于简化的目的，只列出了净额。

二　拓展后的收入分配账户

（一）拓展后的收入初次分配账户

1. 拓展后的收入形成账户

拓展后的收入形成账户是拓展后的生产账户的进一步延伸和细化，用来记录与拓展后的生产过程相联系的各种分配交易，反映住户部门拓展后的净（总）增加值构成的账户表式。构成账户的基本项目有三个：拓展后的生产净增加值（拓展后的生产总增加值）、拓展后的雇员报酬和拓展后的生产税净额，其基本范式如表4-2。在收入形成阶段，拓展后的净增加值是形成分配的初始流量，它的使用包括两个项目，一个是拓展后的雇员报酬，一个是拓展后的生产税净额。其中，拓展后的雇员报酬包括SNA生产雇员报酬和非SNA生产雇员报酬，前者是指住户部门对雇员在核算期内所做工作的回报，后者是住户成员从事非SNA生产的虚拟回报。拓展后的生产税净额也包括SNA生产税净额和非SNA生产税净额。前者是SNA生产所涉及的生产税、进口税和其他生产税与SNA生产补贴的差额，后者是非SNA生产活动中的生产税与生产补贴的差额。

表4-2　　　　　　　　住户部门收入形成账户基本范式　　　　单位：亿元

使用		资源	
拓展后的雇员报酬	53070	拓展后的净增加值	61129
SNA生产雇员报酬	715	SNA生产净增加值	9421
非SNA生产雇员报酬（劳动力时间价值）	52355	非SNA生产净增加值	51708
拓展后的生产税净额	-1703		
SNA生产税净额	-1055		
非SNA生产税净额	-648		
拓展后的混合收入净额\\\营业盈余净额	9761		
SNA生产混合收入净额\\\营业盈余净额	9761		
非SNA生产混合收入净额\\\营业盈余净额	0		
合计	61129	合计	61129

从SNA中心框架调整到住户生产卫星账户，各经济交易项目的总量关系为：

拓展后的混合收入净额/营业盈余净额＝拓展后的净增加值−拓展后的雇员报酬−拓展后的生产税+拓展后的生产补贴

拓展后的雇员报酬＝SNA生产雇员报酬+非SNA生产雇员报酬

拓展后的生产税净额＝SNA生产税净额+非SNA生产税净额＝（SNA生产的生产税−SNA生产的生产补贴）+（非SNA生产的生产税−非SNA

生产的生产补贴）

需要说明的是，对于住户部门来说，雇员报酬和营业盈余往往无法区分，将其平衡项称为混合收入。非 SNA 生产雇员报酬是对住户成员从事非 SNA 生产的虚拟回报，一般用劳动力时间价值来衡量。另外，需要对 SNA 框架下的住户部门收入再分配账户资源方和部分项目进行调整，比如照料老人而对住户成员支付的护理津贴应从中分离，并计入"住户非 SNA 生产税净额"。

2. 拓展后的原始收入分配账户

对于住户部门来说，其拓展后的原始收入的创造者与接收者并非完全一致，收入形成账户注重强调拓展后的原始收入的创造者，而对拓展后的原始收入接收者以及与其他机构部门之间的财产收支流量则需通过拓展后的原始收入分配账户来描述。因此，拓展后的原始收入分配账户的核算对象是原始收入形成账户外初次分配的剩余部分，主要记录两种类型的收支：一种是已经在拓展后的原始收入形成账户中记录了的原始收入，另一种则是各部门间进一步发生的财产收入收付（如表 4-3 所示）。

表 4-3　　　　　　　　　拓展后的原始收入分配账户　　　　　　　单位：亿元

使用		资源	
应付财产收入	2820	拓展后的混合收入净额/营业盈余净额	9761
拓展后的原始收入净额	133231	应收财产收入	7013
		拓展后的雇员报酬	119277
		SNA 生产雇员报酬	66922
		非 SNA 生产雇员报酬（劳动力时间价值）	52355
合计	136051	合计	136051

从 SNA 中心框架调整到住户生产卫星账户，各经济交易项目的总量关系为：

拓展后的原始收入净额＝拓展后的混合收入净额/营业盈余净额＋拓展后的雇员报酬＋（应收财产收入－应付财产收入）

需要说明的是，在原始收入分配阶段，住户部门非 SNA 生产所形成的雇员报酬形成了住户部门的收入，虽然其仅是虚拟的货币价值，但它相当于住户部门获得了一笔真实的现金收入，因此记录在原始收入的来源项目中。

(二) 拓展后的收入再分配账户

住户部门获取生产性收入——拓展后的原始收入后，还要在整个国民经济范围内与其他常住单位或非常住单位发生各种各样的单项收入转移，包括现金转移和实物转移，这种发生在住户部门内部或与其他机构单位之间的收入转移便称为住户部门拓展后的收入再分配。

需要说明的是，2008年版SNA将政府和为住户服务的非营利机构对住户的各种实物转移统称为"实物社会转移"，并从经常转移中分离出来，将住户部门的收入再分配过程分为两阶段：一是收入的二次分配阶段，二是实物收入再分配阶段，对应形成两个账户——住户部门收入二次分配账户和住户部门实物再分配账户。类似地，住户部门的拓展后的收入再分配也可通过相应两个账户描述：拓展后的收入二次分配账户和拓展后的实物收入再分配账户。

1. 拓展后的收入二次分配账户

拓展后的收入二次分配账户作为拓展后的收入再分配核算的第一账户，用于描述如何通过除实物社会转移以外的经常转移收支，将住户部门拓展后的原始收入净额转换成拓展后的可支配收入净额的全过程。该账户记录了大部分经常转移，包括除实物社会转移以外的其他经常性实物转移和经常现金转移，其基本范式如表4-4。在收入二次分配阶段，住户部门非SNA生产过程中发生的生产税和生产补贴是该阶段所发生的经常转移支出和经常转移收入。非SNA生产生产税是指所得、财产等经常税中用于住户非SNA生产的部分，如车辆用于接送小孩，所征收的车船税和车辆购置税将作为生产税处理；非SNA生产生产补贴是指用住户部门所获得的与住户非SNA生产相关的补贴，如对于照料老人和小孩的住户，政府所发放的护理津贴等。因此，在拓展后的经常转移收入和经常转移支出应该减去住户部门非SNA生产相关的生产税和补贴。

表4-4　　　　　　　　收入二次分配账户基本范式　　　　　　单位：亿元

使用		资源	
拓展后的实物转移以外的经常转移支出	41077	拓展后的原始收入净额	133231
SNA生产经常转移支出	41133	拓展后的实物转移以外的经常转移收入	23666

续表

使用		资源	
非 SNA 生产生产税（-）	56	SNA 生产经常转移收入	24370
拓展后的可支配净收入	115820	非 SNA 生产生产补贴（-）	704
合计	156897	合计	156897

从 SNA 中心框架调整到住户生产卫星账户，各经济交易项目的总量关系为：

拓展后的可支配净收入=拓展后的原始收入净额+拓展后的实物转移以外的经常转移收入-拓展后的实物转移以外的经常转移支出

拓展后的实物转移以外的经常转移收入=SNA 生产经常转移支出-非 SNA 生产经常转移收入=SNA 生产中的社会缴款、社会福利、社会补助等-非 SNA 生产生产补贴

拓展后的实物转移以外的经常转移支出=SNA 生产经常转移支出-非 SNA 生产经常转移支出=SNA 生产所得及财产等经常税、社会缴款、社会补助及其他经常转移-非 SNA 生产生产税

2. 拓展后的实物收入再分配账户

拓展后的实物再分配账户用于描述如何通过实物社会转移将拓展后的可支配收入转换成调整后的拓展后的可支配收入的全过程，其基本范式如表 4-5。在实物收入再分配阶段，住户部门从政府部门和非营利组织获得了实物社会转移。在 SNA 中心框架下，住户部门所获得的实物社会转移完全构成了住户部门的实际最终消费，但在住户生产卫星账户体系中，实物社会转移中有一部分构成了非 SNA 生产的中间消耗和固定资本形成。如政府免费发放的粮食，用于菜肴的烹饪等。因此，拓展后的实物社会转移应该减去作用于非 SNA 生产的中间消耗和固定资本形成部分。

表 4-5   实物收入再分配账户基本范式   单位：亿元

使用		资源	
拓展后的调整后可支配净收入	137142	拓展后的可支配净收入	115820
		拓展后的实物社会转移	21322
		SNA 生产实物社会转移	21322
		非 SNA 生产实物社会转移（-）	0
合计	137142	合计	137142

从 SNA 中心框架调整到住户生产卫星账户，各经济交易项目的总量关系为：

拓展后的调整后可支配净收入＝拓展后的可支配净收入＋拓展后的实物社会转移＝拓展后的可支配净收入＋SNA 生产实物社会转移－非 SNA 生产实物社会转移

需要说明的是，目前中国只核算收入再分配，没有对实物社会转移进行单独核算。

三 拓展后的可支配收入使用账户

通过拓展后的收入的初次分配和再分配，对拓展后的可支配收入使用情况的进一步描述便是收入使用核算的主要内容。与拓展后的收入再分配过程相对应，拓展后的可支配收入使用也分为两个账户：一是拓展后的可支配收入使用账户，二是调整后的拓展后的可支配收入使用账户。

（一）拓展后的可支配收入使用账户

拓展后的可支配收入使用账户是一个专用于揭示拓展后的可支配收入在最终消费支出和储蓄之间使用情况的账户，其基本构成项目有两个：拓展后的可支配总收入（拓展后的可支配净收入）；拓展后的最终消费。其基本范式如表 4-6。在可支配收入使用阶段，SNA 中心框架下住户部门最终消费支出所购买的货物和服务就是住户部门的最终消费。但在住户生产卫星账户下，住户部门的最终消费是指满足住户需要或欲望而对 SNA 产品和非 SNA 产品的使用。但是在 SNA 产品中，有些用于非 SNA 生产的中间投入，有些部分用于非 SNA 生产固定资本的形成，如住户购买的大米、电饭煲用于烹饪米饭，大米是非 SNA 生产的中间投入，电饭煲则是非 SNA 生产的耐用消费品。因此，为了避免重复计算，对 SNA 产品最终消费支出应该减去用于非 SNA 生产的中间投入和固定资本形成。

另外，作为对养恤基金的特殊记账方式，资源方还记录"住户养恤基金净权益变化调整"项目，作为对住户部门储蓄的调整。这一调整是对 2008 年版 SNA 一方面认为住户成员对养恤基金缴款和领取应作为金融资产的获得和处置，另一方面又将住户成员对养恤基金缴款和领取记入其收入的二次分配账户的必要冲抵，确保住户养恤基金缴款超过养恤基金收入部分不影响住户部门的储蓄。账户的平衡项为拓展后的净储蓄。

表 4-6　　　　　　　可支配收入使用账户基本范式　　　　　　单位：亿元

使用		资源	
拓展后的最终消费支出	115750	拓展后的可支配净收入	115820
SNA 产品最终消费支出	65031	住户养恤基金净权益变化调整	145
非 SNA 生产中间消耗（-）	14312		
非 SNA 生产的固定资本形成（-）	3828		
非 SNA 生产总产出	58859		
拓展后的净储蓄	215		
合计	115965	合计	115965

从 SNA 中心框架调整到住户生产卫星账户，各经济交易项目的总量关系为：

拓展后的净储蓄=拓展后的可支配净收入+住户养恤基金净权益变化调整-拓展后的最终消费支出

拓展后的最终消费支出 = SNA 产品最终消费支出+（非 SNA 生产总产出-非 SNA 生产中间消耗-非 SNA 生产的固定资本形成）

（二）拓展后的调整后可支配收入使用账户

对比拓展后的调整后可支配收入使用账户与拓展后的可支配收入使用账户，除了账户的资源方记录"拓展后的调整后可支配净收入"和使用方记录"拓展后的实际最终消费"，表 4-6 和表 4-7 几乎一致。平衡项为拓展后的实际净储蓄，是实际拓展后的可支配收入中没有用于最终消费的部分。

表 4-7　　　　　　　调整后的可支配收入使用账户　　　　　　单位：亿元

使用		资源	
拓展后的实际最终消费	137072	拓展后的调整后可支配净收入	137142
SNA 生产实际最终消费	86353	住户养恤基金净权益变化的调整	145
非 SNA 生产中间消耗（-）	14312		
非 SNA 生产的固定资本形成（-）	3828		
非 SNA 生产总产出（+）	68859		
拓展后的实际净储蓄	215		
合计	137287	合计	137287

从 SNA 中心框架调整到住户生产卫星账户，各经济交易项目的总量关系为：

拓展后的实际净储蓄=拓展后的调整后可支配净收入+住户养恤基金净权益变化的调整-拓展后的实际最终消费

SNA 生产实际最终消费=SNA 生产最终消费支出+政府最终消费支出+非营利机构最终消费支出

四 拓展后的资本账户

拓展后的资本账户用于记录住户部门通过交易所获得或处置的各种非金融资产的价值，反映由于储蓄和资本转移所引起的净值变化。拓展后的净储蓄以及资本转移净额是住户部门进行资本形成活动的来源，基本范式如表4-8。在住户卫星账户体系下，住户部门的固定资本形成总额包括SNA中心框架下住户部门的固定资本形成总额，同时还应包括来自SNA体系中住户部门实物社会转移和最终消费支出中用于住户非SNA生产的固定资本形成部分，如电器设备、厨房用具、幼儿的娱乐玩具（较大型）等的购置、转移和改善等。

表 4-8　　　　　　　　　拓展后的资本账户　　　　　　　　单位：亿元

拓展后的资产变化		拓展后的负债和净资产变化	
拓展后的固定资本形成总额	10193	拓展后的净储蓄	215
SNA 生产固定资本形成总额	6365	资本转移净额	-206
非 SNA 生产固定资本形成总额	3828	应收资本转移（+）	189
拓展后的固定资产消耗（-）	8000	应付资本转移（-）	395
SNA 生产固定资本消耗（-）	5156		
非 SNA 生产固定资本消耗（-）	2839		
拓展后的存货变化	-126		
SNA 生产存货变化	-126		
非 SNA 生产存货变化	0		
珍贵物品的获得减处置	0		
其他非生产资产获得减处置	9		
净借出（+）/净借入（-）	-2067		
合计	9	合计	9

从 SNA 中心框架调整到住户生产卫星账户,各经济交易项目的总量关系为:

净借出(+)/净借入(-) = (拓展后的净储蓄+资本转移净额) - (拓展后的资本形成净额+其他非生产资产获得减处置) = (拓展后的净储蓄+资本转移净额) - (拓展后的固定资本形成总额-拓展后的固定资产消耗+拓展后的存货变化+珍贵物品的获得减处置+其他非生产资产获得的减处置)

拓展后的固定资本形成总额=SNA 生产固定资本形成总额+非 SNA 生产固定资本形成总额

拓展后的存货变化= SNA 生产存货变化+非 SNA 生产存货变化

净借出(+)/净借入(-)可能是正数,也可能是负数。正数表明本部门资金富余,除了满足住户部门非金融投资的需要外,还可供其他部门用于非金融投资;负数表明住户部门资金短缺,为了满足本部门非金融投资的需要,必须从其他部门净借入资金。

五 拓展后的住户部门综合账户

通过构建住户部门不同国民经济活动中的核算账户,可以反映住户部门在不同活动过程中所从事的各类经济交易项目的流量。在现实生活中,住户部门核算期内所从事的经济活动是一个完整的、连续的过程,为了便于分析和研究,本书人为地将住户部门核算期内从事的所有活动划分为生产活动、收入形成活动、收入使用活动、资本形成活动等。虽然住户部门在不同类型活动中从事不同的经济交易活动,但这些经济活动之间并非独立的,而是相互之间存在着紧密的逻辑联系。住户部门通过生产活动创造的增加值构成了住户部门收入形成的来源,住户部门生产增加值中的固定资本消耗、雇员报酬和营业盈余/混合收入构成了住户部门的收入。住户部门收入形成活动阶段所获得的可支配收入决定了其在收入使用阶段最终消费的收入来源,而住户可支配收入中用于最终消费后的结余(即国民经济核算中的储蓄)又构成了住户部门进行资本投资的资金来源之一,住户部门为进行资本形成所产生的资金盈余或资金短缺又促使住户部门通过金融交易活动贷出或借入资金。可见,住户部门核算期内所从事的不同经济活动是相互联系的,不同经济活动的核算账户是有机统一的整体,前一核算账户的平衡项构成了后一核算账户的起点。根据不同经济活动和核算账户之间的内在逻辑联系，本书设计出用于反映住户部门核算期内所有经济活动全貌的综合核算账户（见表4-9）。

表4-9　　　　　　　　　　拓展后的住户部门综合账户

	使用			交易及平衡项	资源		
	住户部门	非SNA生产	SNA生产		SNA生产	非SNA生产	住户部门
生产账户				总产出 中间投入 总增加值 固定资本消耗 净增加值			
收入形成账户				净增加值 雇员报酬 生产税和进口税 生产补贴 营业盈余/混合收入			
原始收入分配账户				营业盈余/混合收入 雇员报酬 财产收入 原始收入净额			
收入二次分配账户				原始收入净额 实物外经常转移 可支配收入净额			
实物收入再分配账户				可支配收入净额 实物经常转移 调整后的可支配收入净额			
可支配收入使用账户				调整后的可支配收入净额 最终消费支出 住户养恤基金净权益变化的调整 净储蓄			
调整后的可支配收入账户				调整后的可支配收入净额 实际最终消费 住户养恤基金净权益变化的调整 净储蓄			
资本账户				净储蓄 固定资本形成 固定资本消耗 土地和其他有形非生产资产获得减处置 存货变化 贵重物品获得减处置 应收资本转移 应付资本转移 净借入（+）/净借出（-）			

通过住户部门的综合经济账户，不仅可以清晰地掌握住户部门核算期内在生产活动、收入形成活动、收入使用活动、资本形成活动中各类经济交易的内容和流量，同时根据不同经济活动以及核算账户之间的内在逻辑联系，可以掌握住户部门核算期内所有经济活动的动态变化过程及其全貌。从账户中可以看出，住户部门系列账户之间并非独立的，而是从生产账户开始，每一账户的平衡项构成了下一账户的起点。生产账户的平衡项总增加值构成了收入形成账户的起点。收入形成账户除了生产税净额的其他项又形成了住户部门原始收入初次分配账户的起点，与财产收入一起形成住户部门的原始收入总额。原始收入总额作为收入再分配账户的起点，与来自其他部门的经常净转移一起，最终形成了住户部门的可支配收入，为住户部门的收入使用账户提供了来源，住户部门使用账户中储蓄又构成了住户部门进行资本投资的资金来源。不仅如此，住户部门还通过金融交易来弥补资本投资的资金短缺或借出多余的资金来获取收益。

第三节 住户生产卫星账户的构建

一 住户生产卫星账户与 SNA 账户的逻辑联系

将非 SNA 生产纳入国民经济核算中，将会对住户部门的生产、收入、消费活动、资本形成等一系列经济交易产生影响，以上各账户均对相关经济交易项目进行了调整。为了更清晰的反映住户生产卫星账户与 SNA 账户经济交易的逻辑关系，通过表 4-10 进行了勾勒。

表 4-10　住户生产卫星账户与 SNA 账户经济交易的逻辑联系

活动阶段	SNA 中心框架	调整项目	住户生产卫星账户
生产阶段	总产出 中间投入 总增加值 固定资本消耗 净增加值	+非 SNA 生产总产出 +非 SNA 生产中间投入 +非 SNA 生产总增加值 +非 SNA 生产固定资本消耗 +非 SNA 生产净增加值	总产出 中间投入 总增加值 固定资本消耗 净增加值
收入形成阶段	净增加值 雇员报酬 生产税 生产补贴 营业盈余/混合收入	+非 SNA 生产净增加值 +非 SNA 生产雇员报酬 +非 SNA 生产生产税 +非 SNA 生产生产补贴	净增加值 雇员报酬 生产税和进口税 生产补贴 营业盈余/混合收入

续表

活动阶段	SNA 中心框架	调整项目	住户生产卫星账户
原始收入分配阶段	雇员报酬 财产收入	+非 SNA 生产雇员报酬	雇员报酬 财产收入
收入二次分配阶段	实物外经常转移收入 实物外经常转移支出	-非 SNA 生产生产补贴 -非 SNA 生产生产税	实物外经常转移收入 实物外经常转移支出
实物收入再分配阶段	实物经常转移	-用于非 SNA 生产的中间消耗和固定资本形成部分	实物经常转移
可支配收入使用阶段	最终消费支出	+非 SNA 生产总产出-非 SNA 生产中间消耗-非 SNA 生产固定资本形成	最终消费支出
实物可支配收入使用阶段	实际最终消费	+非 SNA 生产总产出-非 SNA 生产中间消耗-非 SNA 生产固定资本形成	实际最终消费
资本阶段	固定资本形成	+来自实物社会转移和最终消费支出中用于住户非 SNA 生产的固定资本形成	固定资本形成

二 住户生产卫星账户范式的设计

通过对 SNA 中心框架下的相关经济交易项目的调整，得到住户生产卫星账户相关的经济交易项目，结合国民经济核算账户的设计原则和方法，本书设计出住户生产卫星账户的基本范式（如表 4-11 所示）。

表 4-11　　　　　　　　　　住户生产卫星账户

	使用				资源		
	住户部门	调整项目	SNA生产	交易及平衡项	SNA生产	调整项目	住户部门
生产账户		中间投入* 总增加值* 固定资本消耗* 净增加值*		总产出 中间投入 总增加值 固定资本消耗 净增加值	总产出*		
收入形成账户		雇员报酬* 生产税* 生产补贴*		净增加值 雇员报酬 生产税 生产补贴 营业盈余/混合收入		净增加值*	

续表

	使用			交易及平衡项	资源		
	住户部门	调整项目	SNA生产		SNA生产	调整项目	住户部门
原始收入分配账户				营业盈余/混合收入 雇员报酬 财产收入 原始收入净额		雇员报酬*	
收入二次分配账户		生产税*(-)		原始收入净额 实物外经常转移 可支配收入净额		生产补贴*(-)	
实物收入再分配账户				可支配收入净额 实物经常转移 调整后的可支配收入净额		中间消耗和固定资本形成*(-)	
可支配收入使用账户		中间消耗和固定资本形成*(-) 总产出*(+)		调整后的可支配收入净额 最终消费支出 住户养恤基金净权益变化的调整 净储蓄			
调整后的可支配收入账户				调整后的可支配收入净额 实际最终消费 住户养恤基金净权益变化的调整 净储蓄		中间消耗和固定资本形成*(-) 总产出*(+)	
资本账户		固定资本形成* 固定资本消耗*		净储蓄 固定资本形成 固定资本消耗 土地和其他有形非生产资产获得减处置 存货变化 贵重物品获得减处置 应收资本转移 应付资本转移 净借入(+)/净借出(-)			

从住户生产卫星账户的经济交易项目不难看出，住户生产卫星账户中的经济交易项目与 SNA 中心框架下住户部门相应的交易项目在内涵上是一致的，如住户生产卫星账户中的雇员报酬和中心框架下的雇员报酬均表示住户部门在生产过程中所获得作为劳动力要素补偿的收入。

由于生产活动是国民经济活动的起点，生产核算的范围决定了其他经济活动的范围，生产活动创造的增加值形成了住户部门的收入来源，生产活动的产出决定了消费和资本形成的对象,为此在形成住户卫星账户的经济交易项目过程中,不仅需要对中心框架下住户部门生产账户中的总产出、中间投入和增加值进行调整,在中心框架下原有数值的基础上分别加上住户非 SNA 生产的总产出、中间投入和增加值以获得住户卫星账户体系中生产账户的交易项目进行调整,同时也鉴于住户部门从事的非 SNA 生产活动与其他经济活动之间的内在联系,如非 SNA 生产中的中间投入部分来源于中心框架下记录为住户最终消费的部分货物和服务,非 SNA 生产中的生产税和生产补贴来源于中心框架下记录为住户部门经常转移收入和经常转移支出,非 SNA 生产的固定资本形成主要来源于中心框架下记录为住户部门最终消费的主要耐用消费品,卫星账户下住户部门的最终消费包含了住户非 SNA 生产产出的价值等。

为此,若要完整设计出用于全面、真实反映住户部门核算期内所有经济活动全貌的卫星账户,不仅需要对中心框架下住户部门生产账户中的相关交易项目进行调整,同时也需要对中心框架下其他核算账户中的相关交易项目进行调整。

在住户部门不同的经济活动阶段,根据卫星账户体系下住户部门经济交易项目与中心框架下住户部门经济交易项目的内在逻辑联系,设计出住户部门生产活动、收入形成等经济活动的相应指标。

(1) 生产活动阶段

拓展后的住户总产出=住户 SNA 生产总产出+住户非 SNA 生产总产出

拓展后的住户中间投入=住户 SNA 生产中间投入+住户非 SNA 生产中间投入

拓展后的住户增加值=住户 SNA 生产增加值+住户非 SNA 生产增加值

(2) 收入初次分配阶段

住户部门收入来源之一的雇员报酬=住户 SNA 生产雇员报酬+住户非 SNA 生产劳动力时间价值

住户部门原始收入=雇员报酬+营业盈余/混合收入+财产收入净额,其中财产收入净额=财产收入获得-财产收入支出

(3) 在收入再次分配阶段

拓展后的住户经常转移收入=住户 SNA 生产经常转移收入-与住户非 SNA 生产相关的生产补贴

拓展后的住户经常转移支出=住户 SNA 生产经常转移支出-与住户非

SNA 生产相关的生产税

拓展后的住户经常转移净收入＝拓展后的住户经常转移收入－拓展后的住户经常转移支出。

（4）收入使用阶段

拓展后的住户最终消费＝住户 SNA 生产最终消费－用于非 SNA 生产的中间投入和固定资本形成＋住户非 SNA 生产总产出

（5）资本形成阶段

拓展后的住户固定资本形成总额＝住户 SNA 生产固定资本形成总额＋住户 SNA 生产最终消费中用于非 SNA 生产的固定资本形成部分

第四节 住户生产卫星账户的拓展（NTTA）

一 国民时间转移账户（NTTA）

（一）国民转移账户（NTA）与国民时间转移账户（NTTA）

1. 国民转移账户（NTA）

传统的国民经济核算账户主要记录了生产、分配、消费等环节的经济活动，但是它不能反映在公共政策或人口变化等影响下这些经济活动在人的不同生命周期的差别。国民转移账户（National Transfer Accounts，简称 NTA），可以反映这些经济活动在不同生命周期的区别，将年龄维度加入了国民核算，来分析各种资源在不同代际的再分配。NTA 开创了国民经济核算的新篇章，该账户作为联合国国民经济核算账户的一个补充，也是对现有人口学相关指标的一个补充。

NTA 最早是由 Lee（1994a、b）提出的，然后 Mason 等（2009）出版了 NTA 手册，联合国人口司出版了修订版（United Nations，2013）。Lee 和 Mason（2011）对 NTA 方法进行了全面的介绍，包括理论基础、结果比较以及较大范围的各国实践。目前，已有 60 多个国家进行了 NTA 的构建，估算不同代际的生产、消费、分配和储蓄等经济活动。

NTA 的核心指标是计算平均消费和平均收入之差，如果是正数则称为生命周期赤字（Life Cycl Deficit，简称 LCD），如果是负数，则称为生命周期盈余（Life Cycl Surplus，简称 LCS）。一般来说消费的特点随着年龄的变化不会发生太大变化，而劳动收入则主要集中在工作年龄段，在孩童和老年时期则很小或接近于 0。因此，在工作年龄段，消费会小于劳动收入，即出现 LCS。同样，在孩童和老年时期，消费会大于劳动收入，即出现 LCD。

当消费大于生产的时候，会出现以下货币流：①政府的公共转移（税收、补贴）；②私人或家庭转移，大部分在家庭内部；③资产的再分配（资产净收入和财产收入）。在孩童和老年时代，个体经济上是依赖于其他群体的，因为他们的消费是由处在工作年龄的群体所生产的产品提供的。这种消费和生产的不同解释了代际的货币流动。

虽然研究代际的转移文献很多，但大部分趋向于研究再分配阶段而不是整个经济。NTA 为研究再分配阶段的转移提供了可能。NTA 的主要贡献在于：①研究对象是个体而不是机构；②除了公共转移，还包括私人转移（如父母支付小孩的消费、退休后的父母对住户外子女的转移）；③包括再分配阶段的不同代际：孩童时期、工作时期和老年时期。

图 4-4 显示了菲律宾 NTA 的结果分析，在不同年龄阶段人均收入和人均消费的变化。结果显示，生产活动随着年龄的增加呈现先升后降的趋势，峰值出现在 30—60 岁。消费活动的变化不是很明显，仅在 0—20 岁消费较少且随着年龄的增加而上升。

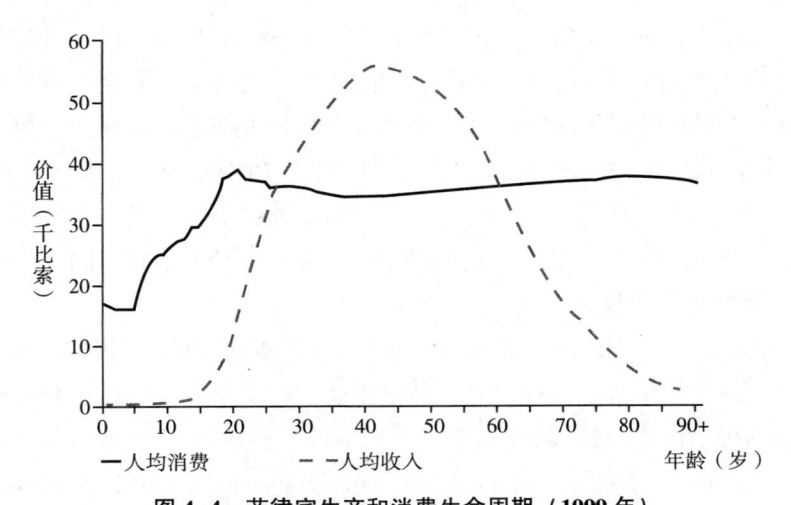

图 4-4　菲律宾生产和消费生命周期（1999 年）

资料来源：United Nations，2013：43.

2. 国民时间转移账户 (NTTA)

NTA 按照年龄来研究国民经济核算账户，对经济资源是如何获取和使用的进行了描述并对不同年龄的转移进行了描述。但是，住户非市场生产所产生的经济流量却没有描述。住户非 SNA 生产活动如照料小孩、照料老人、烹饪菜肴、打扫卫生、洗衣服、购物等，作为代际转移的重要组成部分却没有描述。基于此，各国组成了国际 NTA 研究团队，致力于非市场生产活动不同年龄和性别的估算，以及住户生产提供的产品和服务的价值估算，这种估算就是国民时间转移账户 (National Time Transfer Accounts，简称 NTTA)。

因此，NTA 核算的是 SNA 生产活动（市场生产）在不同年龄和性别之间的转移；而 NTTA 核算的是非 SNA 生产活动（非市场活动）在不同年龄和性别之间的转移。Donehower (2012) 将 NTA 的扩展称之为 NTTA。

(二) 住户生产卫星账户 (HHSA) 与国民时间转移账户 (NTTA)

1. 两者关系

对住户生产卫星账户的研究起始于 19 世纪末 20 世纪初 (Ironmonger, 1996; Holloway 等, 2002; Soupourmas and Ironmonger, 2002; Sik and Szép, 2003)。随后各国进行了账户的构建和比较，主要是欧盟和 OECD 成员国 (Goldschmidt-Clermont and Pagnossin-Aligisakis, 1995; Giannelli 等, 2011; Miranda, 2011)。但是在住户非 SNA 生产活动的产出和消费中增加年龄维度以及时间转移（住户非 SNA 生产活动由谁生产以及被谁消费），即将年龄加入到住户生产卫星账户则是近期才有的研究，可以作为国民转移账户 (NTA) 和住户生产卫星账户 (HHSA) 的扩展。

因此，NTTA 是对 HHSA 的创新，具体贡献在于：一是将年龄引入了 HHSA，二是用住户非 SNA 生产活动的生产时间来分配消费时间。

2. NTTA 的发展

Phananiramai (2011) 是最早进行 NTTA 试点研究的，根据 Donehower (2012) 的方法论指导，对泰国的时间转移进行了估算。随后，众多欧洲国家开始利用时间利用调查数据来估算 NTTA 和 NTA 的扩展研究。如奥地利 (Hammer, 2014)、法国 (Solaz and Stancanelli, 2012; d'Albis 等, 2013)、德国 (Kluge, 2014)、匈牙利 (Gál, Szabó and Vargha, 2015)、意大利 (Zannella, 2015)、斯洛文尼亚 (Sambt 等, 2016)、西班牙 (Renteria 等, 2016)，都研究了各国住户生产在不同年龄和性别间的再分

配模式。

但是，在欧洲各国仍旧没有形成统一的可比的国民时间转移账户。Zagheni 和 Zannella（2013）、Hammer 等（2015）、Zagheni 等（2015）开创性地进行了 NTTA 账户结果的跨国比较。但也存在一定的局限性，一是在住户生产和消费的代际账户中没有对小孩时期进行估算，只考虑工作年龄和老年人口以及性别差异，因此不能充分解释不同代际的依赖关系；二是这些研究部分并没有估算住户非 SNA 生产劳动力的价值，不能对国民转移账户进行扩展，部分即使进行了价值估算，但对住户所有类型的生产活动采用了同一价格。Vargha 等（2017）克服了以上缺点，将所有代际（孩童时期、工作时期和老年时期）住户非 SNA 生产活动的产出和消费进行了分析，并利用专业人员替代成本法估算了非 SNA 生产和消费的货币价值。

3. NTTA 核算的内容

NTTA 核算的主要内容包括：不同年龄住户非 SNA 生产和消费的时间（根据年龄和性别平均）；净时间转移（通过不同年龄组的消费减去生产计算的，以显示某一年龄组是否是住户生产的产品和服务的净受益者或净提供者）；住户非 SNA 生产的货币价值和净时间转移的货币价值。

4. NTTA 核算的意义

NTTA 核算的意义主要有：

（1）与国民转移账户一起用于研究不同年龄和不同性别国民收入的再分配过程；

（2）研究包括照料在内的人力资本投资；

（3）研究老人作为照料经济的提供者和接受者；

（4）比较不同经济发展水平国家的市场生产和非市场生产的比重；

（5）非 SNA 生产活动在整个生命周期的变化：孩童时期、工作时期和退休时期等。

二 NTTA 的数据来源和方法

（一）NTTA 数据来源

构建 NTTA 的思路主要是根据 Donehower（2014）的指导，具体包括以下步骤：

（1）在时间利用调查中区分不同年龄和性别在非 SNA 生产活动中的

时间花费；

（2）选择合适的工资率来估算非 SNA 生产活动的货币价值；

（3）通过对住户成员的时间分配来估算消费；

（4）构建不同年龄和性别的生产、消费、净时间转移等经济流量。

从中可以看出，构建 NTTA 的主要数据来源有时间利用调查和工资数据。各国利用以上数据并应用 Donehower（2014）提供的方法就可以构建出 NTTA。但是，对于国际比较来说，由于各国时间利用调查数据的不同，还需要一些标准化的数据。欧盟统计局制定的欧洲统一时间利用调查（Harmonise European Time Use Surveys，简称 HETUS）和跨国时间利用调查（Multinational Time Use Study，简称 MTUS）是进行 NTTA 结果国际比较的重要数据来源。

（二）NTTA 构建方法

1. 确定非 SNA 生产活动的范围

根据"第三方"准则来确定住户的非 SNA 生产活动，表 4-12 给出了具体的分类。NTTA 核算暂时不考虑同时进行的非 SNA 生产活动。

表 4-12　　　　　　　　　非 SNA 生产活动分类

分类	非 SNA 生产活动
家务劳动	膳食制备、饭后清理、住户内外卫生打扫、清洗和熨烫衣物、手工、园艺、宠物照料、房屋建筑和维修、购物（含路途花费时间）
照料小孩	生活起居照料，教育、监督小孩学习和沟通，照料小孩健康（含路途花费时间）
照料老人	照料住户内的老人
志愿服务	对住户外成员提供的帮助

2. 估算不同年龄的非 SNA 生产的产出和消费情况

在时间利用调查中，可以获取住户成员的年龄和性别，非 SNA 生产活动的投入时间等信息，并没有关于非 SNA 生产活动的消费数据。因此要估算非 SNA 生产的消费情况，需要对非 SNA 生产活动的生产时间进行分配。

为了估算非 SNA 生产的产出和消费情况，本书用一个简化例子进行演算。假设只有一个性别以及 6 个年龄组，分别是年龄 1 和 2 代表小孩组，3 和 4 代表成人组，5 和 6 代表老年组。时间利用调查仅有 7 个住户，每个住户仅有一位成员接受调查,虽然也给出了住户其他成员的年龄,但没有给出他们的时间利用数据。将非 SNA 生产活动分成四类:照料年龄为 1 和 2 的小孩;照料年龄为 5 和 6 的老人;家务劳动(受益者为住户内每一位成员);志愿活动(对住户外成员的帮助,受益者没有特定年龄)。具体步骤包括:

第一步,确定非 SNA 生产活动的投入时间(见表4-13)

表 4-13　　　　　确定非 SNA 生产的投入时间　　　　单位:分钟

住户编号	年龄组编号	权重	照料小孩	照料老人	家务劳动	志愿服务	合计
A	3	150	0	0	30	2	32
A	4	—	—	—	—	—	—
B	4	120	12	0	40	10	62
B	3	—	—	—	—	—	—
B	1	—	—	—	—	—	—
B	2	—	—	—	—	—	—
C	4	100	0	3	24	0	27
C	4	—	—	—	—	—	—
C	6	—	—	—	—	—	—
D	5	100	0	4	18	0	22
D	5	—	—	—	—	—	—
E	6	50	4	0	12	4	20
E	4	—	—	—	—	—	—
E	2	—	—	—	—	—	—
F	3	110	6	0	10	0	16
F	1	—	—	—	—	—	—
G	5	110	0	0	10	10	20

第二步,计算各年龄组的人均非 SNA 生产时间

计算人均非 SNA 生产时间,以年龄组 3 为例,计算公式及结果为:

$$年龄组 3 照料小孩的平均时间 = \frac{\Sigma 年龄组 3 照料小孩的时间 \times 权重}{\Sigma 权重}$$

$$= \frac{150 \times 0 + 110 \times 6}{150 + 110}$$

= 2.538（分钟）

最终得到各年龄组的人均非 SNA 生产情况（见表 4-14）。

表 4-14　　　　　计算各年龄组的人均非 SNA 生产时间　　　　单位：分钟

年龄	总人口（人）	照料小孩	照料老人	家务劳动	志愿服务	合计
年龄 1	5000	0	0	0	0	0
年龄 2	5100	0	0	0	0	0
年龄 3	4900	2.538	0.000	21.538	1.154	25.231
年龄 4	4500	6.545	1.364	32.727	5.455	46.091
年龄 5	4000	0.000	1.905	13.810	5.238	20.952
年龄 6	2000	4.000	0.000	12.000	4.000	20.000
合计	25500	—	—	—	—	—

第三步，将非 SNA 生产投入时间分配到消费中

分配规则：①每个住户内的非 SNA 生产时间投入要在住户内目标消费群体进行平均分配，如住户编号为 B 的住户，照料小孩总投入时间为 12 分钟，因此将 12 分钟平均分配到年龄 1 和年龄 2 的消费群体；照料老人的消费群体是年龄 5 和年龄 6；家务劳动的消费群体是所有人；志愿活动的消费群体是未知的；②非 SNA 总生产时间等于总消费时间（见表 4-15）。

表 4-15　　　　将非 SNA 生产投入时间分配到消费中　　　　单位：分钟

住户编号	年龄组	照料小孩 年龄1	照料小孩 年龄2	照料老人 年龄5	照料老人 年龄6	家务劳动 年龄1	家务劳动 年龄2	家务劳动 年龄3	家务劳动 年龄4	家务劳动 年龄5	家务劳动 年龄6	志愿活动 未知组	合计 年龄1	合计 年龄2	合计 年龄3	合计 年龄4	合计 年龄5	合计 年龄6	合计 未知组
A	3	0	0	0	0	0	0	15	15	0	0	2	0	0	15	15	0	0	2
A	4																		
B	4	6	6	0	0	10	10	10	10	0	0	10	16	16	10	10	0	0	10
B	3																		
B	1																		
B	2																		

续表

住户编号	年龄组	照料小孩 年龄1	年龄2	照料老人 年龄5	年龄6	家务劳动 年龄1	年龄2	年龄3	年龄4	年龄5	年龄6	未知组	志愿活动 年龄1	合计 年龄2	年龄3	年龄4	年龄5	年龄6	未知组
C	4	0	0	0	3	0	0	0	16	0	8	0	0	0	0	16	0	11	0
C	4																		
C	6																		
D	5	0	0	4	0	0	0	0	0	18	0	0	0	0	0	0	22	0	0
D	5																		
E	6	0	4	0	0	0	4	0	4	0	4	4	0	8	0	4	0	4	4
E	4																		
E	2																		
F	3	6	0	0	0	5	0	5	0	0	0	0	11	0	5	0	0	0	0
F	1																		
G	5	0	0	0	0	0	0	0	0	0	0	10	0	0	0	0	0	10	10

第四步，构建非 SNA 生产活动的生产消费矩阵的前期准备

计算非 SNA 生产活动的人均消费时间，以年龄组 1 消费年龄组 3 为例，计算公式及结果为：

$$\text{年龄组 1 消费年龄组 3 的人均时间} = \frac{\sum \text{年龄组 1 消费年龄组 3 的时间} \times \text{权重}}{\sum \text{权重}} = \frac{150 \times 0 + 110 \times 11}{150 + 110} = 4.654 \text{（分钟）}$$

最终得到表 4-16，表中横向表示各年龄组的生产时间，纵向表示各年龄组的消费时间。

表 4-16　构建非 SNA 生产活动的生产消费矩阵的前期准备　　单位：分钟

生产＼消费	年龄1	年龄2	年龄3	年龄4	年龄5	年龄6	未知组	人均生产
年龄1	0	0	0	0	0	0	0	0.000
年龄2	0	0	0	0	0	0	0	0.000
年龄3	4.654	0.000	10.769	8.654	0.000	0.000	1.154	25.231
年龄4	8.727	8.727	5.455	12.727	0.000	5.000	5.455	46.091

续表

生产＼消费	年龄1	年龄2	年龄3	年龄4	年龄5	年龄6	未知组	人均生产
年龄5	0.000	0.000	0.000	0.000	15.714	0.000	5.238	20.952
年龄6	0.000	8.000	0.000	4.000	0.000	4.000	4.000	20.000

第五步，构建非 SNA 生产活动的生产消费矩阵

根据各年龄组的人口数，计算出各年龄组的总消费（见表4-17），以年龄组 1 消费年龄组 3 为例，计算公式及结果为：

年龄组 1 对年龄组 3 的总消费 = 人均消费 × 年龄组 3 的人口数
$$= 4.654 \times 4900 = 22804（分钟）$$

表 4-17　　　　构建非 SNA 生产活动的生产消费矩阵　　　　单位：分钟

生产＼消费	年龄1	年龄2	年龄3	年龄4	年龄5	年龄6	未知
年龄1	0	0	0	0	0	0	0
年龄2	0	0	0	0	0	0	0
年龄3	22804	0	52769	42404	0	0	5654
年龄4	39273	39273	24545	57273	0	22500	24545
年龄5	0	0	0	0	62857	0	20952
年龄6	0	16000	0	8000	0	8000	8000
总消费	62077	55273	77315	107677	62857	30500	59152

第六步，计算各年龄组的人均消费（见表4-18）

以年龄组 1 和未知组的人均消费为例，计算公式及结果为：

$$年龄组\ 1\ 的人均消费 = \frac{年龄组\ 1\ 的总消费}{年龄组\ 1\ 的人口数} = \frac{62077}{5000} = 12.42（分钟）$$

$$未知组的人均消费 = \frac{未知组的总消费}{总人口} = \frac{59152}{25500} = 2.32（分钟）$$

表 4-18　　　　　　计算各年龄组的人均消费　　　　　　单位：分钟

年龄组	年龄1	年龄2	年龄3	年龄4	年龄5	年龄6	未知组
人口数（人）	5000	5100	4900	4500	4000	2000	25500
人均消费（分钟）	12.42	10.84	15.78	23.93	15.71	15.25	2.32

第七步，将未知组人均消费平均分配到各年龄组中

志愿服务人均消费是 2.32 分钟，它的受益群体是所有年龄，因此将 2.32 分配给所有年龄组，即每个年龄组人均消费时间均加上 2.32，最终得到各年龄组的人均消费情况（见表 4-19）。

表 4-19　　　　将未知组人均消费平均分配到各年龄组　　　　单位：分钟

年龄组	年龄 1	年龄 2	年龄 3	年龄 4	年龄 5	年龄 6
人均消费	14.73	13.16	18.10	26.25	18.03	17.57

最后，检验非 SNA 生产活动总生产时间是否等于总消费时间，如果相等，说明以上步骤计算准确，否则计算有误。根据表 4-20 计算结果如下：

表 4-20　　　　各年龄组的人均生产和人均消费情况

年龄组	年龄 1	年龄 2	年龄 3	年龄 4	年龄 5	年龄 6
人口数（人）	5000	5100	4900	4500	4000	2000
人均生产（分钟）	0	0	25.23	46.10	20.95	20.00
人均消费（分钟）	14.73	13.16	18.10	26.25	18.03	17.57

非 SNA 生产活动总生产时间

$$=\frac{0\times5000+0\times5100+25.23\times4900+46.10\times4500+20.95\times4000+20\times2000}{5000+5100+4900+4500+4000+2000}$$

=454849.4（分钟）

非 SNA 生产活动总消费时间

$$=\frac{14.73\times5000+13.16\times5100+18.1\times4900+26.25\times4500+18.03\times4000+17.57\times2000}{5000+5100+4900+4500+4000+2000}$$

=454849.4（分钟）

3. 估算非 SNA 生产活动的产出价值和消费价值

（1）估算非 SNA 生产活动的产出价值

估算 NTTA 非 SNA 生产活动的货币价值与上文的估算方法类似。主要分成产出法和投入法估算，虽然非 SNA 生产货币价值估算的最好方法是产出法（Gál 等，2015；Vargha and Donehower，2016），但是产出法的困难在于数据的获得。虽然部分产出数据如房屋出租信息和家庭耐

用品可以获得,但是这些数据依然是不够的。因此,采用大部分国家所应用的投入法来估算非 SNA 生产的货币价值,具体采用专业人员替代成本法来估算,即非 SNA 生产活动的投入时间乘以各项活动对应的工资率来估算。

表 4-21 给出了美国构建 NTTA(2009)所需的数据。例如,用小孩照料人员和幼儿教师的平均工资来估算小孩照料的货币价值;用家政人员的工资来估算打扫卫生的货币价值等。注意平均工资用人数进行加权平均计算。

表 4-21　　　　　美国 NTTA(2009)构建所需数据

非 SNA 生产活动分类	对应职业分类（编码）	每小时工资率（美元）
打扫卫生	家政人员(37-2012) 家政人员管理者(37-1011)	11.33
衣物缝补与清洗	洗衣店和干洗店工人(51-6011) 手工缝补工人(51-6051) 裁缝师(51-6052)	10.43
食物和饮料的备制	食物备制工人(35-0000)	10.04
住房养护和维修	养护和修理工(49-9042)	17.08
园艺活动	园丁(37-3011) 园丁的管理者(37-1012) 庭院养护工(37-3019)	13.15
住户管理	相应管理工作(11-0000) 商业工作(13-000) 办公室和文秘工作(43-0000)	24.59
宠物照料	动物看管员(39-2012)	10.50
购物	个人护理和服务(39-0000)	11.87
小孩照料	小孩照料人员(39-9011) 幼儿教师(25-2011)	13.42
老人照料和志愿活动	社区服务工作者(21-0000) 个人家庭护理师(39-9021)	17.85
相关出行时间	出租车司机(53-3041)	11.51

(2) 估算非 SNA 生产活动的消费价值

消费价值的估算按照以上步骤,只不过将时间数据替换成价值数据,计算步骤一样。

三 NTTA 结果与分析

虽然欧洲部分国家进行了 NTTA 的核算,但是目前较全面的是 Vargha 等 (2017) 利用欧洲 14 国的 NTTA 数据,对不同年龄和不同性别的非 SNA 生产活动的产出和消费进行比较分析。本书利用 NTTA 数据库①,对 NTTA 核算结果进行分析比较。

(一) 非 SNA 生产时间投入情况

图 4-5 显示了欧洲 14 国按性别分组的不同年龄的住户非 SNA 生产平均投入时间。总的来看,非 SNA 生产活动投入时间的性别差异在孩童时期就开始不同,这种差异随着年龄的增长而扩大,当年龄在 30—40 岁时性别差距最大,主要是由于女性在这一时期照料小孩达到了峰值。平均来说,女性在 30—40 岁非 SNA 生产活动的平均每天投入时间超过 5 小时,而男性在这一时期仅投入 2.5 小时。对于男性来说,30—40 岁的峰值比女性要不显著,主要由于他们仅花费 0.5 小时在照料小孩上。非 SNA 生产活动的投入时间在退休以后又出现了增长,男性的增长要大于女性。男性第二次增长在 70 岁达到了顶峰,非 SNA 生产活动的投入时间为 4 小时,而女性在 64 岁达到了顶峰,平均投入时间为 6 小时。因此,40 岁以后,非 SNA 生产活动投入时间的性别差异随着年龄的增大而缩小。女性在 60 岁左右达到的峰值仅比第一次 30 岁左右的峰值高出一点点。

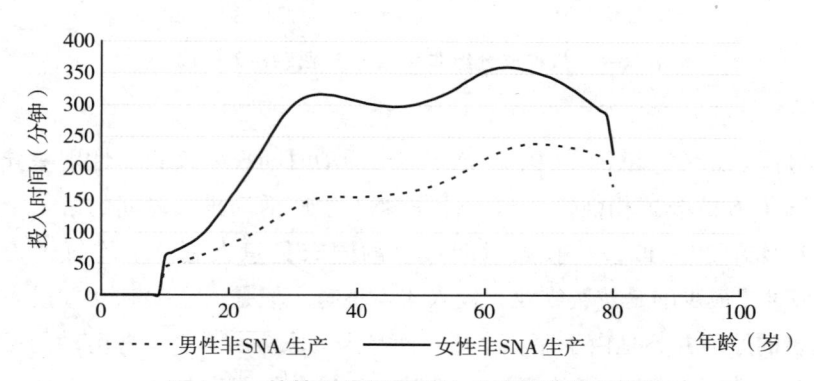

图 4-5 按性别分组非 SNA 生产活动投入时间

---

① NTTA 数据库网址:http://dataexplorer.wittgensteincentre.org/shiny/nta/。

图 4-6 显示了按构成分组的不同年龄住户非 SNA 生产平均投入时间。总的来看，花费时间最多的是家务劳动，其次是照料小孩，最后是照料老人和志愿活动。具体来看，家务劳动投入时间随着年龄的增加而增长，并在 60—70 岁达到了峰值，女性平均在该年龄段投入 5.5 小时，而男性平均投入 3.7 小时。照料小孩投入时间随着年龄的增加出现先升后降的趋势，女性在 31 岁达到了峰值，男性在 34 岁达到了峰值，男性的峰值要比女性的峰值出现得晚一点，主要由于成为父亲的年龄一般大于成为母亲的年龄。照料老人和志愿活动投入时间是最少的，但在 60 岁左右出现了峰值，主要由于退休以后有时间照料老人或照料住户外的儿童。

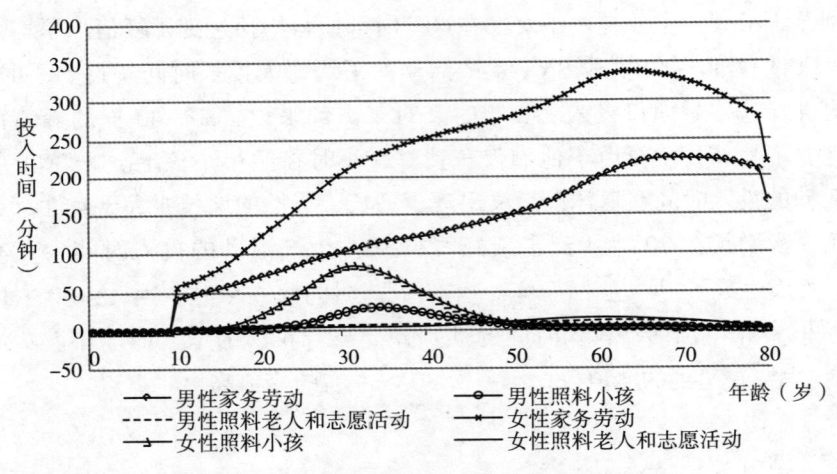

图 4-6 按构成分组非 SNA 生产活动投入时间

分国别来看，欧洲 14 国非 SNA 生产活动时间投入模式与性别差异大体与图 4-6 的模式相似。各国女性非 SNA 生产活动投入时间的第一个峰值均出现在 30—40 岁，投入时间最多的国家是意大利，平均每天投入 6.6 小时，最少的是拉脱维亚，投入 4.4 小时。但是，意大利女性投入时间最多的原因并不是由于照料小孩，而是因为家务劳动，家务劳动的投入时间高于欧洲 14 国的平均水平。照料小孩最多的国家是波兰，平均花费 2 小时，最少的是比利时，平均花费仅 1 小时。性别差异最大的国家是意大利和西班牙，最小的是比利时和瑞典。这种差异的原因主要是各国文化和公共配套的区别，如父母享有的付酬育婴假，日托和幼儿园的普及程度等。以比利时为例，虽然付酬产假是比较短的，但对于男性来说在欧洲14国是最长的。意大利付酬产假是比较长的，但是针对男性是最短的，并且小孩接受公共机构照料也是最少的。

各国非SNA生产活动时间投入差异较大时期出现在退休以后。部分国家如德国和拉脱维亚，退休以后女性投入时间出现了急剧上升，而拉脱维亚则出现了缓和的变化。总的来说，由祖父母或外祖父母提供的照料小孩所投入的时间相对于非SNA生产活动是很少的。60—75岁每天平均花费在小孩照料、老年照料和志愿活动上的时间男性总计也就14分钟，女性为18分钟。以上两项活动平均每天投入时间最多的国家是法国、波兰和斯洛文尼亚，比平均水平高20分钟。帮助住户外成员等志愿活动很难用时间日志的方法获得，因为这些活动通常不是每天发生的，因此这两项活动可能被低估。

（二）非SNA生产活动的消费情况

图4-7、图4-8给出了欧洲14国非SNA生产活动的消费情况。非SNA生产活动中的消费情况男女差别不大。消费最多的时候出现在出生的时候：平均消费将近7小时，主要由于该时期他们接受了小孩照料服务。小孩照料服务的消费随着年龄的增加出现了急剧的下降，刚出生时消费5小时，1岁时消费4小时，2岁时消费3小时，当8岁的时候消费1小时，12岁的时候仅消费半小时，直到17岁，消费8分钟。在工作时期（19—65岁）对家务劳动的消费平均每天2.9小时，并在30—40岁达到了最低，仅消费2小时。40岁以后，家务劳动的消费开始上升由于家务劳动的生产，以及小孩已经长大提供了更多的家务劳动。在老年时期，老人消费家务劳动平均每天4.4小时，并在70岁时达到了峰值，4.7小时。享受养老金使得老年人将时间花费在非SNA生产活动上，而老年人也成了最大的消费者。家务劳动的消费在整个生命周期是比较均匀的，男女差别不大。老年照料和志愿活动的消费比较少，主要由于老人通常不与子女住在一起，属于住户外成员，相比于其他住户内生产活动，消费就比较少。

（三）非SNA生产活动的时间转移情况

净时间转移等于非SNA生产活动中消费时间减去生产时间，如果为正，称为生命周期赤字（Life Cycle Deficit，简称LCD），如果是负数，则称为生命周期盈余（Life Cycle Surplus，简称LCS）。净时间转移的正负反

图 4-7 非 SNA 生产活动消费情况

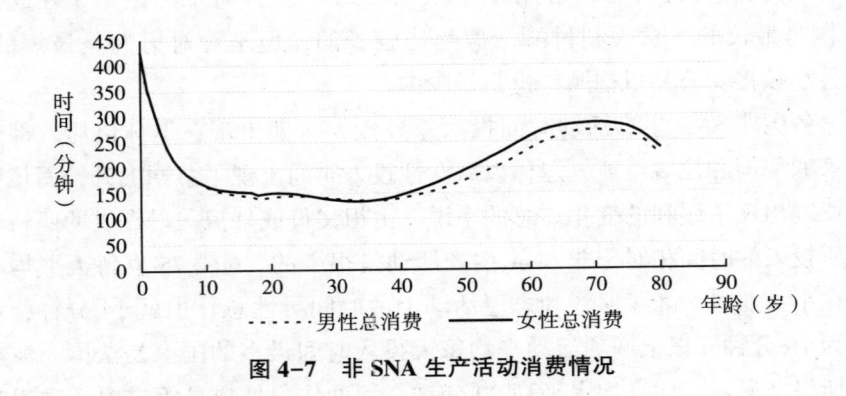

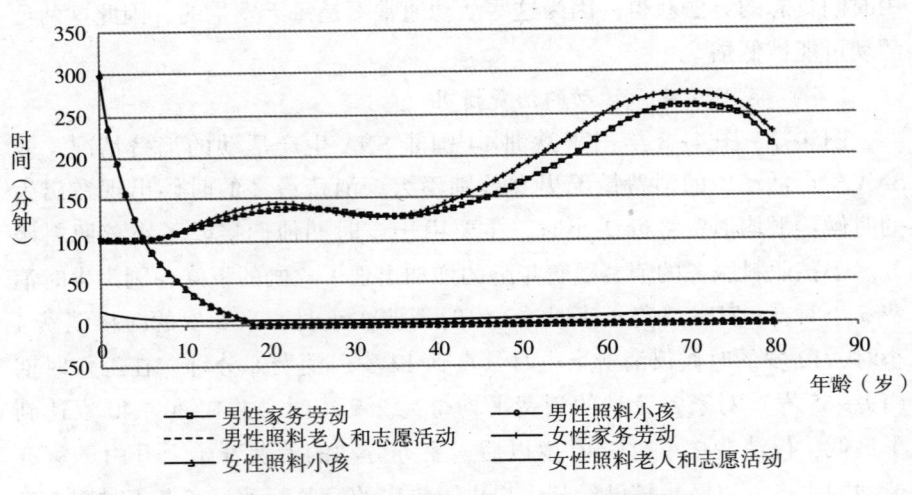

图 4-8 按构成分非 SNA 生产活动消费情况

映了谁是非 SNA 生产活动的净提供者、谁是净接受者。负数说明是非 SNA 生产活动的净提供者，正数说明是非 SNA 生产活动的净接受者或净受益者。图 4-9、图 4-10 和图 4-11 显示，男性在整个生命周期基本上是非 SNA 生产活动的净受益者，而女性在住户经济中则主要是净提供者。女性从 21 岁开始直到最后都是非 SNA 生产活动的净提供者，每天平均花费 1.7 小时在非 SNA 生产活动上。非 SNA 生产活动的主要接受者是小孩，而最大的提供者是他们的母亲，特别是在 30—40 岁的年龄段女性花费了最多的时间在照料小孩上。41 岁以后，虽然女性依然是非 SNA 生产活动的净提供者，但是随着小孩的长大和独立，女性提供的时间也越来越少，老年阶段（65岁以上）女性平均每天净提供了0.9小时。男性仅在30—49岁是非SNA生产的净提供者，50岁以后，男性是非SNA生产活动的净收益者，并且随着年龄的增加收益程度越大。

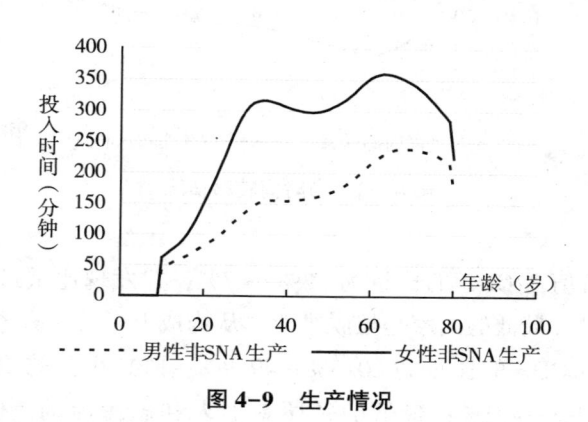

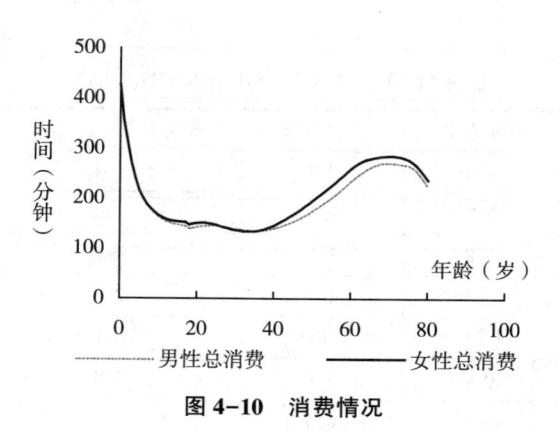

图 4-9　生产情况

图 4-10　消费情况

（四）欧洲14国非SNA生产的货币价值估算

利用时间利用调查获得非SNA生产活动的投入时间，根据相关调查获得工资数据，就可以估算出非SNA生产的货币价值。表4-22给出了欧洲各国的非SNA生产活动货币价值以及占GDP的百分比。结果显示，非SNA生产货币价值占GDP的比重在23.7%—56.9%，平均为43.3%。其中，比重最低的国家是拉脱维亚，比重最高的国家是德国。该结果与已有文献一致，Giannelli等（2011）利用欧洲24个国家的数据估算出非SNA

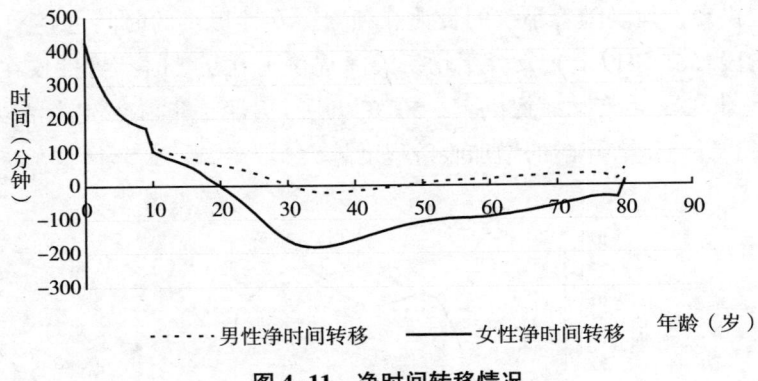

图 4-11 净时间转移情况

生产活动的价值占 GDP 的比重为 12%—47%；并发现比重最高的国家是德国和比利时，最低的国家是拉脱维亚。从构成上来看，家务劳动的价值是最高的，占 GDP 的比重为 20.5%—49.9%；照料小孩的价值次之，占 GDP 比重为 2%—8.1%；最低的是照料老人和志愿活动，仅占 GDP 的 1%—2.6%。

表 4-22　　　欧洲 14 国非 SNA 生产活动占 GDP 比重　　　单位：%

国家	家务劳动	照料小孩	照料老人和志愿活动	合计
比利时	48.4	5.3	—	53.7
保加利亚	32.1	2.9	1.0	36.0
爱沙尼亚	30.8	3.9	2.1	36.9
芬兰	40.7	4.4	2.4	47.5
法国	41.4	5.4	2.1	48.9
德国	49.9	5.1	1.9	56.9
意大利	46.5	6.0	2.2	54.7
拉脱维亚	20.5	2.0	1.2	23.7
立陶宛	26.3	2.8	1.6	30.7
波兰	38.5	8.1	2.6	49.2
斯洛文尼亚	33.0	3.8	1.2	38.0
西班牙	34.3	4.5	1.8	40.6
瑞典	37.2	5.2	1.7	44.1
英国	38.2	5.6	1.7	45.5

（五）欧洲 14 国非 SNA 生产、消费和净时间转移的货币价值估算

图 4-12、图 4-13 和图 4-14 给出了非 SNA 生产活动的生产、消费和净时间转移的货币价值估算结果。为了国际比较，各国均采用人均 GDP 来计算。结果显示，欧洲 14 国平均来说，年龄最小的组（0 岁）消费了非 SNA 生产活动的价值等于人均 GDP 的 110%。30—49 岁是男性作为非 SNA 生产活动的净提供者的阶段，女性净提供了非 SNA 生产价值约 38% 的人均 GDP 水平，男性则净提供了 4.9% 的人均 GDP 水平。从 49 岁以后，男性一直都是非 SNA 生产活动的净受益者，净消费了 4% 的人均 GDP。80 岁以后，男性净消费达到了 11% 的人均 GDP 水平。

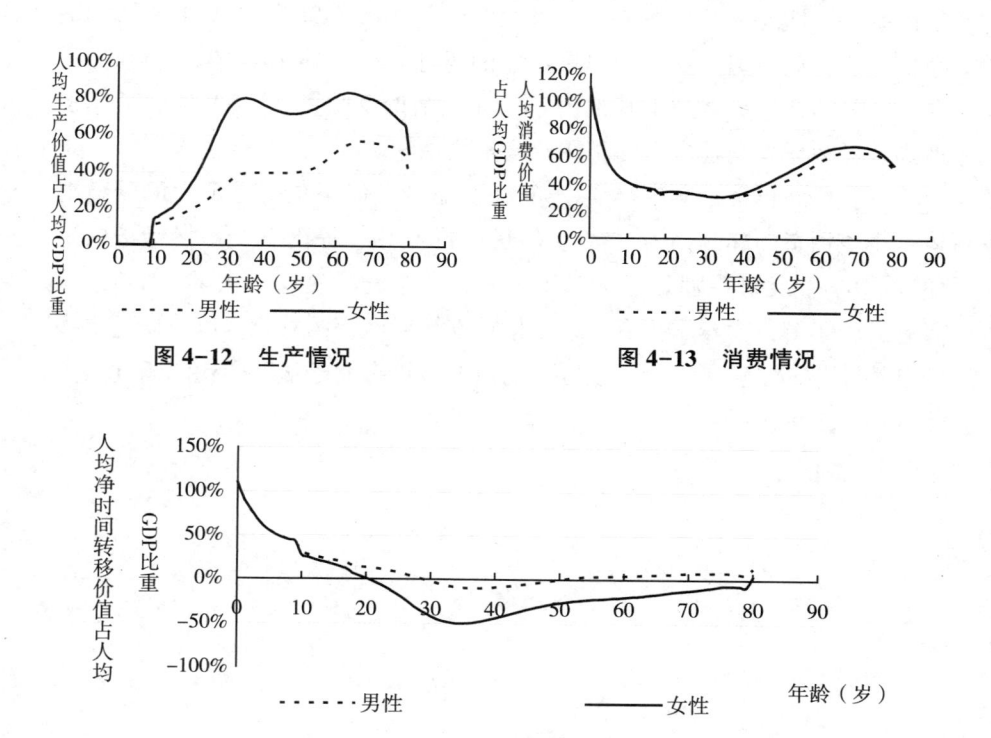

图 4-12　生产情况

图 4-13　消费情况

图 4-14　净时间转移

综上所述，通过 NTTA 核算，可以清晰地反映各国非 SNA 生产活动是如何生产出来以及如何被消费的情况，并且可以反映非 SNA 生产的产品或服务是如何在不同代际和性别之间转移的。具体结论有：

（1）在孩童和老年时期，不论男性还是女性，非 SNA 生产活动的消

费大于生产，他们消费了更多的照料服务与家务劳动。在工作时期，女性花费了近三分之二的时间在非 SNA 生产活动上，而提供的这些活动大部分转移给了住户内其他成员。如果一个国家出生率下降，老龄化趋势明显，那么女性照料小孩的负担或许会减轻，但是有可能转移到了照料老年人或残疾人。

（2）女性从 20 岁开始到 80 岁一直是非 SNA 生产活动的净提供者并且在工作年龄贡献最多；相反男性大部分时期都是非 SNA 生产活动的净受益者。不同国家在非 SNA 生产活动的生产和消费的不同，造成了各国针对家庭和小孩的公共政策的不同。以意大利为例，男性不论在什么年龄都依赖于女性提供的家务劳动，男性在任何年龄都是非 SNA 生产活动的净受益者。瑞典则相反，工作年龄段的男性是非 SNA 生产获得的净提供者，净时间转移显著高于其他国家。以上结论反映了非 SNA 生产活动的性别差异在意大利是最大的，在瑞典是最小的。

（3）虽然男性是非 SNA 生产的净受益者，但小孩则是最大的受益群体，小孩消费的非 SNA 生产活动的货币价值几乎等于整个市场经济的价值（GDP）。父母特别是母亲对小孩人力资本的投资是巨大的，NTTA 核算有助于了解人力资本投资，以及估算女性对经济的贡献。以往研究更多的是关注非 SNA 生产的性别差异，NTTA 核算有助于从不同代际角度研究非 SNA 生产的转移特点。

第五章 中国非 SNA 生产核算的实践探索
——以浙江省为例

第一节 基本问题

一 中国非 SNA 生产范围的界定

非 SNA 生产相对于 SNA 生产存在，是对包含于经济生产范围却被 SNA 生产范围排除的活动的统称。中国现行的 SNA 生产与 1993 年版的 SNA 一致，SNA 生产范围包括以下三部分：第一，生产者提供或准备提供给其他单位的货物或服务的生产；第二，生产者用于自身最终消费或固定资本形成的所有货物的自给性生产；第三，自有住房提供的住房服务和付酬家庭雇员提供的家庭服务的自给性生产。因此，生产范围包括所有货物的生产，不论是对外提供的货物还是自产自用的货物。而服务的生产，则基本上限于对外提供的部分，自给性服务，除了自有住房服务和付酬家庭雇员提供的家庭或个人服务外，则被排除在生产范围之外。非 SNA 生产主要是指住户成员为自身最终消费而提供的服务生产、住户成员向其他住户或社会提供的志愿服务（见图 5-1）。

二 中国非 SNA 生产的具体分类

（一）国家统计局对非 SNA 生产的分类

2008 年国家统计局参照联合国和欧盟相关标准并结合中国实际情况制定了《时间利用统计的活动分类》。该分类为三级分类体系，将人的全部活动分成了 9 个大类，61 个种类和 113 个小类。表 5-1 列出了国家统计局对各大类活动的归类和揭示，还显示了各大类活动与现行 SNA 生产活动的对应关系。

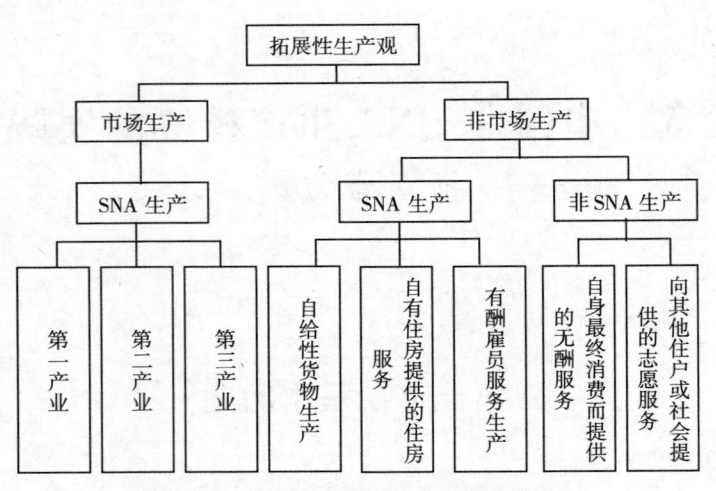

图 5-1　拓展性生产观生产范围的分类

表 5-1　　　　　　　国家统计局时间利用统计的活动分类

活动名称	解释说明	与 SNA 关系
就业活动	指在正规部门从事有报酬的就业活动。正规部门指法人单位、准法人单位、非营利机构和政府部门	SNA 生产活动
家庭初级生产经营活动	指以获得收入为目的、以家庭为单位从事的农业和其他初级生产经营活动	
家庭制造与建筑活动	指以获得收入为目的、以家庭为生产单位进行的制造与建筑活动	
家庭服务经营活动	指以获得收入为目的、以家庭为单位对外提供各种服务的活动	
为自己和家人最终消费提供的无酬家务劳动	指为自己和家人最终消费进行的准备食物、清理住所环境、整理衣物、购物等无酬家务劳动	非 SNA 生产活动
照顾家人和对外提供帮助	指对家庭成员和家庭以外人员提供的无酬照料与帮助活动	
学习培训	指参加大中小学正规教育和业余大学等非正规教育的学习培训活动，不包括与就业有关的上岗培训、脱产学习	非生产性活动
娱乐休闲和社会交往	指由个人自由支配的休闲娱乐活动和社会交往活动	
个人活动	指满足个人生理需要且无法由他人代替完成的活动	
未定义活动	指没有活动内容或活动信息遗漏	

国家统计局将非 SNA 生产归纳成两类，一类是为自己和家人最终消费提供的无酬家务劳动，另一类是照顾家人和对外提供帮助。进一步地，根据产出的使用价值，将"为自己和家人最终消费提供的无酬家务劳动"细分为 9 个二级类别（见表 5-2）。根据产出的消费对象，将"照顾家人和对外提供帮助"细分为 5 个二级类别。各三级类别的形成是国家统计局在参考国际标准的同时充分结合中国居民的生活习惯细分成的不同类别。

表 5-2　　　　　国家统计局对非 SNA 生产活动的分类

大类	中类	小类代码	活动名称
5 为自己和家人最终消费提供的无酬家务劳动	51 准备食物、饮料及相关的清理活动	511	准备食物或饮料
		512	就餐服务及餐后整理
	52 住所及周边环境的清洁整理	521	室内清洁
		522	户外清洁
	53 洗衣、整理衣物	531	洗衣刷鞋
		532	熨烫、整理和存贮衣物
		533	缝补衣物和手工编织
	54 购买商品与服务	541	购买家庭消费品和耐用品
		542	不以购物为目的的逛街（非生产活动）
		543	请人修理电器、汽车或安排修理
		544	赴专门机构办理特定服务
	55 饲养宠物	551	喂养、清洁、遛宠物
		552	为宠物看病、美容、配种
		553	养植花草
	56 自己动手进行的小规模装修、维护和修理	561	自己装修或维修住房
		562	个人及家庭物品的制作、安装、调试和修理
		563	交通工具的保养与小修理
	57 家庭事务的安排与管理	570	家庭事务的安排与管理
	58 其他活动	580	其他活动
	59 相关交通活动	599	相关交通活动

续表

大类	中类	小类代码	活动名称
6 照顾家人和对外提供帮助	61 照顾未成年家人	611	对孩子的生活照料
		612	对孩子进行教育、培训与帮助
		613	看护孩子
		614	陪孩子外出活动
	62 照顾成年家人	621	对成年家人的生活照料
		622	对成年家人的医疗护理
		623	陪成年家人外出活动
	63 对其他家庭提供的无偿家务帮助	630	对其他家庭提供的无偿家务帮助
	64 社区服务与公益活动	640	社区服务与公益活动
	65 其他活动	650	其他活动
	69 相关交通活动	699	相关交通活动

（二）中国非 SNA 生产的具体分类

本书的判断标准是看该活动是否减轻了家庭负担或社会负担，如果是，那就是生产活动，否则就不是生产活动。例如，自己吃饭、睡觉、洗澡等活动，并没有减轻家庭负担，因为这些活动本该是自己可以完成的，而洗衣服、打扫卫生、照料老人小孩对家庭来说，分担了成员内其他人的负担，因此是生产活动，再如志愿者活动，去养老院照料老人，减轻了社会的负担，因此是生产活动。该标准可以明确排除自我服务部分的洗澡、化妆、穿衣、刷牙等活动。根据是否减轻了家庭负担或社会负担，本书将非 SNA 生产分成以下几个部分：

国家统计局的非 SNA 生产活动分类已经充分考虑了中国居民的生活习惯，但是国家统计局的分类是基于投入法核算非 SNA 生产价值而设计的，本书为了在中国尝试用产出法核算非 SNA 生产价值，在国家统计局的基础上，借鉴联合国和欧盟的分类，对非 SNA 生产活动进行了重新设计和归类，将非 SNA 生产活动分成四类，第一类是住户内自身最终使用的无酬劳动生产，即家务劳动，第二类是为住户成员提供的无酬照顾服务，第三类是向其他住户提供社区服务和帮助，第四类是其他未定义的服务（见表 5-3）。

表 5-3　　　　　　　　　　中国非 SNA 生产具体内容

类别	活动名称	具体内容
住户内自身最终使用的无酬劳动生产，即家务劳动	膳食制备和饭后清理	包括食物加工、烹调、洗碗、收拾餐具等
	住户内外卫生打扫	包括打扫、整理和清理垃圾
	衣物类和鞋类的护理	包括衣物、鞋类类洗涤、整理、缝补和熨烫保养
	维修住宅	包括家居装饰、家庭用品、机动车辆和电灯开关等的维修
	管理花草、宠物照料	包括栽培花木、喂养和照顾宠物
	住户管理	支付各类账单如水电费、网费等；安排开支预算、组织活动；处置或出售家庭资产如电视电器等；含路途花费时间
	购买货物和服务	包括购买各类货物和服务，如消费品、耐用品/住宅品，政府/金融服务，修理服务，医疗保健服务；含路途花费时间
为住户成员提供的无酬照顾服务	照顾孩子	包括生活起居照料，教育、监督小孩学习和沟通，照料小孩健康；含路途花费时间
	照顾成年人或老人	包括生活起居照料，照顾身心健康；含路途花费时间
向其他住户提供社区服务和帮助	志愿活动	帮助不同住户内的成年子女、父母、亲戚或邻居、朋友做上述各类活动；含路途花费时间
其他未定义的服务	其他	自我医疗，如刮痧、外伤自己敷药等，自驾车运送自己及家庭成员上班、外出、旅行

修订的主要思路包括：

（1）将国家统计局的照顾家人和对外提供帮助细分成两类一级分类，主要是由于联合国和欧盟的非 SNA 生产活动分类中都将志愿服务作为一级大类，为了与国际数据进行对比，有必要对志愿服务单列，为今后核算志愿服务价值提供数据基础与国际比较。

（2）购买货物和服务的三级分类，国家统计局的分类是将其分成"购买家庭消费品和耐用品、请人修理电器、汽车或安排修理、赴专门机构办理特定服务" 3 个三级类，分类较为笼统。本书根据购买货物和服务的种类，将其分成"消费品的购买、耐用品/住宅品的购买、政府/金融服务、修理服务、医疗保健服务" 5 个三级类。

三　中国住户投入产出调查

为了尝试用产出法核算非 SNA 生产价值，并与投入法核算的非 SNA

生产价值进行比较，2008年时间利用调查显然不能满足这个要求。因此，本书设计了住户投入产出调查，试图采用产出法估算非SNA生产的货币价值。

1. 调查目的

客观反映我国国民非SNA生产活动时间，探索非SNA生产价值的投入法和产出法估算方法，进一步完善我国社会统计，为政府相关决策提供依据，为国民经济核算提供参考数据。

2. 调查范围及规模

本次调查在浙江省杭州市余杭区、宁波市北仑区、衢州市衢江区、湖州市德清县四个地区进行了抽样调查，调查对象为18岁（含）以上的城乡居民，以实地问卷、当场回收的调查方式获取数据，回收有效问卷为789份，有效问卷回收率78.9%。

3. 调查内容

调查内容包括调查人员的性别、出生日期、受教育程度、婚姻状况、职业身份等家庭成员的基本情况和随机抽取1个工作日或1个休息日调查其各项活动的投入产出数据。

4. 调查时间

现场调查时间为2015年7—9月。需要确定在连续7天内的1个工作日（周一至周五）或1个休息日作为调查日期，调查时间随机分布。

5. 调查问卷设计

住户投入产出调查问卷由两部分组成。第一部分为被访问者的个人和家庭特征资料，包括性别、年龄、地区、文化程度、家庭人均年收入、职业、家庭人口结构7个因素；第二部分是家庭成员31项非SNA生产时间投入和产出数量的调查（见表5-4）。随机抽取一天，要求被调查者回忆上一周的各项非SNA生产的投入时间和产出数量，虽然这种靠回忆记录的数据可能因被调查者的遗忘而低估某些经常发生的非SNA生产的产出数量，致使估计精度小于以日记形式记录一天24小时活动及产出数量的估计结果，但考虑到被调查者的配合性和数据的质量，并为了设计产出数量以便于尝试在中国进行产出法计算非SNA生产价值，非SNA生产时间投入和产出数量的调查无疑成为首选方法。

表 5-4　　　　　　　家庭成员非 SNA 生产投入产出调查表

活动类型	星期（　）工作日或休息日	
A 家务劳动	投入时间（分钟）	产品 产出
1 膳食制备和饭后清理 （包括食物加工、烹调、洗碗，收拾餐具等）		早中晚餐：（　）人/餐 点心小吃：（　）人/餐 （注：3 顿早餐 3 人吃则为 9 人/餐）
2 住户内外卫生打扫 （包括打扫、整理和清理垃圾）		（　）平方米
3 衣物类和鞋类的清洗和烘干		机洗：（　）次 手洗：（　）件
4 衣物类的熨烫保养		衣服：（　）件
5 衣物类和鞋类的缝补		衣服：（　）件 鞋子：（　）双
6 电灯开关等维修		（　）具体工作名称
7 水管道等维修		（　）具体工作名称
8 车辆清洗及保养		（　）辆
9 车辆轮胎置换		（　）个
10 其他车辆维修		（　）具体工作名称
11 房屋修理		（　）具体工作名称
12 家居装饰		（　）具体工作名称
13 其他家用电器维修		（　）具体工作名称
14 栽培花木、浇水除虫等		（　）具体工作名称
15 修剪草坪		（　）平方米
16 喂养和照顾宠物		（　）只
17 住户管理（支付各类账单如水电费、网费等；安排开支预算、组织活动；处置或出售家庭资产，如电器等；含路途花费时间）		（　）分钟
B 照料 18 岁以下孩子（指同一住户内）		
18 小孩喂养		（　）人/次 （注：给 2 个小孩喂养 3 次则为 6 人/次）
19 帮小孩穿衣服		（　）人
20 帮小孩洗澡		（　）人
21 照看小孩		（　）人
22 教育、监督小孩学习和沟通（检查、监督和辅导小孩作业等）		（　）人
23 接送小孩，参加家长会、运动会等路程		（　）公里

续表

活动类型	星期（　　）工作日或休息日
24 照料小孩健康（量体温、陪小孩看病、吃药等）	（　　）分钟
C 照料 19 岁以上成年人或老人（指同一住户内）	
25 照料生活起居（帮助穿衣服、个人卫生、帮助进食等），照顾身心健康（看病、身体检查、吃药及其心理沟通等）	（　　）分钟
D 购买货物和服务所花的时间	
26 消费品的购买（如购买食物、日用品、衣服、煤气、药品等所花的时间，包括网上或电话购物时间，以及相关的电话咨询时间）	（　　）分钟
27 耐用品/住宅品的购买（如购买车辆、家具、电器等所花的时间以及相关的电话咨询时间）	（　　）分钟
28 政府/金融服务（去政府部门办事，去银行存钱取钱、贷款等，获得金融机构和律师部门的服务等所花费的时间）	（　　）分钟
29 修理服务（如家用电器送修或请专业维修人员上门维修打电话预约、等待等所花时间）	（　　）分钟
30 医疗保健服务（挂号、看病、路途所花的时间，住院治病请特别说明）	（　　）分钟
E 志愿活动	
31 帮助不同住户内的成年子女、父母、亲戚或邻居、朋友做上述活动	（　　）分钟

说明：请每位 18 岁以上家庭成员填写最近一周内的一天非 SNA 生产时间投入情况，每项活动投入的时间均以"分钟"为单位计算，产出单位有所不同。

第二节　投入法估算非 SNA 生产货币价值

一　时间利用情况分析

（一）调查者基本情况

（1）性别特征：被调查消费者中女性比例略高于男性，女性占被调查消费者总数的 52.2%，男性被调查消费者占 47.8%。

（2）年龄结构：本次调查的消费者年龄跨度较大，从 18 岁到 80 岁不等，为了统计方便起见，划分了 18—24 岁、25—34 岁、35—44 岁、45—

54岁、55—64岁、65岁及以上6个年龄段。其中,以25—34岁的中青年为主,这部分人群占总人数的61.2%。

(3)文化程度:有18.1%居民文化程度为初中,有28.5%的受访者是大专以上学历,34.5%受访者接受过中专、技校、高中教育,还有9.9%受访者的文化水平在初中以下。

(4)家庭结构:21.4%的家庭有不超过6岁的小孩;30%的家庭有1个或2个老人,其中有1个老人的占12%,有2个老人的占18%。

(二)浙江省非SNA生产时间投入分析(见表5-5)

表5-5 浙江省农村和城镇地区非SNA生产时间调查数据　　　单位:分钟/天

活动类别	按区域划分 城镇	按区域划分 农村	按性别划分 女	按性别划分 男	按区域平均
家务劳动	105.50	113.37	164.88	54.00	109.44
1. 膳食制备和饭后清理	41.00	75.27	92.94	23.34	58.14
2. 住户内外卫生打扫	23.50	10.00	23.95	9.55	16.75
3. 衣物类和鞋类的清理和保养	18.50	26.44	37.05	7.89	22.47
4. 维修住宅	5.00	0.21	2.00	3.21	2.60
5. 管理花草、宠物照料	9.50	1.34	5.37	5.47	5.42
6. 住户管理	8.00	0.11	3.57	4.54	4.05
照料小孩	28.50	72.84	81.88	19.47	50.67
7. 生活起居照料	12.00	67.26	68.27	10.99	39.63
8. 教育、监督小孩学习和沟通	13.00	5.48	12.02	6.47	9.24
9. 照料小孩健康	3.50	0.10	1.59	2.01	1.80
照料成年人	15.00	0.36	8.86	6.50	7.68
10. 生活起居照料	6.00	0.00	3.00	3.00	3.00
11. 照料身心健康	9.00	0.36	5.86	3.50	4.68
购物	52.36	15.13	37.87	29.62	33.75
12. 消费品的购买	8.86	11.61	14.56	5.91	10.23
13. 耐用品/住宅品的购买	10.00	0.22	4.70	5.53	5.11
14. 政府/金融服务	16.00	1.29	8.37	8.92	8.64
15. 修理服务	5.00	0.14	2.62	2.53	2.57
16. 医疗保健服务	12.50	1.88	7.64	6.74	7.19
志愿服务	6.50	8.55	11.29	3.76	7.53

续表

活动类别	按区域划分		按性别划分		按区域平均
	城镇	农村	女	男	
其他	21.64	3.77	10.80	14.61	12.71
合计	229.50	214.02	315.58	127.96	221.76

注：由于保留两位小数，合计数按行计算与按列计算有所误差。

二 机会成本法（OCA）

机会成本法认为，家庭群体由于从事非 SNA 生产而减少了从事有酬工作的时间，因此，从事非 SNA 生产工作的时间是一种机会成本，其价值体现为放弃从事有酬工作应获得的收入。SNA 生产报酬率与家庭成员自身的特征密切相关，如年龄、受教育程度、性别、城乡差别等，也与其从事的生产类型相关，因此，用不同性别和年龄的家庭成员在劳动市场上可获得的平均工资作为计算非 SNA 生产的机会成本报酬率。计算公式为：

$$HW = \sum_{j=1}^{N} H_j P_j W_j \qquad (5-1)$$

其中，HW 为非 SNA 生产的货币价值，H_j 为第 j 个人口组下的非 SNA 生产活动平均每年投入时间的小时数，人口分组由影响非 SNA 生产投入时间和收益能力的性别、年龄和教育程度等决定。P_j 为人口组 j 的人数，W_j 为劳动力市场上人口组 j 的平均工资。

（一）用各组的平均收入率替代相应组的机会成本报酬率

在具体的计算过程中，人口组的分组标志是很重要的，只有按影响时间投入的关键因素分类，才能保证计算的结果更加符合实际。分组标志可以按性别、年龄、受教育程度、雇用状态等来分，不同的分组标志对计算的结果有一定的影响。为保证估算结果的全面性和准确性，本书采用不同的工资率来替代 SNA 生产的机会成本报酬率，用"按区域分组的平均收入率替代""按年龄分组的平均收入率""按不同教育程度分组的平均收入率替代"三种方法进行对比估算。

1. 按区域分组的平均收入率替代法

将全体居民按照区域进行分组，划分成城镇居民和农村居民，分别以城镇居民群体的 SNA 生产平均收入率、农村居民群体的 SNA 生产平均收入率来替代城镇居民和农村居民的非 SNA 生产机会成本报酬率，并以此估算两组居民群体的非 SNA 生产货币价值。城乡居民群体的非 SNA 生产机会成本报酬率计算公式为：

$$W_j = \frac{income_j}{365 \times t_j} \qquad (5-2)$$

其中，W_j 为城乡居民群体的非 SNA 生产机会成本报酬率，$income_j$ 为各群体的 SNA 生产年平均收入率，t_j 表示基于相关调查资料推算的各群体年平均劳动时间（小时）。

由于城市居民的 SNA 生产活动主要以正规就业为主，其劳动报酬可以通过工资收入来体现。据此，本书采用"城镇单位就业人员的年平均工资"来衡量城镇居民群体的 SNA 生产平均收入率。同理，对于农村居民，采用"农村居民的年人均纯收入"来衡量农村居民群体的生产平均收入率。

2015 年浙江省生产总值 42886.49 亿元，浙江省城镇在岗职工平均工资为 66668 元，农村居民年人均纯收入为 21125 元，由于无法获得浙江省城镇就业人员的平均每天工作时间，本书用 2015 年全国城镇就业人员平均每天工作时间 6.5 小时替代。

$$HW = \sum_{j=1}^{N} H_j P_j W_j = \sum_{j=1}^{2} \left[(MD_j/60) \times 365 \times P_j \times W_j \right] = 14643.96 \text{ 亿元}$$

浙江省城乡居民群体的非 SNA 生产机会成本报酬率、总人数、非 SNA 生产平均每天投入时间以及货币价值的估算结果如表 5-6 所示。数据显示，2015 年浙江省城乡居民共创造了 14643.96 亿元的非 SNA 生产货币价值，由于城镇居民群体相对较高的机会成本报酬率导致其创造了 87.99% 的非 SNA 生产价值。尽管农村居民非 SNA 生产平均每天投入时间比城镇居民仅少 15.5 分钟，但较低的机会成本报酬率使其创造的非 SNA 生产价值只占了总额的 12.01%。

表 5-6　　　　按区域分组的平均收入率替代法估算结果

按区域分组	城镇	农村	总计
每人每天非 SNA 生产总投入时间（分）MD_j	229.50	214.02	221.75
非 SNA 生产机会成本报酬率（元/小时）W_j	28.10	8.91	—
15—74 岁居民总人数（万人）P_j	3284.37	1516.33	4800.70

续表

按区域分组	城镇	农村	总计
非 SNA 生产货币价值（亿元）	12884.95	1759.01	14643.96
占浙江省生产总值的比重	—	—	34.15%

资料来源：《浙江省统计年鉴 2016》，《2016 年浙江省人口变动抽样调查主要数据公报》。

2. 按年龄分组的平均收入率替代法

将调查者分为"16—24 岁、25—34 岁、35—44 岁、45—54 岁、55—64 岁、65 岁及以上"6 组不同年龄的居民群体，分别以各年龄组的 SNA 生产平均收入率替代各年龄组的非 SNA 生产机会成本报酬率，并以此估算各年龄组的非 SNA 生产货币价值。这种方法便是"按年龄分组的平均收入率替代法"。计算公式为：

$$W_j = \frac{income_j}{365 \times t_j} \qquad (5-3)$$

其中，W_j 为各年龄组的非 SNA 生产机会成本报酬率，$income_j$ 为各年龄组的 SNA 生产年平均收入率，t_j 表示基于相关调查资料推算的各群体年平均劳动时间（小时）。

$$HW = \sum_{j=1}^{N} H_j P_j W_j = \sum_{j=1}^{6} [(MD_j/60) \times 365 \times P_j \times W_j] = 10644.08 \text{ 亿元}$$

浙江省各年龄组每人每天非 SNA 生产投入时间、非 SNA 生产机会成本报酬率、15 岁以上总人数以及非 SNA 生产货币价值估算如表 5-7 所示。数据显示，2015 年浙江省居民共创造了 10644.08 亿元的非 SNA 生产货币价值，占当年浙江省生产总值的 24.82%。其中，35—44 岁年龄组具有最强的非 SNA 生产价值创造能力，创造了总价值的 21.82%。相对较高的机会成本报酬率致使 25—34 岁组和 45—54 岁组居民群体也创造了较高的非 SNA 生产价值，占总价值的 21.42% 和 20.75%。由于投入时间较少，16—24 岁组青年居民群体创造的非 SNA 生产价值仅占总额的 9.70%，尽管 55—64 以及 65 岁及以上老年居民群体时间投入占了总量 39.86% 的生产时间，但是相对较低的机会成本报酬率未使其创造相同比例的非 SNA 生产价值。

表 5-7　　　　　　按年龄分组的平均收入率替代法估算结果

按年龄分组	每人每天非SNA生产总投入时间（分）MD_j	非SNA生产机会成本报酬率（元/小时）W_j	15岁以上总人数（万人）P_j	非SNA生产货币价值（亿元）
16—24 岁	149.44	16.6	684.51	1032.99
25—34 岁	221.79	17.4	971.32	2280.32
35—44 岁	210.72	19.97	907.46	2323.02
45—54 岁	218.26	17.27	963.20	2208.64
55—64 岁	291.36	14.32	654.90	1662.22
65 岁及以上	238.93	12.63	619.30	1136.89
合计	—	—	4800.69	10644.08

资料来源：《浙江省统计年鉴 2016》《2015 年浙江省人口变动抽样调查主要数据公报》。

3. 按不同教育程度分组的平均收入率替代法

将调查者分为小学及以下、初中、高中或中专、大专及本科、研究生 5 组不同教育程度的居民群体，分别以不同教育程度的 SNA 生产平均收入率替代各组的非 SNA 生产机会成本报酬率，并以此估算不同教育程度组的非 SNA 生产货币价值。这种方法便是"按不同教育程度分组的平均收入率替代法"。计算公式为：

$$W_j = \frac{income_j}{365 \times t_j} \quad (5-4)$$

其中，W_j 为不同教育程度组的非 SNA 生产机会成本报酬率，$income_j$ 为不同教育程度组的 SNA 生产年平均收入率，t_j 表示基于相关调查资料推算的各群体年平均劳动时间（小时）。

$$HW = \sum_{j=1}^{N} H_j P_j W_j = \sum_{j=1}^{5} [(MD_j/60) \times 365 \times P_j \times W_j] = 10409.63 \text{ 亿元}$$

浙江省不同教育程度组的非 SNA 生产投入时间、非 SNA 生产机会成本报酬率、总人数以及货币价值估算如表 5-8 所示。数据显示，2015 年浙江省居民共创造了 10409.63 亿元的非 SNA 生产货币价值，占当年浙江省生产总值的 24.27%。尽管非 SNA 生产的机会成本报酬率随着居民受教育程度的提高而增大，但是小学及以下组和初中组居民仍然创造了约 63.10% 的生产价值，成为非 SNA 生产价值的主要创造群体；具有最高机会成本报酬率的大专及本科组和研究生组，由于该群体总人口数较少，仅创造了非 SNA 生产价值总额的约 17.78% 和 0.90% 的生产价值。

表 5-8　按不同教育程度分组的平均收入率替代法估算结果

按教育程度分组	每人每天非 SNA 生产总投入时间（分）MD_j	非 SNA 生产机会成本报酬率（元/小时）W_j	15 岁以上总人数（万人）P_j	非 SNA 生产货币价值（亿元）
小学及以下	274.68	12.25	1598.63	3272.30
初中	215.20	15.47	1627.44	3295.94
高中或中专	208.52	18.54	806.52	1896.77
大专及本科	189.80	21.68	739.31	1850.65
研究生	220.55	24.32	28.80	93.97
合计	—	—	4800.70	10409.63

资料来源：《浙江省统计年鉴 2016》《2015 年浙江省人口变动抽样调查主要数据公报》。

（二）用平均收入率替代全部组的机会成本报酬率

平均收入率可以选择某人口组的平均收入率，也可以选择总体的平均收入率来替代全部主体的机会成本报酬率。该替代思路与非 SNA 生产的内容相关。考虑到非 SNA 生产活动大部分由服务构成，部分学者建议选择"第三产业平均收入替代法"或"住户服务业平均收入替代法"；也有学者因非 SNA 生产相对低的生产效率而主张以"社会最低工资替代法"来估算非 SNA 生产的货币价值。因此，本书为了保证估算结果的充分性，采用以下三种方法分别估算非 SNA 生产的货币价值。

1. 第三产业平均收入率替代法

$$HW = W \sum_{j=1}^{N} H_j P_j \qquad (5-5)$$

其中，W 为第三产业就业群体的加权平均报酬率，H_j 为第 j 个人口组下的非 SNA 生产活动平均每年投入时间的小时数，P_j 为人口组 j 的人数。考虑到我国第三产业门类众多，共涉及批发和零售业、交通运输、仓储及邮政业、住宿和餐饮业、信息传输、软件和信息技术服务业等 14 个门类。为了保证估算结果的相对准确性，本书以第三产业各门类的就业人数为权数、以第三产业各门类就业者的加权平均工资来替代全部主体的非 SNA 生产机会成本报酬率，相关数据见表 5-9。估算结果显示，2015 年浙江省居民的非 SNA 生产机会成本报酬率为 24.54 元/小时，非 SNA 生产的货币价值为 15892.93 亿元，占当年浙江省生产总值的 37.06%。

表 5-9　　2015 年浙江省分行业全社会单位就业人员年平均工资和就业总人数

	第三产业门类	全社会单位就业人员年平均工资（元）	就业人员总数（万人）
1	批发和零售业	44332	517.26
2	交通运输、仓储及邮政业	63017	151.35
3	住宿和餐饮业	37523	112.47
4	信息传输、软件和信息技术服务业	90026	58.47
5	金融业	127237	44.19
6	房地产业	54107	42.88
7	租赁和商务服务业	49178	98.76
8	科学研究和技术服务业	74742	36.53
9	水利、环境和公共设施管理业	50065	18.23
10	居民服务、修理和其他服务业	36775	127.78
11	教育	86423	72.53
12	卫生和社会工作	100699	46.88
13	文化、体育和娱乐业	60481	19.57
14	公共管理、社会保障和社会组织	93306	89.77

资料来源：《浙江省统计年鉴 2016》。

2. 住户服务业平均收入率替代法

$$HW = W \sum_{j=1}^{N} H_j P_j \qquad (5-6)$$

其中，W 为住户服务业就业群体的平均报酬率，H_j 为第 j 个人口组下的非 SNA 生产活动平均每年投入时间的小时数，P_j 为人口组 j 的人数。本书用居民服务、修理和其他服务业的平均工资 15.5 元/小时，来替代非 SNA 生产的机会成本报酬率，估算出非 SNA 生产的货币价值为 10038.32 亿元，占当年浙江省生产总值的 23.41%。

3. 社会最低工资替代法

$$HW = W \sum_{j=1}^{N} H_j P_j \qquad (5-7)$$

其中，W 为社会最低工资率，H_j 为第 j 个人口组下的非 SNA 生产活动平均每年投入时间的小时数，P_j 为人口组 j 的人数。2015 年浙江省最低月工资标准调整为 1860 元、1660 元、1530 元、1380 元四档，非全日制工作的最低小时工资标准调整为 17 元、15.2 元、13.8 元、12.5 元四档。本书以最低小时工资标准 12.5 元来衡量非 SNA 生产的机会成本报酬率，最终结果如表 5-10 所示。非 SNA 生产的货币价值为 8095.42 亿元，占当年浙江省生产总值的 18.88%。

表 5-10 用平均收入率替代全部组的机会成本报酬率的估算结果比较

	第三产业平均收入率替代法	住户服务业平均收入率替代法	最低工资替代法
非 SNA 生产机会成本报酬率（元/小时）	24.54	15.50	12.50
非 SNA 生产投入时间（分钟）	221.76	221.76	221.76
15 岁以上总人数（万人）	4800.70	4800.70	4800.70
非 SNA 生产货币价值（亿元）	15892.93	10038.32	8095.42
占浙江省生产总值的比重（%）	37.06	23.41	18.88

（三）对各类 OCA 估算结果的比较与分析

根据 OCA 的估算思路，第一种思路是"用各组的平均收入率替代相应组的机会成本报酬率"，并将此分成三种方法，分别是"按区域分组的平均收入率替代法"（OCA-1）、"按年龄分组的平均收入率替代法"（OCA-2）、"按教育程度分组的平均收入率替代法"（OCA-3）；第二种思路是"用平均收入率替代全部组的机会成本报酬率"，并将此分成三种方法，分别是"第三产业平均收入率替代法"（OCA-4）、"住户服务业平均收入率替代法"（OCA-5）、"最低工资替代法"（OCA-6），从 6 个角度全面估算了 2015 年浙江省居民创造的非 SNA 生产货币价值，估算结果如表 5-11 和图 5-2 所示。

6 种估算结果呈现一定的差异性，由 OCA-1、OCA-2、OCA-3 构成的"用各组的平均收入率替代相应组的机会成本报酬率"估算的非 SNA 生产货币价值平均为 11899.56 亿元，占当年浙江省生产总值的 27.75%；由 OCA-4、OCA-5、OCA-6 构成的"用平均收入率替代全部组的机会成本报酬率"估算的非 SNA 生产货币价值平均为 11342.22 亿元，占当年浙江省生产总值的 26.45%，分别比前者低 557.34 亿元和 1.03 个百分点。

而且,"用各组的平均收入率替代相应组的机会成本报酬率"估算的结果相对稳定,三个结果的变异系数为 20%,而"用平均收入率替代全部组的机会成本报酬率"的估算结果比较离散,变异系数为 35.79%。

表 5-11　基于各类 OCA 替代法估算的非 SNA 生产货币价值比较

OCA 替代方法	用各组的平均收入率替代相应组的机会成本报酬率			用平均收入率替代全部组的机会成本报酬率		
	按区域分组的平均收入率替代法 OCA-1	按年龄分组的平均收入率替代法 OCA-2	按教育程度分组的平均收入率替代法 OCA-3	第三产业平均收入率替代法 OCA-4	住户服务业平均收入率替代法 OCA-5	最低工资替代法 OCA-6
非 SNA 生产货币价值（亿元）	14644.96	10644.08	10409.63	15892.93	10037.32	8095.42
占浙江省生产总值的比重（%）	34.15	24.82	24.27	37.06	23.41	18.88

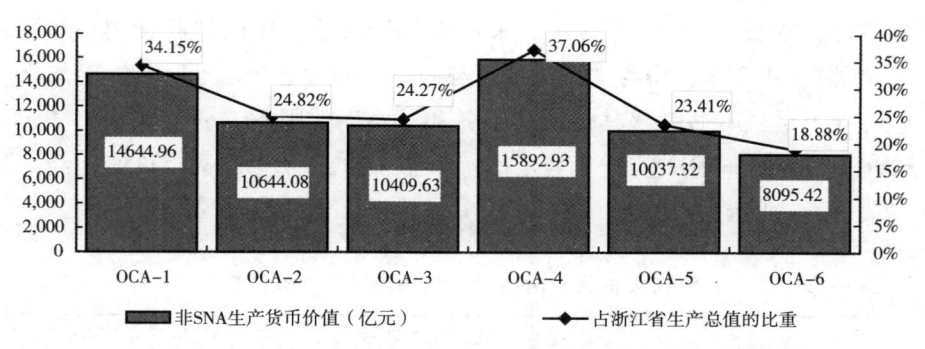

图 5-2　基于各类 OCA 替代法估算的非 SNA 生产货币价值比较

三　专业人员替代成本法（SWCA）

专业人员替代成本法（SWCA），也称行业替代法（SP），是指雇用市场上的专业人员如清洁工、厨师、园艺者所支付的工资率来计算非 SNA 生产的劳动报酬率,据此来估算非 SNA 生产价值的一种方法。SWCA 假设市场上存在相同或类似的产品及专业生产者,各类非 SNA 生产活动可以委托给市场专业生产者生产,如饭菜烹饪可委托给厨师完成,小孩照料可委托给保姆完成,洗衣服可委托给洗衣工完成等,并且市场生产的生

产效率与非 SNA 生产效率一致。SWCA 的计算公式为:

$$HW = \sum_{i=1}^{M} \sum_{j=1}^{N} (H_{ij} P_j W_{ij}) \quad\quad (5-8)$$

其中,H_{ij} 为第 j 个人口组下的第 i 类非 SNA 生产活动平均每人每年投入时间的小时数,人口组分类按行业/职业类别分组,P_j 为第 j 个人口组下的人口数,W_{ij} 为第 j 个人口组下的第 i 类非 SNA 生产活动的平均每小时工资。

为各类非 SNA 生产活动寻找匹配的市场专业人员是运用 SWCA 的基本前提。浙江省各个市的人力资源和社会保障局每年均公布劳动力市场指导工资。各级人力社保部门通过软件填报系统,对各市大部分企业人工成本和在岗职工工资水平情况进行了数据分析,汇总形成的劳动力市场工资指导价位。工资指导价位涉及通用性职业、酒店业专项职业、家政服务业专项职业等,具有广泛的岗位覆盖面,并以"低位数、中位数、高位数"3 种形式较全面地描述了各工种的报酬情况。本书为浙江省各类非 SNA 生产匹配的市场专业人员如表 5-12 所示。需要说明的是,考虑到餐饮业的特殊性,本书以"中餐烹饪工"来匹配非 SNA 生产中的"膳食制备和饭后清理",由于未获得与"购买商品与服务"和"志愿活动"相匹配的市场专业人员,本书以"其他社会服务和居民生活服务人员"取代。基于 SWCA 估算的非 SNA 生产机会成本报酬率、非 SNA 生产货币价值的结果如表 5-13 所示。

表 5-12　　SWCA 估算非 SNA 生产货币价值工资率选择

	市场专业生产者	工资率（元/小时）
膳食制备和饭后清理	中餐烹饪工	16.73
住户内外卫生打扫	保洁员	11.44
衣物类和鞋类的清理和保养	裁剪缝纫工	14.24
维修住宅	日用机电产品维修人员	15.49
管理花草、宠物照料	绿化与园艺服务人员	12.28
住户管理	秘书	18.93
照料 18 岁以下孩子	幼儿教师	19.09
照料 19 岁以上成年人或老人	养老及其他护理人员	18.89
购买商品与服务	其他社会服务和居民生活服务人员	14.16

续表

	市场专业生产者	工资率（元/小时）
志愿活动	其他社会服务和居民生活服务人员	14.16

注：专业人员替代成本法的工资率参照浙江省11个市劳动保障网公布的2015年劳动力市场工资指导价位，并取各工种的中位数计算平均值，由于各市工种稍微有所差别，用相近工种替代。

表5-13　　　　基于SWCA估算的非SNA生产货币价值

非SNA生产类型	非SNA生产价值（亿元）
1. 家务劳动	6265.84
膳食制备和饭后清理	2840.41
住户内外卫生打扫	559.71
衣物类和鞋类的清理和保养	934.42
维修住宅	117.77
管理花草、宠物照料	194.24
住户管理	223.98
购物	1395.37
2. 照料小孩	2824.76
3. 照料成年人	423.58
4. 志愿服务	311.21
合计	9825.39

由表5-13可知，基于专业人员替代成本法（SWCA）的浙江省居民非SNA生产经济价值 HW = 9825.39亿元，占浙江省地区生产总值的22.91%。近九成的价值由"家务劳动"和"照料小孩"贡献，其中，家务劳动创造的价值为6265.84亿元，占总量的63.77%，照料小孩创造的价值为2824.76亿元，占总量的28.75%。"照料成年人"和"志愿服务"的价值分别占总量的4.31%和3.17%。

四　保姆替代成本法（HRCA）

保姆替代成本法（HRCA），也称全面替代法（GL），是指用一个全能型保姆的工资率作为非SNA生产的劳动报酬率，据此来估算非SNA生产价值的一种方法。HRCA 假设非 SNA 生产活动完全可以由保姆胜任，并且工资率稳定。计算公式为：

$$HW = W \sum_{j=1}^{N} H_j P_j \qquad (5-9)$$

其中，H_j 为第 j 个人口组下的非 SNA 生产平均每年投入时间的小时数，人口分组由影响非 SNA 生产活动时间和收益能力的性别、年龄和教育程度等决定，P_j 为第 j 个人口组下的人口数，W 是市场上保姆的平均每小时工资。

估算结果显示，2015 年浙江省非 SNA 生产货币价值在 9438.02 亿元，约占浙江地区生产总值的 22.01%。从价值构成来看，"家务劳动"贡献了 70.84% 的货币价值，"照料小孩"和"照料成年人"创造的生产价值分别占总值的 20.92% 和 4.79%，"志愿服务"的生产价值相对较小，只占总值的 3.45%。细分家务劳动类型来看，贡献最大的是"膳食制备和饭后清理"，占了家务劳动总值的 35.67%，其次是"购物"，占家务劳动总值的 26.81%，"衣物类和鞋类的清理和保养"和"住户内外卫生打扫"，分别占家务劳动总值的 14.35% 和 12.78%，"管理花草、宠物照料""住户管理"和"维修住宅"的生产价值相对较小，三类活动累计价值仅占家务劳动价值的 10.40%（见表 5-14、图 5-3）。

表 5-14　　　　　基于 HRCA 估算的非 SNA 货币价值　　　　单位：亿元

	城镇	农村	合计	女	男	合计
1. 家务劳动	4698.00	1987.44	6685.44	4699.65	1846.45	6546.10
膳食制备和饭后清理	1220.20	1164.32	2384.52	2154.37	515.36	2669.73
住户内外卫生打扫	699.39	154.69	854.08	555.20	210.91	766.11
衣物类和鞋类的清理和保养	550.58	408.91	959.49	858.76	174.25	1033.01
维修住宅	148.81	3.17	151.98	46.36	70.78	117.14
管理花草、宠物照料	282.73	20.65	303.38	124.48	120.69	245.17
住户管理	238.09	1.62	239.71	82.64	100.27	182.91
购物	1558.20	234.08	1792.28	877.84	654.19	1532.03
2. 照料小孩	848.19	1126.65	1974.84	1897.87	429.89	2327.76
3. 照料成年人	446.42	5.57	451.99	205.39	143.55	348.94
4. 志愿服务	193.45	132.30	325.75	261.80	83.02	344.82
非 SNA 生产价值	6186.06	3251.96	9438.02	7064.71	2502.91	9567.62

续表

	城镇	农村	合计	女	男	合计
占浙江省生产总值的比重（%）	14.42	7.58	22.01	16.47	5.84	22.31

注：按区域分组和按性别分组的合计数由于计算的思路不同，两者合计数有所差异，保姆工资为15.5元/小时。

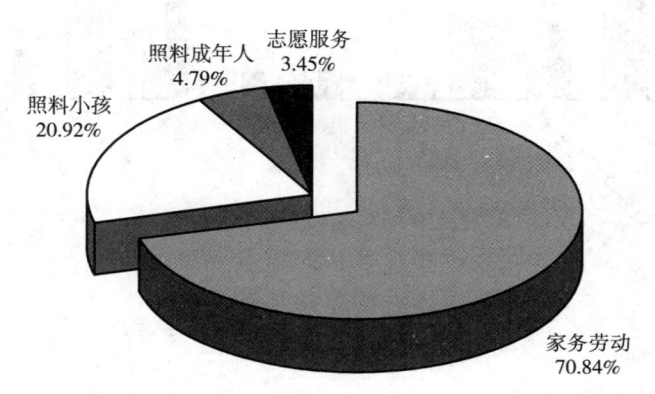

图 5-3 基于 HRCA 估算的非 SNA 生产货币价值构成

（一）城乡比较

表 5-14、图 5-4 分别对城镇居民和农村居民创造的非 SNA 生产价值进行了描述。从总量上看，城镇居民创造的非 SNA 生产价值高于农村居民，城镇居民创造了 6186.06 亿元非 SNA 生产价值，远高于农村居民创造的 3251.96 亿元。城镇居民中生产价值排名前四位的分别是"购物""膳食制备和饭后清理""照料小孩""住户内外卫生打扫"，其生产总值分别占总产值的 24.19%、19.73%、13.71% 和 11.31%。比较而言，"膳食制备和饭后清理"和"照料小孩"在农村居民的非 SNA 生产活动中占主导地位，该类活动的生产价值占总产值的 35.80% 和 34.65%，其次是"衣物类和鞋类的清理和保养"，占总价值的 12.57%。

（二）性别比较

总体来看，非 SNA 生产货币价值的性别差异远大于城乡差异。女性居民无疑成为非 SNA 生产价值的主要创造者，其所创造的非 SNA 生产价值达 7064.71 亿元，占总群体的 73.84%，是男性居民的 2.8 倍。表 5-14、图 5-5 说明，性别差异较大的是"膳食制备和饭后清理""衣物类和

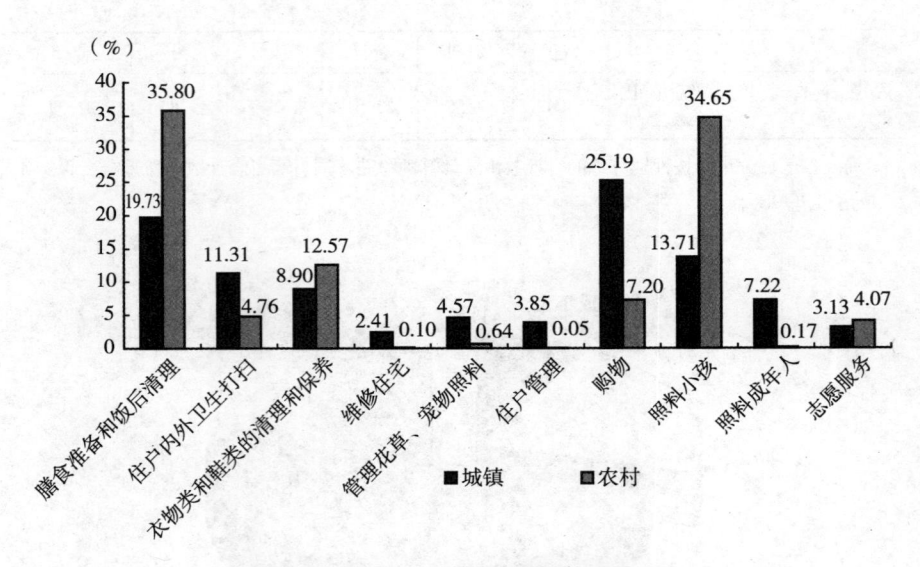

图 5-4 非 SNA 生产货币价值的城乡差异

鞋类的清理和保养""照料小孩",女性居民创造的这三类的价值分别是男性的 4.2 倍、4.9 倍和 4.4 倍。

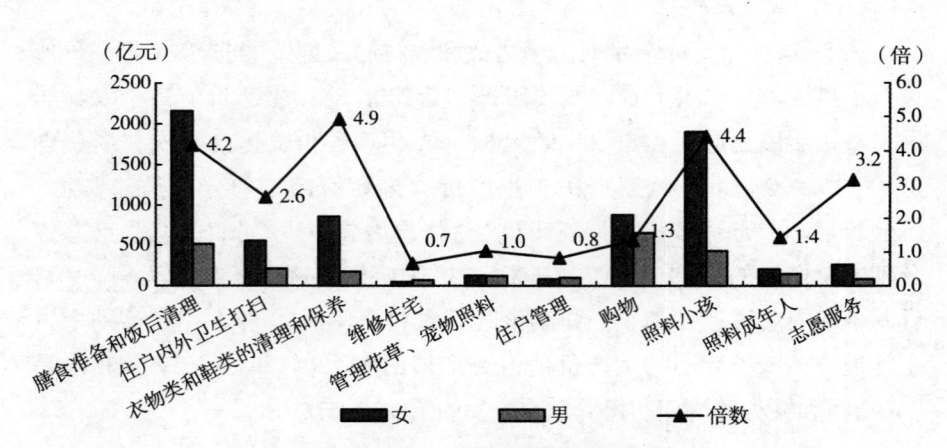

图 5-5 非 SNA 生产货币价值的性别比较

五 投入法各种方法比较

通过上述分析,可以得到关于三种估算方法的浙江省非 SNA 生产货币价值的平均水平，如表 5-15 所示。采用三种不同方法对非 SNA 生产进行核算的结果来看，充分说明了价值核算对所用方法的敏感性：机会成本法总是得到最高值，非 SNA 生产货币价值平均为 11620.89 亿元，占浙江省生产总值的 27.10%；保姆替代成本法几乎总是得到最低值，非 SNA 生产货币价值平均为 9438.02 亿元，占浙江省生产总值的 22.01%，这是由工资决定的，一般来说，住户成员的平均工资通常要比一个管家或保姆的平均工资来的高；专业人员替代成本法得到的是中间水平，非 SNA 生产货币价值平均为 9825.39 亿元，占浙江省生产总值的 22.91%，三种方法的估算结果关系与国际文献一致。就平均水平来看，非 SNA 生产货币价值平均为 10294.77 亿元，占浙江省生产总值的 24.00%，非 SNA 生产活动所带来的货币价值对浙江省的 GDP 影响程度确实较大，需要引起社会的重视。

表 5-15　　　　　　　　投入法各种方法比较

估算方法	机会成本法（OCA）	专业人员替代成本法（SCAW）	保姆替代成本法（HRCA）	平均水平
非 SNA 生产货币价值（亿元）	11620.89	9825.39	9438.02	10294.77
占浙江省生产总值的比重（%）	27.10	22.91	22.01	24.00

第三节　产出法估算非 SNA 生产货币价值

产出法主要是以非 SNA 生产活动内容为对象，寻找相应产品或服务的替代品的平均价格（元/分钟），并通过计算其代替的总价值，来反映非 SNA 生产的货币价值。需要注意的是，在运用产出法时，要先确定与非 SNA 生产对应的供自己使用的产品和服务以及它们的"市场替代品"。通过以下方程进行计算：

$$HP = \sum_i \sum_j (Q_{ij} P_i) \qquad (5-10)$$

其中：HP 是总经济价值，Q_{ij} 是第 j 个住户每年生产的第 i 种产品或服务的数量，P_i 是第 i 种产品或服务的市场替代品的价格。

一　产出法替代品的设计

本书结合日本（Fukami, 1999）、美国（Landefeld and McCulla）在专

业人员替代成本法中对替代行业的选择，设计出我国非 SNA 生产的市场替代品（如表 5-16 所示）。

表 5-16 中国非 SNA 生产经济价值核算产出法产出品种类及市场替代品

非 SNA 生产类型	产出单位	市场替代品	非 SNA 生产类型	产出单位	市场替代品
A. 家务劳动			B. 照料 18 岁以下孩子		
1 膳食制备和饭后清理	人/餐	快餐店	18 小孩喂养	人/次	保姆服务
2 住户内外卫生打扫	平方米	钟点工	19 帮小孩穿衣服	人	保姆服务
3 衣物类清洗和烘干	件	洗衣店服务	20 帮小孩洗澡	人	保姆服务
4 衣物类熨烫保养	件	洗衣店服务	21 照看小孩	人	保姆服务
5 衣物类缝补	件	裁缝店服务	22 教育、监督小孩学习和沟通	人	幼儿教师
6 电灯开关等维修	工作	电工服务	23 接送小孩，参加家长会、运动会等路程	公里	保姆服务
7 水管道等维修	工作	水管工服务	24 照料小孩健康	分钟	儿童医院护士服务
8 车辆清洗及保养	辆	汽修工服务	C. 照料 19 岁以上成年人或老人（指同一住户内）		
9 车辆轮胎置换	个	汽修工服务	25 照料生活起居，照顾身心健康	分钟	保姆服务
10 其他车辆维修	工作	汽修工服务	D. 购买货物和服务		
11 房屋修理	工作	电器维修店服务	26 购买消费品所花时间	分钟	其他社会服务和居民生活服务人员
12 家居装饰	工作	装修工服务	27 购买、耐用品所花时间	分钟	其他社会服务和居民生活服务人员
13 其他家用电器维修	工作	维修工服务	28 购买政府/金融服务所花时间	分钟	其他社会服务和居民生活服务人员
14 栽培花木、浇水除虫等	工作	园艺工服务	29 购买修理服务所花时间	分钟	其他社会服务和居民生活服务人员
15 修剪草坪	平方米	园艺工服务	30 购买医疗保健服务等所花时间	分钟	其他社会服务和居民生活服务人员料
16 喂养和照顾宠物	只	宠物店服务	E. 志愿服务		
17 住户管理	分钟	私人秘书服务	31 帮助住户外成员做上述活动	分钟	其他社会服务和居民生活服务人员

二 市场替代品的价格选择

直接获取所有非 SNA 生产活动的市场替代品的价格几乎是不可能的。一般通过多种途径获得，如可选择调查地的市场价格、开展大范围的专项调查、借鉴普查资料、官方统计数据等。本书的市场替代品价格来源主要包括以下几种：

（1）抽样调查数据：表 5-17 给出了对调查地进行抽样调查的结果，主要通过实地调查取样，获得各项市场替代品的价格，最后汇总计算求得平均数。

（2）家政公司数据：表 5-18 给出了住户内外卫生打扫服务价格，由于打扫卫生的计价方式主要是根据面积来定价，本书利用家政公司提供的数据，对其简单平均，最终得到市场替代品价格为 3.73 元/平方米。

（3）官方统计数据：表 5-19 给出了部分市场替代品的价格，主要参照浙江省各个市劳动保障网公布的 2015 年劳动力市场工资指导价位，并取各工种的中位数计算平均值，由于各市工种稍微有所差别，用相近工种替代。

表 5-17　　部分市场替代品价格——抽样调查数据汇总

产出品	单位	替代服务	替代品价格（元/小时）
膳食制备和饭后清理	人/餐	快餐店	10
衣物类清洗和烘干	件	洗衣店服务	10
衣物类熨烫保养	件	洗衣店服务	8
衣物类缝补	件	裁缝店服务	7
电灯开关等维修	工作	电工服务	15
水管道等维修	工作	水管工服务	14
车辆清洗及保养	辆	汽修工服务	8
车辆轮胎置换	个	汽修工服务	20
其他车辆维修	工作	汽修工服务	18
房屋修理	工作	电器维修店服务	15
家居装饰	工作	装修工服务	12
其他家用电器维修	工作	维修工服务	11
栽培花木、浇水除虫等	工作	园艺工服务	10

续表

产出品	单位	替代服务	替代品价格（元/小时）
修剪草坪	平方米	园艺工服务	10
喂养和照顾宠物	只	宠物店服务	10

资料来源：笔者自行调查。

表 5-18　住户内外卫生打扫服务价格——家政公司调查数据

类型	面积（平方米）	总价（元）	最低单价（元）
一室一厅一厨一卫	40—60	160—240	4.00
二室一厅一厨一卫	60—80	200—300	3.33
二室一厅一厨二卫	90—110	300—360	3.33
二室二厅一厨一卫	90—110	330—400	3.67
二室二厅一厨二卫	100—120	380—460	3.80
三室一厅一厨一卫	90—120	380—500	4.22
三室二厅一厨二卫	120—150	450—600	3.75
平均	—	—	3.73

表 5-19　部分市场替代品价格价格——官方统计数据

产出品	市场专业生产者	工资率（元/小时）	工资率（元/分钟）
住户管理	秘书	18.93	0.32
教育、监督小孩学习和沟通	幼儿教师	19.09	0.32
照料 19 岁以上成年人或老人	养老及其他护理人员	18.89	0.31
购买商品与服务	其他社会服务和居民生活服务人员	14.16	0.24
志愿活动	其他社会服务和居民生活服务人员	14.16	0.24

资料来源：浙江省各市劳动保障网公布的 2015 年劳动力市场工资指导价位。

三　估算非 SNA 生产的总产出和增加值

每年产出＝每人每天产出数量×市场替代品平均价格×浙江省 18 周岁及以上的人口数，得到产出法估算的浙江省非 SNA 生产货币价值，最终计算得出浙江省非 SNA 生产总产出为 16049.31 亿元（见表 5-20）。

由于中间投入的数据无法获得，本书利用各国经验数据进行推断，西班牙中间投入占总产出的比重为 17.3%，芬兰中间投入占总产出的比重为 20.78%（Varjonen and Aalto，2006），我国中间投入占总产出的比重假设为两者平均值 19.04%，据此估算出浙江省非 SNA 生产的增加值为 12993.52 亿元，占浙江省地区总值的 30.30%。

表 5-20　　　　　　产出法产品数量—市场平均价格明细表

序号	产出品	单位	市场替代品	市场替代品价格（元）	每人每天产出数量	每年产出（亿元）
1	膳食制备和饭后清理	人/餐	快餐店	10.00	1.94	3395.58
2	住户内外卫生打扫	平方米	钟点工	3.73	1.68	1094.77
3	衣物类清洗和烘干	件	洗衣店服务	10.00	1.67	2930.95
4	衣物类熨烫保养	件	洗衣店服务	8.00	1.34	1881.67
5	衣物类缝补	件	裁缝店服务	7.00	0.61	745.20
6	电灯开关等维修	工作	电工服务	15.00	0.11	283.87
7	水管道等维修	工作	水管工服务	14.00	0.13	318.91
8	车辆清洗及保养	辆	汽修工服务	8.00	0.14	196.25
9	车辆轮胎置换	个	汽修工服务	20.00	0.00	0.00
10	其他车辆维修	工作	汽修工服务	18.00	0.00	0.00
11	房屋修理	工作	电器维修店服务	15.00	0.06	168.22
12	家居装饰	工作	装修工服务	12.00	0.03	63.08
13	其他家用电器维修	工作	维修工服务	11.00	0.01	15.42
14	栽培花木、浇水除虫等	工作	园艺工服务	10.00	0.17	297.55
15	修剪草坪	平方米	园艺工服务	10.00	0.02	33.06
16	喂养和照顾宠物	只	宠物店服务	10.00	0.17	293.02
17	住户管理	分钟	私人秘书服务	0.32	4.05	223.85
18	小孩喂养	分钟	保姆服务	0.19	11.79	384.34
19	帮小孩穿衣服	分钟	保姆服务	0.19	4.43	144.51
20	帮小孩洗澡	分钟	保姆服务	0.19	6.60	215.23
21	照看小孩	分钟	保姆服务	0.19	16.80	547.54
22	教育监督小孩学习和沟通	分钟	幼儿教师	0.32	8.83	492.52
23	接送小孩，参加家长会等	公里	保姆服务	7.00	0.41	497.57
24	照料小孩健康	分钟	儿童医院护士服务	0.32	1.80	100.35

序号	产出品	单位	市场替代品	市场替代品价格（元）	每人每天产出数量	每年产出（亿元）
25	照料老人	分钟	保姆服务	0.19	7.68	250.31
26	购买消费品	分钟	其他社会服务和居民生活服务人员	0.24	10.23	423.20
27	购买、耐用品	分钟	其他社会服务和居民生活服务人员	0.24	5.11	211.29
28	购买政府/金融服务	分钟	其他社会服务和居民生活服务人员	0.24	8.64	357.35
29	购买修理服务	分钟	其他社会服务和居民生活服务人员	0.24	2.57	106.27
30	购买医疗保健	分钟	其他社会服务和居民生活服务人员	0.24	7.19	297.30
31	志愿服务	分钟	其他社会服务和居民生活服务人员	0.24	7.53	80.13
合计	—	—	—	—	—	16049.31

四 投入法和产出法比较

表 5-21 给出了投入法和产出法估算浙江省非 SNA 生产货币价值的结果。通过计算非 SNA 生产价值占浙江省生产总值的比重，反映该价值对经济的贡献程度。

表 5-21　　　　　　　　投入法和产出法比较

估算方法	投入法				产出法
	机会成本法（OCA）	专业人员替代成本法（SCAW）	保姆替代成本法（HRCA）	平均水平	
非 SNA 生产货币价值（亿元）	11620.89	9825.39	9438.02	10294.77	12993.52
占浙江省生产总值的比重（%）	27.10	22.91	22.01	24.00	30.30

以投入法为例，通过三种方法的计算，发现每小时工资数的大小将直接影响非 SNA 生产货币价值的大小：保姆替代成本法的贡献率为 22.01%，专业人员替代成法的贡献率为 22.91%，机会成本法的贡献率为 27.10%。因此，工资水平是最关键的因素。加拿大统计局研究发现由于

人口范围的不同，非 SNA 生产价值占 GDP 比重的波动水平在 27%—79%，而不同的计算方法带来的差距更大。因此，对非 SNA 生产价值进行估算时，还面临以下挑战：

（1）如果用机会成本法估算，需要获得按性别、年龄和教育程度等分组的人口数和工资数，人口数可以通过人口普查和统计年鉴获得，工资数在我国还没有按年龄、教育程度分组的具体数据。

（2）如果用专业人员替代成本法估算，有两个关键的问题需要处理。一是如何选择合适的替代行业/职业，二是如何获得替代行业的平均工资。按细分职业的工资数可以从统计年鉴上获得，但缺乏具体小类对应的工资水平。替代行业/职业的选择更需要深入的研究非 SNA 生产与市场服务的类似程度，以确定划分的标准。

从浙江省非 SNA 生产价值估算的三种方法来看，目前比较可行、简单的方法是保姆替代成本法，如果要用其他方法进行核算，还有许多相关数据需要采集。

第四节 住户生产卫星账户

一 住户生产卫星账户的构建

2008 年版 SNA 推荐各国统计部门建立住户生产卫星账户，对非 SNA 生产情况予以记录和反映。目前，美国、德国、芬兰、法国、新西兰等国家已开始定期编制和发布住户生产卫星账户。从操作步骤角度看，住户生产卫星账户的编制莫过于三步：①扩展生产范围，将非 SNA 生产纳入框架；②估算非 SNA 生产的货币价值；③调整中心框架的部分指标，对应形成住户生产卫星账户中各项目。鉴于极大地依赖于 SNA 核算框架，各国的 SNA 体系又不完全一致，因此住户生产卫星账户并不存在固定的格式，本书以中国 SNA 框架为基础，编制了浙江省住户生产卫星账户整体框架。由于无法获得浙江省住户部门相关的中间投入、固定资本消耗、雇员报酬等数据，本书采用虚拟数据来构建。

本书借鉴芬兰住户生产卫星账户构建出浙江省住户生产卫星账户。具体有两种设计方式：

（一）按 SNA 与非 SNA 生产分类设计

由于住户 SNA 生产中包括市场生产也包括非市场生产，为了分别刻画非市场生产与市场生产的规模，将住户非市场生产分类成住户非市场 SNA 生产和住户非市场非 SNA 生产。其中，住户非市场 SNA 生产指的是在中心框架下进行核算的非市场性活动，包括住户部门自产自用的货物生产、住户自有住房服务的生产和雇用有酬雇员提供的家庭服务生产；住户非市场非 SNA 生产，指的是本书的住户非 SNA 生产范畴，包括住户为自身最终消费提供的服务的生产以及对外提供的志愿服务。住户生产卫星账户如表 5-22 所示，表中的调整项目有两个含义：第一个含义是在生产账户、收入形成账户和资本账户中，住户 SNA 生产与住户非市场性生产中重复计算的部分，即住户非市场 SNA 生产或者中心框架下的住户非市场生产；第二个含义是在其他账户中，将中心框架指标调整到住户生产卫星账户指标的调整值。因此，住户非市场 SNA 生产价值为表 5-22 的④，其值也等于调查项目②的绝对值；住户市场生产规模为①+②。

1. 生产账户

在生产活动阶段，拓展后的总产出为 93176 元，其中 SNA 中心框架下住户 SNA 生产 24317 元，其住户非市场 SNA 生产的总产出为 12730 元，两者的差额 11587 即为住户部门市场生产的总产出。通过住户非市场非 SNA 生产 68859 进行估算，得到住户非市场生产为 81589（68859+12730）。根据数据的可获得性，拓展后的总产出有两种计算方法：第一种通过住户 SNA 生产和住户非 SNA 生产进行加总，即 24317+68859=93176；第二种是能够获得住户 SNA 生产中的非市场生产的总产出，可以通过住户市场生产和住户非市场生产加总，即（24317-12730）+（68859+12730）=11587+81589=93176。根据上述估算方法，得到住户部门拓展后的中间投入为 24047，拓展后的固定资本消耗为 8000，计算得到拓展后的增加值为 69129（93176-24047），拓展后的净增加值为 61129（69129-8000）。

2. 收入形成账户

在收入形成阶段，拓展后的净增加值是形成分配的初始流量，对住户部门支付的拓展后的雇员报酬为 53071，其中住户 SNA 生产雇员报酬为 716，住户非 SNA 生产雇员报酬（即劳动力价值）为 52355；对政府部门支付的拓展后的生产税 85，其中住户 SNA 生产税为 29，住户非 SNA 生产

表 5-22　住户生产卫星账户

单位：亿元

账户	交易及平衡项	使用 拓展后的住户账户⑤=①+②+③+④	使用 住户非市场生产 SNA④	使用 调整项目②	使用 非SNA生产③	使用 住户SNA生产①	来源 住户SNA生产①	来源 调整项目②	来源 住户非市场生产 非SNA③	来源 住户非市场生产 SNA④	来源 拓展后的住户账户⑤=①+②+③+④
生产账户	总产出	24047	443	-4432	14312	9735	24317	-12730	68859	12730	93176
生产账户	中间投入	69129	8297	-8297	54547	14582					
生产账户	总增加值	8000	3095	-3095	2839	5161					
生产账户	固定资本消耗										
生产账户	净增加值	61129	5202	-5202	51708	9421	9421	-5202	51708	5202	61129
收入形成账户	雇员报酬	53071	69	-69	52355	716					
收入形成账户	生产税	85	139	-139	56	29					
收入形成账户	生产补贴	-1788	0	0	-704	-1084					
收入形成账户	营业盈余/混合收入	9761	4993	-4993	0	9761	9761	0			9761
原始收入分配账户	营业盈余/混合收入						66922	52355			119277
原始收入分配账户	财产收入	2820				2820	7013				7013
原始收入分配账户	原始收入净额	133231		52355		80876					

续表

	使用					交易及平衡项			来源		
	拓展后的住户账户 ⑤=①+②+③+④	住户非市场生产 SNA生产④	住户非市场生产 非SNA生产③	调整项目②	住户SNA生产①		住户SNA生产①	调整项目②	住户非市场生产 非SNA生产③	住户非市场生产 SNA生产④	拓展后的住户账户 ⑤=①+②+③+④
收入二次分配账户	41077					原始收入净额	80876	52355			133231
	115820			-56	41133	实物外经常转移	24370	-704			23666
				51708	64112	可支配收入净额		51708			115820
实物收入再分配账户	137142			51708	85434	实物经常转移	21322				21322
						调整后的可支配收入净额	64112	51708			115820
可支配收入使用账户	115750			50719	65031	最终消费支出	145				145
	215			989	-774	住户养恤基金净权益变化的调整					
						净储蓄	85434	51708			137142
调整后可支配收入使用账户	137072			50719	86353	调整后的可支配收入净额	145				145
						实际最终消费					
	215			989	-774	住户养恤基金净权益变化的调整		989			989
						净储蓄	-774	989			215

第五章 中国非 SNA 生产核算的实践探索

续表

		使用			交易及平衡项		来源		
	拓展后的住户账户⑤=①+②+③+④	住户非市场生产		住户SNA生产①		住户SNA生产①	调整项目②	住户非市场生产		拓展后的住户账户⑤=①+②+③+④
		SNA生产④	非SNA生产③	调整项目②				非SNA生产③	SNA生产④
资本账户	10193	3979	3828	-3979	6365	固定资本形成				
	-8000	-3095	-2839	3095	-5161	固定资本消耗				
	9				9	土地和其他有形非生产资产的获得减处置				
	-126				-126	存货变化				
	0				0	贵重物品的获得减处置		189		189
						应收资本转移		-395		-395
						应付资本转移				
	-2067	-1873		1873	-2067	净借入（+）/净借出（-）				

税为56；生产活动中获得的拓展后的生产补贴为1788，其中住户SNA生产补贴为1084，住户非SNA生产补贴为704。最终，账户的平衡项营业盈余净额/混合收入净额为9761（61129-53071-85+1788）。需要说明的是，非SNA生产税和非SNA生产补贴在中心框架下是记录在住户部门的经常转移支出和经常转移收入内的，因此在收入二次分配账户中应该对相应交易项目进行调整。

3. 原始收入分配账户

收入形成账户是原始收入的创造者，而原始收入分配账户是原始收入的接受者，该账户核算的是原始收入形成账户外初次分配的剩余部分，通过住户部门作为原始收入的接受者与其他机构部门之间的财产收支流量来描述。住户部门获得的拓展后的雇员报酬为119277，其中住户SNA生产雇员报酬为66922，住户非SNA生产雇员报酬为52355（即劳动力价值）；财产收入维持于SNA同样的定义和口径，应收财产收入为7013，应付财产收入为2820；最终，账户的平衡项拓展后的原始收入净额为133231（9761+119277+7013-2820）。

4. 收入二次分配账户

收入二次分配阶段，住户部门获得的拓展后的实物外经常转移收入为23666（24730-704），其中住户SNA生产实物外经常转移收入为24370，住户非SNA生产生产补贴为704；住户部门支付的实物外经常转移支出为41077（41133-56），其中住户SNA生产实物外经常转移支出为41133，住户非SNA生产生产税为56；最终，账户的平衡项拓展后的可支配收入净额为115820（133231+23666-41077）。

5. 实物收入再分配账户

在实物收入再分配阶段，通过实物经常转移将拓展后的可支配净收入转换成拓展后的调整后可支配净收入。住户部门获得的拓展后的实物经常转移收入为21322（21322-0），其中住户SNA生产实物经常转移收入为21322，住户非SNA生产实物经常转移收入为0；最终，账户的平衡项拓展后的调整后可支配收入净额为137142（115820+21322）。

6. 可支配收入使用账户

在可支配收入使用阶段，住户部门的拓展后的最终消费支出为115750［68859+65031-（14312+3828）］，其中住户非SNA生产总产出为68859，住户SNA生产最终消费支出为65031，由于住户SNA生产最终消费支出中的一部分是用于住户非 SNA 生产的中间投入和固定资本形成，价值为 18140（14312+3828），为了避免重复计算，需扣除此部分价值。所以拓展后的最终消费支出等于住户 SNA 生产最终消费支出减去用于住户非 SNA 生产的中间投入和固定资本形成部分，再加上住户非 SNA 生产的总产出。另外，住户养恤基金净权益变化的调整为 145。最终，账户的平衡项拓展后的净储蓄为 215（115820-115750+145）。

7. 调整后可支配收入使用账户

调整后可支配收入使用账户是描述拓展后的调整后可支配收入净额的使用情况，用于拓展后的实际最终消费 137072〔68859+86353-（14312+3828）〕，其中住户非 SNA 生产实际最终消费（即住户非 SNA 生产总产出）为 68859，SNA 生产实际最终消费 86353（65031+21322），由于 SNA 生产实际最终消费当中有一部分用于非 SNA 生产的中间投入和固定资本形成，为了避免重复计算，扣除此部分价值 18140（14312+3828）。另外，加上住户养恤基金净权益变化的调整为 145。最终，账户的平衡项拓展后的净储蓄为 215（137142-137072+145）。

8. 资本账户

在资本形成阶段，账户描述住户部门通过获得和处置各种非金融资产所引起的资产、负债和净值的变化。资产的变化包括：拓展后的固定资本形成总额为 10193（6365+3828），其中住户 SNA 生产固定资本形成为 6365，住户非 SNA 生产固定资本形成为 3828，3828 是在中心框架下记录为住户最终消费的部分；拓展后的固定资本消耗 8000（5161+2839），其中住户 SNA 生产固定资本消耗 5161，住户非 SNA 生产固定资本消耗 2839；拓展后的存货变化-126（-126-0），其中住户 SNA 生产存货变化为-126，住户非 SNA 生产存货变化为 0；贵重物品的获得减处置为 0；土地和其他有形非生产资产获得的减处置为 9；拓展后的资产合计变化为 2076（10193-8000-126+9）。负债和净值的变化包括：拓展后的净储蓄为 215（989-774），应收资本转移为 189，应付资本转移为 395，拓展后的负债和净值合计变化为 9（215+189-395）。净借入-2067（9-2076），说明住户部门资金短缺，需要从其他部门净借入资金。

（二）按非 SNA 生产的活动类型设计

非 SNA 生产的活动类型可以分成：提供住房、提供食物、提供衣着、照料活动、志愿服务五大类，相关购物和出行活动分别划入以上 5 类活动中。各国在分类上可以相应调整，如将照料活动细分成照料小孩、照料老人和宠物照料等小类。根据非 SNA 生产类型设计住户生产卫星账户有利于了解各项非 SNA 生产活动的规模，并且这些服务的消费反映了住户成员的福利状况，并且可以与市场提供的各项服务进行比较。由于该分类只会影响生产账户和收入形成账户，并不会对其他账户产生影响，因此，本书只给出前面两个账户的实际应用。

表 5-23 中的调整项目与上文的含义一致，住户非市场生产按照非 SNA 生产活动的类型划分，分别是提供住房、提供食物、提供衣物、照料活动、志愿服务。其中，提供住房既包括 SNA 中心框架下有关住房的生产活动，如住户自有住房服务的生产和自有住房的建设，也包括非 SNA 生产的提供住房相关服务，如住户室内外卫生打扫、维修住宅等；提供食物既包括 SNA 中心框架下自给性食物的生产活动，如蔬菜、水果等农产品的生产，也包括非 SNA 生产相关的膳食制备和饭后清理等活动；提供衣物、照料活动、志愿服务只核算非 SNA 生产的部分。

在生产阶段，提供住房的拓展后总产出为 38429，提供食物的拓展后总产出为 23389，非 SNA 生产中的提供衣物服务为 6578，非 SNA 生产中提供的照料服务为 7842，非 SNA 生产中提供的志愿服务为 5351，以上五类非市场性活动的拓展后总产出为 81589；调整项目 12730，与表 5-22 中的调整项目是一致的；住户 SNA 生产的总产出为 24317，因此拓展后的住户总产出为 93176（24317-12730+81589）。同理，可得拓展后的住户中间消耗为 24047（9735-4432+18744），拓展后的住户增加值为 69129（14582-8297+62844），拓展后的住户净增加值为 61129（9421-5202+56910），最终，拓展后的营业盈余净额/混合收入净额为 9761。

二 住户生产卫星账户对国民经济总量指标的影响

国际比较是国民经济核算的一个重要目的。拓展后的住户核算账户为国际比较提供了一个新的视野，将住户非 SNA 生产增加值加入国民经济总体，可以用来衡量各国收入的不平等程度、GDP 的真实增长速度和各国福利的比较。

将非 SNA 生产活动纳入国民经济核算，将会对 SNA 中心框架下的一些指标产生影响，因此需要对相关经济交易指标进行调整（具体见表 5-24）。

表 5-23　住户生产卫星账户——按生产活动分类　　单位：亿元

		使用								交易及平衡项	来源							
		拓展后的住户账户⑨ =①+②+⑧	合计⑧=③+④+⑤+⑥+⑦	住户非市场生产					住户SNA生产①	调整项目②		住户SNA生产①	调整项目②	住户非市场生产				合计⑧=③+④+⑤+⑥+⑦	拓展后的住户账户⑨=①+②+⑧
				提供住房⑦	提供食物⑥	提供衣物⑤	照料活动④	志愿服务③						志愿服务③	照料活动④	提供衣物⑤	提供食物⑥	提供住房⑦		
生产账户	总产出	24047	18744	11259	6033	521	676	255	9735	-4432		24317	-12730	5351	7842	6578	23389	38429	81589	93176
	中间投入	69129	62844	27170	17355	6057	7165	5096	14582	-8297										
	总增加值	8000	5934	4957	672	135	128	41	5161	-3095										
	固定资本消耗																			
	净增加值	61129	56910	22213	16683	5922	7037	5055	9421	-5202		9421	-5202	5055	7037	5922	16683	22213	56910	61129
收入形成账户	雇员报酬	53071	52424	17176	16559	5914	7729	5046												
	生产税和进口税	85	196	135	33	7	12	8	716	-69										
	生产补贴	-1788	-704	0	0	0	-704	0	29	-140										
	营业盈余/混合收入	9761	4994	4902	91	0	0	0	-1084	-4994										
原始收入分配账户										9761										

续表

		使用								交易及平衡项	来源								
			住户非市场生产											住户非市场生产					
	拓展后的住户账户 ⑨ = ① + ② + ⑧	合计 ⑧ = ③ + ④ + ⑤ + ⑥ + ⑦	提供住房 ⑦	提供食物 ⑥	提供衣物 ⑤	照料活动 ④	志愿服务 ③	调整项目 ②	住户SNA生产 ①		住户SNA生产 ①	调整项目 ②	志愿服务 ③	照料活动 ④	提供衣物 ⑤	提供食物 ⑥	提供住房 ⑦	合计 ⑧ = ③ + ④ + ⑤ + ⑥ + ⑦	拓展后的住户账户 ⑨ = ① + ② + ⑧
收入二次分配账户																			
实物收入再分配账户																			
可支配收入使用账户																			
调整后的可支配收入账户																			
资本账户																			

第五章 中国非 SNA 生产核算的实践探索　　167

表 5-24　拓展后的国民经济账户——加入住户非 SNA 生产后

单位：亿元

		拓展后的经济总体④=①+②+③	住户非SNA生产③	③/①(%)	③/④(%)	交易和平衡项	SNA经济总体①	调整项目②	SNA经济总体①	交易和平衡项	SNA经济总体①	住户非SNA生产②	③/①(%)	③/④(%)	拓展后的经济总体③=①+②
货物和服务账户						总产出				总产出	256851	68859	27		325710
						产品税				产品税	18423				18423
						产品补贴				产品补贴	1061				1061
						货物和服务的进口				货物和服务的进口	42783				42783
		153057	14312	10	9	中间消耗	138745								
		147029	50719	53	34	最终消费支出	96310								
		137072	50719	59	37	固定资本形成	86353								
		143			0	存货变化	143								
						贵重物品的获得减处置									
		54069			12	货物和服务的出口	54069								
		385855	68859	22		合计	316996			合计	316996	68859	22		385855
						总产出				总产出	256851	68859	21		325710

续表

	交易和平衡项	拓展后的经济总体④=①+②+③	住户非SNA生产③	③/①(%)	③/④(%)	调整项目②	SNA经济总体①	交易和平衡项	SNA经济总体①	住户非SNA生产②	③/①(%)	③/④(%)	拓展后的经济总体③=①+②
生产账户								生产税净额	17362				17362
		153057	14312	10	18		138745	中间消耗					
		190015	54547	40			135468	总增加值					
		25187	2839	13	9		22348	固定资本消耗					
		164828	51708	46	29		113120	净增加值					
		343072	68859	25	11		274213	合计	274213	68859	20		343072
		118836	52355	79	31		66481	净增加值	113120	51708	31		164828
					20			雇员报酬					
		18917	56	0		140	18721	生产税和进口税					
		3522	704	25	44		2818	补贴收入					
		30596	0	0	0	-140	30736	营业盈余/混合收入					
收入形成账户		164828	51708	46	20	0	113120	合计	113120	51708	31		164828

1. 总产出

基于拓展的生产观，生产范围既包括 SNA 生产，也包括非 SNA 生产。因此拓展后的总产出也包括非 SNA 生产的总产出，调整公式为：

拓展的总产出＝总产出＋住户非 SNA 生产总产出

2. 中间消耗

由于生产范围扩大到非 SNA 生产，非 SNA 生产过程中消耗的中间投入，如膳食制备中消耗的水、电、燃气、食材等非耐用品，这部分支出在 SNA 中心框架下被记录在了最终消费支出中，而在住户生产卫星账户中，这部分应该作为中间消耗。调整公式为：

拓展后的中间消耗＝中间消耗＋住户非 SNA 中间消耗

3. 固定资本形成总额

非 SNA 生产中的固定资本形成总额指的是在非 SNA 生产过程中用作资本品的耐用品和半耐用品，如电饭煲、微波炉、洗衣机、吸尘器等。这部分支出在 SNA 中心框架下仍然被记录在最终消费支出中，在住户生产卫星账户中应该包括这部分固定资本形成总额。调整公式为：

拓展后的固定资本形成总额＝固定资本形成总额＋住户非 SNA 生产固定资本形成总额

4. 生产税净额

非 SNA 生产中的生产税是指住户缴纳的与住户非 SNA 生产有关的税，主要是所得税和财产税，如车船税、车辆购置税等；非 SNA 生产中的生产补贴是指住户收到的与非 SNA 生产相关的社会转移，如照料老人收到的护理津贴等。在住户生产卫星账户中，应该包括这部分的生产税净额。调整公式为：

拓展后的生产税净额＝生产税净额＋（用于非 SNA 生产的生产税－用于非 SNA 生产的补贴收入）

5. 最终消费支出

生产范围决定消费范围，用于最终消费的货物和服务只能是生产范围内所包括的货物和服务。SNA 框架下的生产范围包括所有货物的生产和除住户成员为本住户提供的家庭或个人服务之外的所有服务的生产。在住户生产卫星账户中，生产范围扩大到经济生产的范畴，包括住户非 SNA 生产活动，非 SNA 生产活动的总产出增加了住户可支配收入，因此，住户最终消费支出也相应增加。但是 SNA 框架下最终消费支出的一部分用于非 SNA 生产活动的中间投入和固定资本形成，应予以扣除。调整公式为：

拓展后的最终消费支出＝最终消费支出＋非 SNA 生产最终消费支出＝最终消费支出＋（非 SNA 生产总产出－非 SNA 生产中间投入－非 SNA 生产固定资本形成）

6. GDP

生产范围的扩大、总产出和中间消耗均扩大到非 SNA 生产范畴，增加值也随之扩展到非 SNA 生产增加值。调整公式为：

拓展后的 GDP＝GDP＋住户非 SNA 生产增加值

可见，住户生产的相关指标与 SNA 中心框架下的指标并非相互排斥，而是存在紧密的联系。

第六章 非 SNA 生产核算结果的国际比较
——以中国浙江省和 OECD 成员国为例

第一节 非 SNA 生产时间利用分析

一 非 SNA 生产活动的类别差异

浙江省居民在非 SNA 生产的总投入时间平均每天约为 222 分钟，具体来看，家务劳动投入时间约 109 分钟，占总时间的 49.35%；照料小孩投入时间约 51 分钟，占总时间的 22.85%；购物投入时间约 34 分钟，占总时间的 15.21%；照料成年人投入时间约 8 分钟，占总时间的 3.46%；志愿服务约 8 分钟，占总时间的 3.40%（见表 6-1）。OECD（Miranda，2011）比较了 26 个 OECD 成员国非 SNA 生产时间投入的估算，本书利用其相关数据，与浙江省进行对比（见图 6-1）。从 OECD 国家平均水平来看，家务劳动时间约占总时间的 61%，照料成年人和小孩大约占了总时间的 13%，购物约占 11%。由此可见，浙江省居民将更多的时间花在了照料成年人和小孩身上。

表 6-1　　　　　　浙江省非 SNA 生产投入时间

非 SNA 生产活动	全体居民（分钟）	比重（%）
家务劳动	109.44	49.35
照料小孩	50.67	22.85
照料成年人	7.68	3.46
购物	33.75	15.21
志愿服务	7.53	3.40
其他（出行）	12.71	5.73

续表

非 SNA 生产活动	全体居民（分钟）	比重（%）
合计	221.78	100.00

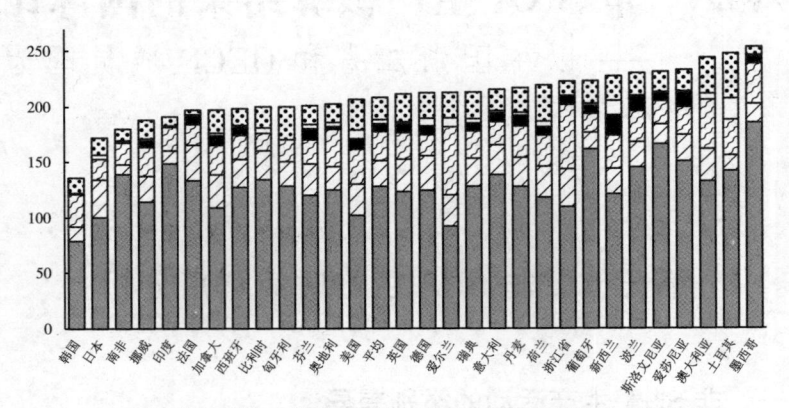

图 6-1 各项非 SNA 生产活动的投入时间（分钟）

资料来源：Miranda（2011），笔者计算整理。为了进行国际比较，将照料小孩和照料成年人两项活动归为照顾住户内成员，由于本书活动分类将照顾住户外成员归类为志愿活动，因此照顾住户外成员时间为 0。

首先，非 SNA 生产活动中花费时间最多的是家务劳动，包括膳食制备和饭后清理、室内外卫生的打扫、房屋的维护等活动。在 29 个国家或地区中，平均每天花费在家务劳动上的时间为 2 小时 8 分钟，约占非 SNA 生产活动总时间的 62%。具体来看，浙江省在家务劳动上投入了约 1.8 小时，约占非 SNA 生产总时间投入的 49%；日本与中国类似，在家务劳动时间上每天投入了 1.7 小时，但是占非 SNA 生产总时间投入的 58%，中国浙江省以及韩国、日本、美国、加拿大、爱尔兰均是家务劳动时间投入较少的地区和国家；印度在家务劳动上投入了超过 2.5 个小时，占非 SNA 生产总时间投入的 78%，南非、葡萄牙、墨西哥均是家务劳动时间投入较高的国家，占非 SNA 生产活动的比重均超过 79%。虽然各国或地区有所差异，但家务劳动是投入时间和所占比重最大的一项活动。与其他非 SNA 生产活动类别相比，家务劳动的投入时间在各国差异是最小的，变异系数仅为 0.17。

其次，照顾住户内成员和购物是投入时间次多的活动，平均分别为

26分钟和23分钟,约占非SNA生产活动总时间的13%和11%,这两项活动各国的差异不是很大,变异系数分别为0.26和0.34。浙江省照顾住户内成员(包括照料小孩和照料成年人)投入时间约为58分钟,约占总时间投入的26%,购物投入时间约为34分钟,约占总时间投入的15%。中国浙江省、韩国、爱尔兰是照顾住户内成员时间投入最多的三个地区,比重均超过20%;德国、法国、意大利、葡萄牙、斯洛文尼亚是投入时间最少的几个地区,比重不到10%。购物所占比重最高的地区是日本,所占比重为20%,比重最低的地区是南非,所占比重仅为5%。

最后,投入时间较少的活动是照顾住户外成员和志愿活动,分别约为7分钟和4分钟,约占非SNA生产活动总时间的3%和2%。非SNA生产活动投入时间差异较大的是志愿活动,在该项活动投入最少的是印度和韩国,仅投入不到1分钟,投入时间最多的是土耳其,平均每天投入19分钟,其变异系数为1.1。浙江省志愿活动约为8分钟,占总时间投入的3.4%,处于各地区平均水平。

二 非SNA生产活动的性别差异

(一)总时间投入性别差异

表6-2和图6-2给出了女性非SNA生产投入时间与男性非SNA生产投入时间及其差值,结果显示,在非SNA生产投入时间上具有较大的性别差异,所有国家都是女性比男性投入更多的时间在非SNA生产活动上。平均来说,女性每天投入时间为4.7小时,男性每天投入时间为2.2小时。对女性来说,在29个国家或地区中,女性从事非SNA生产活动较高的国家是土耳其(6.3小时)、墨西哥(6.2小时)、印度(5.9小时),较低的是挪威和爱尔兰(3.8小时)、丹麦(4小时),中国浙江省女性投入时间相对较多,约为5.3小时;对男性来说,男性从事非SNA生产活动时间较多的国家分别是丹麦(3.1小时)、瑞典(3小时)、澳大利亚(2.9小时),较少的是爱尔兰(0.7小时)、印度(0.9小时)、日本(1小时),中国浙江省男性投入时间相对较少,约为2.1小时;从男女差异来看,差值较大的国家是印度(5小时)、墨西哥和土耳其(4.3小时),差值较小的国家是丹麦(0.9小时)、瑞典和挪威(1.2小时),中国浙江省男女差额为3.1小时,在29个国家或地区中属于差异较大的地区。由此可见,浙江省在非SNA生产活动投入上,性别不平等比较严重。

表 6-2　　非 SNA 生产活动平均每天投入时间性别差异　　单位：分钟

国家或地区	女性	男性	女性-男性
丹麦	243	186	57
瑞典	249	177	72
挪威	225	152	73
芬兰	245	154	91
比利时	245	151	94
加拿大	248	146	102
美国	258	154	104
德国	269	164	105
荷兰	273	163	110
爱莎尼亚	288	169	119
斯洛文尼亚	286	166	120
法国	258	136	122
英国	273	150	123
奥地利	269	135	134
新西兰	294	158	136
波兰	296	157	139
澳大利亚	311	172	139
匈牙利	268	127	141
南非	257	92	165
爱尔兰	296	129	167
韩国	227	45	182
西班牙	294	107	187
中国浙江省	316	128	188
日本	269	59	210
意大利	326	103	223
葡萄牙	328	96	232
土耳其	377	116	260
墨西哥	373	113	261
印度	352	52	300
平均	284	134	150

注：OECD 成员国资料来源：Miranda，2011。

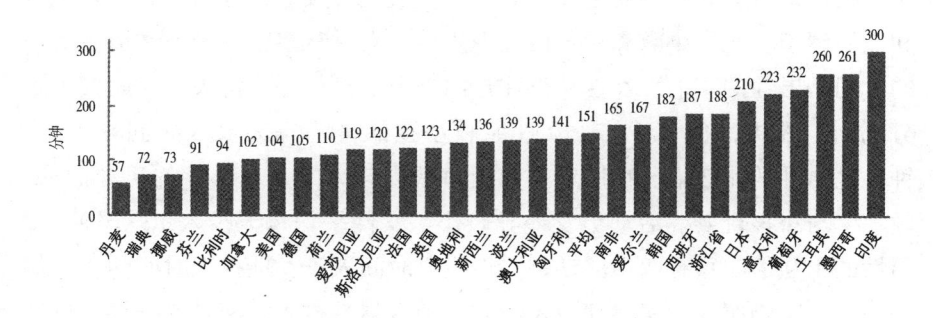

第六章 非 SNA 生产核算结果的国际比较

图 6-2   女性-男性非 SNA 生产活动平均每天投入时间

（二）分类别时间投入差异

表 6-3 给出了不同非 SNA 生产活动投入时间的性别差异。结果显示，OECD 国家男性更多地将时间花费在房屋建设及维护、园艺及宠物照料、志愿活动上；女性更多地将时间花费在清洁活动、膳食制备及饭后清理、照料小孩等活动上。浙江省居民的男女差异与 OECD 国家类似，不同的是，男女差异最大的活动是照料小孩，女性花费的时间是男性的 4.2 倍，而 OECD 国家男女差异最大的活动是清洁活动，女性花费的时间是男性的 4.4 倍。

表 6-3   男性和女性平均每天投入主要非 SNA 生产活动的时间   单位：分钟

非 SNA 生产投入时间	OECD 国家平均 女性	OECD 国家平均 男性	OECD 国家平均 女性是男性的倍数	浙江省 女	浙江省 男	浙江省 女性是男性的倍数
膳食制备和饭后清理	83	21	3.9	93	23	4.0
住户内外卫生打扫	43	10	4.4	61	17	3.5
园艺及宠物照料	14	15	0.9	5.4	5.5	1.0
房屋建设及维护	3	13	0.2	2	3	0.6
购物	28	18	1.6	38	30	1.3
志愿活动	4	4	0.9	22	18	1.2
照料小孩合计	35	12	2.8	82	19	4.2
其中：生理照料	24	7	3.5	70	13	5.4
教育、与小孩玩耍等	10	6	1.7	12	6	1.9

具体来看，浙江省女性花费时间最多的是传统的家务劳动如膳食制备和饭后清理、照料小孩和住户内外卫生等。女性从事膳食制备和饭后清理的时间是男性的 4 倍。女性从事住户内外卫生打扫平均每天的时间投入是 61 分钟，是男性的 3.5 倍，女性照料小孩的平均每天投入时间是 82 分钟，是男性的 4.2 倍。在照料小孩上，差异较大的是对小孩的生理照料，教育、与小孩玩耍等活动男女差异较小，女性平均每天投入 12 分钟，是男性的 1.9 倍。只有两项活动是男性投入时间大于女性投入时间的，它们是园艺及宠物照料和房屋建设及维护，前者男性投入时间是 5 分钟，仅高于女性 0.1 分钟，后者男性投入时间是 3 分钟，高于女性 1 分钟。男女在非 SNA 生产活动类别上的差异主要受传统的家庭观念意识及生理特点影响，如女性更多地从事简单的体力劳动而男性的更倾向于从事技术类劳动等。

三 非 SNA 生产活动的城乡差异

表 6-4 给出了浙江省城镇居民和农村居民在各类非 SNA 生产活动的投入时间的差别。结果显示，在家务劳动的投入时间上，农村居民大于城镇居民的活动是家务劳动和照料小孩，农村居民要比城镇居民分别多花约 8 分钟和 44 分钟，而城镇居民大于农村居民的活动是照料成年人和购物，投入时间平均每天分别高于农村居民约 15 分钟和 37 分钟。主要是由于城镇地区有 10% 的家庭反映曾经雇用过全职保姆，20% 的家庭曾经雇用过钟点工，而农村地区几乎没有家庭雇用过保姆或钟点工。另外，城镇居民花费更多的时间在照顾成年家人上，主要是由于城镇居民的教育程度比农村居民要高一些，照料成年家人人的责任感更强一些。

表 6-4　　浙江省非 SNA 生产活动投入时间的城乡差异　　单位：分钟

地区	城镇		农村		平均	
分类	女	男	女	男	城镇	农村
家务劳动	128.00	83.00	201.74	24.96	105.50	113.35
照料小孩	34.00	23.00	129.74	15.93	28.50	72.84
照料成年人	17.00	13.00	0.72	0.00	15.00	0.36
购物	58.71	46.00	17.02	13.24	52.36	15.13
志愿服务	8.00	5.00	14.59	2.52	6.50	8.55

续表

地区	城镇		农村		平均	
其他（出行）	19.28	24.00	2.32	5.22	21.64	3.77
合计	264.99	194.00	366.13	61.87	229.50	214.00

为了进行国际比较，本书以印度为例。因为印度与中国类似，具有特殊的城乡二元结构，此外印度在1998年开展了全国性的时间利用调查，比较结果见表6-5。中国浙江省农村地区女性从事非SNA生产投入时间约为366分钟，高于城镇地区的女性约101分钟；农村地区男性从事非SNA生产投入时间约为62分钟，低于城镇地区约132分钟。从比重上来看，农村地区男女差别较大，86%的非SNA生产活动由农村女性承担，14%由农村男性承担；城镇地区男女差别不明显，女性承担58%的非SNA生产活动，男性承担42%。相反，印度非SNA生产活动的性别差异在农村和城镇地区都明显存在，男性只承担9%—10%的非SNA生产活动，女性则承担90%—91%的非SNA生产活动。可见，中国浙江省非SNA生产活动投入时间的城乡差距要小于印度。

表6-5　　农村和城镇地区不同活动类型的每周平均投入时间　　单位：分钟

地区	指标	农村		城镇	
		男	女	男	女
中国浙江省	时间投入	61.87	366.13	194.00	264.99
	比重（%）	14	86	42	58
印度	时间投入	32.06	291.00	29.49	312.34
	比重（%）	10	90	9	91

注：印度资料来源：Central Statistical Organization of India, 2000。

综上所述，男女承担非SNA生产活动存在明显差异，这种角色区别无论发达国家和发展中国家都普遍存在。传统的SNA活动主要集中反映市场经济活动，反映付酬劳动的贡献，妇女的付酬劳动所占份额较小，虽然她们工作负担很重，是无付酬劳动的主要承担者，而不被社会广泛认识和承认。"将付酬劳动和无付酬劳动纳入国家政策"就是从根本上改变对无付酬劳动的认识，从而让决策者考虑到妇女的贡献和作用，在政策制定时考虑改善妇女状况的要求。

四 非 SNA 生产活动的代际比较

本书利用欧洲 14 国的 NTTA 数据，对不同年龄和不同性别的非 SNA 生产活动与浙江省非 SNA 生产活动进行对比（见图 6-3、图 6-4）。结果发现，对于浙江省女性而言，非 SNA 生产时间投入随着年龄的增长而增加，直到 64 岁以后，才稍微下降。可见，女性作为非 SNA 生产的主要承担者依然担负着沉重的劳动。女性在年轻时候，不仅要承担一定程度的有薪酬工作，还需承担繁杂的家务劳动、照料老人小孩等，退休后，帮子女照料小孩又成为他们的主要活动，直至年老，才能稍微减轻负担。男性在不同年龄段非 SNA 生产的时间投入呈现出不同的特点，34 岁之前，男性花在非 SNA 生产上的时间有所增长，但是在 35—50 岁，男性非 SNA 生产时间投入出现了下降，主要是由于该年龄段正是男性三十而立、奋发图强的时候，他们将更多的时间花在了事业上，而在 50 岁以后，随着退休才呈现出与女性相同的特点。中国浙江省非 SNA 生产活动的代际模式与欧洲 14 国的模式基本一致。主要不同点有：欧洲 14 国女性非 SNA 生产活动的第一个峰值出现在 30—40 岁，之后非 SNA 生产活动开始下降，但是浙江省女性在第一峰值出现以后并未出现明显下降趋势，也就是育龄期女性投入了大量的非 SNA 生产活动时间，在小孩长大后非 SNA 生产活动总时间投入并未出现明显的下降，可能转移到家务劳动等相关活动上；浙江省男性在第一峰值出现后开始下降的幅度要高于欧洲 14 国平均水平，也就是说浙江省男性在 40—50 岁，非 SNA 生产投入时间是最少的，基本与 20 岁左右的时候持平。

第二节 非 SNA 生产货币价值分析

一 估算女性对经济的贡献

表 6-6 给出了浙江省基于保姆替代成本法估算的非 SNA 货币价值，估算结果显示，2015 年浙江省女性居民无疑是非 SNA 生产价值的主要创造者，其所创造的非 SNA 生产价值达 7064.71 亿元，占总群体的 73.84%，是男性居民的 2.8 倍。对浙江省生产总值的贡献来说，女性创

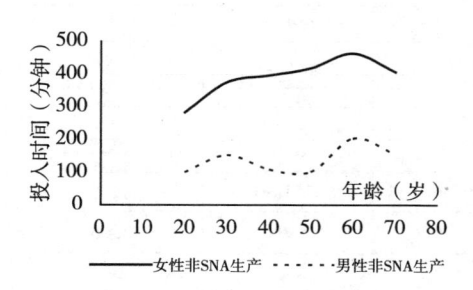

图 6-3　浙江省非 SNA 生产时间投入代际比较

资料来源：笔者根据调查数据整理。

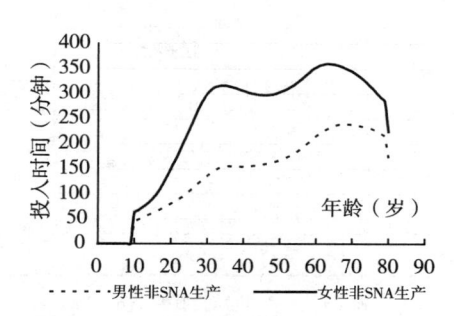

图 6-4　欧洲 14 国非 SNA 生产时间投入代际比较

资料来源：Vargha 等，2017。

造了 16.47% 的生产总值，男性仅创造了 5.84% 的生产总值。

表 6-6　浙江省基于保姆替代成本法估算的非 SNA 货币价值　　单位：亿元

分类	女	男	合计
1. 家务劳动	4699.65	1846.45	6546.10
2. 照料小孩	1897.87	429.89	2327.76
3. 照料成年人	205.39	143.55	348.94
4. 志愿服务	261.80	83.02	344.82
非 SNA 生产价值	7064.71	2502.91	9567.62
占浙江省生产总值的比重	16.47%	5.84%	22.31%

表 6-7 给出了 2008 年中国基于保姆替代成本法估算的非 SNA 货币价值估算结果。同样说明了女性是非 SNA 生产的最大贡献者，贡献的非 SNA 生产货币价值为 GDP 的 13.10%，男性仅为 GDP 的 5.04%。通过对比中国 2008 年和浙江省 2015 年的数据，男性的贡献并未发生显著变化，女性的贡献随着时间的推移，对经济的贡献越来越大。

表 6-7　中国基于保姆替代成本法估算的非 SNA 货币价值（2008 年）

单位：亿元

分类	女	男	合计
1. 家务劳动	30258	10390	40648

续表

分类	女	男	合计
2. 照料小孩和成年人	5578	2214	7792
4. 志愿服务	507	511	1018
5. 出行	3043	2044	5087
非 SNA 生产价值	39386	15159	54545
占 GDP 的比重（%）	13.10	5.04	18.05

资料来源：中国时间利用调查，2008 年。

由于非 SNA 生产的产出价值并不纳入国民经济核算范围，女性相对较重的生产负担得不到重视、其经济贡献被低估，而且在许多问题上受到了不公平的对待。在许多国家，由于女性从事非 SNA 生产活动，没有办法证明自己对家庭的经济贡献，在处理离婚诉讼案件时将无法得到公正的财产分割；在人身伤害诉讼案件中，从事非 SNA 生产活动的妇女几乎也得不到公平的赔偿。

由此可见非 SNA 生产核算对女性的重要性，1995 年在北京召开的第四届世界妇女大会，再次重申了提高妇女地位的问题，《北京行动纲要》中明确建议将住户无酬服务生产的估算列入正式文件。联合国等组织也强烈呼吁国民经济核算范围应向家庭生产活动拓展，强调应承认妇女无酬生产的价值，努力在国民经济核算和经济统计中衡量和反映这些贡献。

当今社会，大部分妇女从事着家务劳动、照料小孩、照料老人等非 SNA 生产活动，这些活动作为一种生产活动，作为一种特殊的劳动形式，其劳动成果并未得到肯定，也未获得任何货币报酬。相反，人们只要从事其他工作，不论是付出体力劳动还是脑力劳动，均能获得一定的报酬，这显然是不公平的，因此有必要对非 SNA 生产的货币价值进行估算，确定女性对经济的贡献，这不仅有利于维护和保障女性权益，从根本上来讲，也必然促进家庭和社会关系的健康和谐发展。

二 衡量地区福利水平

人们一般普遍采用货币收入来衡量居民个人的福利水平，以国民总收入来衡量全体居民的福利水平。将货币收入视为福利水平的主要原因在于收入其与居民的消费密切相关，在收入水平较低的家庭，居民主要以满足物质生活需要的必需品消费为主；在收入水平较高的家庭，居民对休闲旅游、教育、文化等的消费较多。因此，当居民的消费水平随着收入的增加而提升时，福利水平也有所增加。也就是说，GDP 增加意味着居民消费水平的上升，社会福利也随之增加。

但是，GDP 作为衡量居民福利水平的指标也受到了广泛的质疑。如 Becker（1981）、Nordhaus 和 Tobin（1972）、Chadeau（1985）、Hirway（2005）、Folbre（2009）、Ahmad 和 Koh（2011）均从不同角度表达了非 SNA 生产活动对福利具有正的影响，应该将其货币价值添加到 GDP 之中以衡量总福利水平。本书将 GDP 与非 SNA 生产价值（HP）之和称为广义收入。

表 6-8 给出了 OECD 成员国或地区非 SNA 生产货币价值的估算结果，并计算广义收入来衡量福利水平。浙江省与表 6-8 所列的 OECD 成员国相比，人均 GDP 水平是最低的，是美国人均 GDP 的 26.57%。但是，用广义收入来衡量福利水平则发生了变化，浙江省人均广义收入为 13594 美元，是美国人均广义收入的 27.28%，可见，如果用广义收入来衡量地区福利水平，浙江省与美国的福利水平差距将有所缩小。

表 6-8 2008 年利用保姆替代法估算广义收入

国家（地区）	时间投入（人/小时）	15 岁以上人口（人）	非 SNA 生产价值（百万本币）	非 SNA 生产价值占 GDP 比重	人均 GDP（美元）	人均（GDP+HP）按 ppp 调整（美元）
澳大利亚	4.05	17483	587048	47%	39148	48974
奥地利	3.38	7067	83359	29%	39849	48361
比利时	3.33	8937	94713	27%	36879	45361
加拿大	3.29	27718	340870	21%	38883	47461
丹麦	3.61	4483	653994	38%	39494	48213
爱沙尼亚	3.87	1110	63551	25%	21640	29889
芬兰	3.35	4421	56788	31%	37795	45892
法国	3.28	52406	645505	33%	34233	42356
德国	3.54	71204	753029	30%	37171	46680
匈牙利	3.34	8537	9776782	37%	20700	28414
爱尔兰	3.54	3526	56544	31%	42644	50664

续表

国家（地区）	时间投入（人/小时）	15岁以上人口（人）	非SNA生产价值（百万本币）	非SNA生产价值占GDP比重	人均GDP（美元）	人均（GDP+HP）按ppp调整（美元）
意大利	3.59	51382	564203	36%	33269	42713
日本	2.73	110358	213659439	42%	33902	40710
韩国	2.26	40149	199834867	19%	26877	32300
墨西哥	4.21	75282	2887409	24%	15291	22058
荷兰	3.65	13512	144539	24%	42887	51894
新西兰	3.78	3390	80400	43%	29077	38240
挪威	3.14	3859	549048	22%	60622	66796
波兰	3.83	32253	283490	22%	18062	25653
葡萄牙	3.71	8996	88218	51%	24962	34375
斯洛文尼亚	3.84	1695	13519	36%	29241	38298
西班牙	3.3	38898	447628	41%	33173	41501
瑞典	3.55	7678	911219	28%	39475	48456
英国	3.52	50488	461338	32%	36817	45012
美国	3.44	243169	3460784	24%	46901	55618
中国浙江省	3.7	48007	943800	22%	11167	13594

注：OECD资料来源于住户生产数据库，http://dx.doi.org/10.1787/soc_glance-2011-3-en；

只有浙江省非SNA生产价值用劳动力投入价值代替，未考虑固定资本消耗；

2015年浙江省生产总值42886.49亿元，总人口5539万人，保姆工资为15.5元/小时，2015年官方汇率为6.227。

三 衡量收入不平等程度

（一）基尼系数的定义

基尼系数是20世纪初意大利经济学家基尼根据洛伦茨曲线所定义的判断收入分配公平程度的指标，是比例数值，在0和1之间，是国际上用来综合考察居民内部收入分配差异状况的一个重要分析指标。

图6-5给出了洛伦茨曲线和基尼系数的示意图。基尼系数 = A/（A+B），显然应该在[0, 1]这个区间之中。当洛伦茨曲线是绝对平均线OL时，洛伦茨曲线与绝对平均线围成的面积就是0，从而此时基尼系数等于

0，这就是财富绝对平均分配时的基尼系数。当财富分配绝对不平等，即所有财富只集中在一个人手里时，洛伦茨曲线就是折线 OHL，这时候的基尼系数就等于 1，因为这时候洛伦茨曲线与绝对平均线之间的面积就等于三角形 OHL 的面积了。

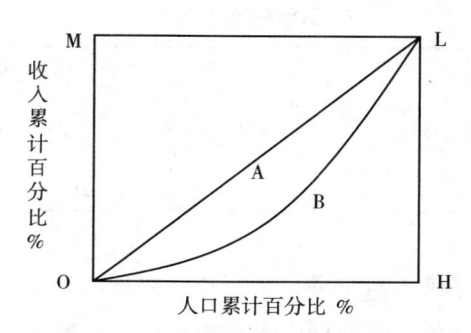

图 6-5 洛伦茨曲线和基尼系数

（二）基尼系数的计算方法

基尼系数通常有四种计算方法：直接计算法、拟合曲线法、分组计算法和分解法。国内不少学者对基尼系数的具体计算方法作了探索，提出了十多个不同的计算公式。张建华（2007）提出了一个简便易用的公式，该方法适用于所获得的数据有限的情况。具体计算过程如下：

设人口按照财富从低到高排列，其人口分组比重分别为 P_1，P_2、…，P_n，其向上累计的比重分别为：W_1（$=w_1$），W_2…，W_n（$=1$），则洛伦茨曲线下方与折线 OHL 围成的面积应该为：

$$B = \frac{P_1 w_1}{2} + P_2 \frac{w_1 + w_2}{2} + \ldots + P_n \frac{w_{n-1} + w_n}{2}$$

当人口比重相同时，$P_n = 1/n$，则

$$B = \frac{1}{n}(\frac{w_1}{2} + \frac{w_1 + w_2}{2} + \ldots + \frac{w_{n-1} + w_n}{2}) = \frac{1}{n}(W_1 + W_2 + \ldots + W_{n-1} + \frac{1}{2})$$

因为 $A = 0.5 - B$

故基尼系数 $G = A/0.5 = 2A = 2(0.5 - B) = 1 - 2B$

$$G = 1 - \frac{1}{n}(2\sum_{i=1}^{n-1} W_i + 1)$$

表 6-9 给出了基尼系数计算的例子，甲国的基尼系数 G_1

$$= 1 - \frac{1}{n}(2\sum_{i=1}^{n-1} W_i + 1) = 1 - \frac{1}{5}[2(0.03 + 0.11 + 0.21 + 0.36) + 1]$$
$$= 1 - 0.2[2 \times 0.71 + 1] = 1 - 0.2 \times 2.42 = 0.516$$

表 6-9　　　　　　　　　　基尼系数计算表　　　　　　　　　　单位：%

人口百分比	0—20	20—40	40—60	60—80	80—100
每组人口百分比	20	20	20	20	20
甲国每组财富所占百分比	3	8	10	15	64
甲国向上累计财富百分比	3	11	21	36	100

（三）浙江省基尼系数计算——基于广义收入

表 6-10 给出了浙江省不同收入等级的比例，根据张建华（2007）的计算方式，得出 2015 年浙江省基尼系数为 0.32，国家统计局发布的 2015 年中国基尼系数为 0.462。说明浙江省的收入差距比全国平均要小，属于联合国划分的收入分配"相对合理"等级，图 6-6 给出的浙江省洛伦茨曲线也验证了这一结论。

表 6-10　　　2015 年浙江省按收入分的城乡居民家庭基本情况

	收入（元）	收入百分比（%）	累计收入百分比（%）	人口百分比（%）
最低 20% 户	11574	6.29	6.29	20.00
较低 20% 户	22730	12.36	18.65	40.00
中间 20% 户	31443	17.10	35.75	60.00
较高 20% 户	43085	23.43	59.18	80.00
最高 20% 户	75072	40.82	100.00	100.00
合计	183904	—	—	—

资料来源：《浙江省统计年鉴 2016》，收入按人均可支配收入等级分组。

Frazis 和 Stewart（2011）发现广义收入度量收入不平等程度更加公平。本书借鉴 Frazis 和 Stewart（2011）的思路，将非 SNA 生产货币价值加上居民可支配收入作为广义收入来度量收入不平等程度。

表 6-11 给出了收入不平等程度的四种度量方式：基尼系数、第 80 分位数/第 50 分位数、第 50 分位数/第 20 分位数、第 80 分位数/第 20 分位

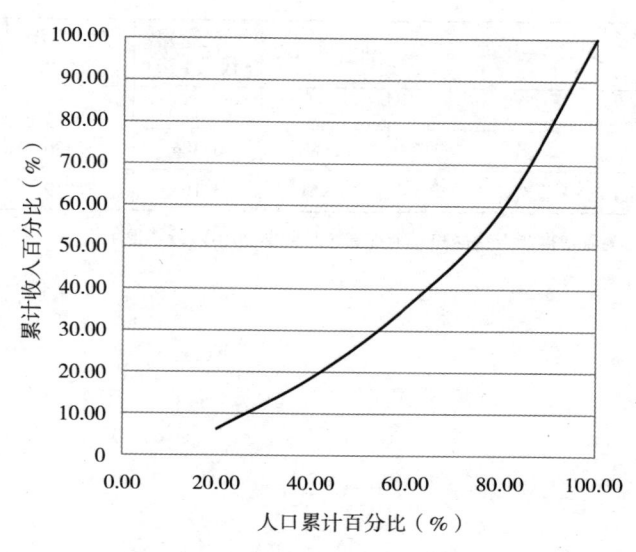

图 6-6　2015 年浙江省洛伦茨曲线

数。不论采取何种等价尺度计算，把住户生产价值加入货币收入后，变量系数和基尼系数均出现了下降，下降程度约 33%。50/20 百分位比、90/20 百分位比出现了比较大的变化，分别下降约 39% 和 52%。80/50 百分位比下降程度较少，约 21%。以上所有变化都在 1% 水平上显著。以上结果表明住户生产降低了收入不平等程度，而且该结果是稳健的。

表 6-11　不同方法计算的浙江省收入不平等程度

基尼系数	机会成本法（OCA）	专业人员替代成本法（SCAW）	保姆替代成本法（HRCA）	平均水平
（1）家庭收入	0.320	0.320	0.320	0.320
（2）=（1）+ 非 SNA 生产货币价值	0.204	0.216	0.219	0.213
80/50 百分位比				
（1）家庭收入	2.388	2.388	2.388	2.388
（2）=（1）+ 非 SNA 生产货币价值	1.832	1.887	1.900	1.872
50/20 百分位比				
（1）家庭收入	2.717	2.717	2.717	2.717
（2）=（1）+ 非 SNA 生产货币价值	1.610	1.678	1.694	1.659

续表

	机会成本法	专业人员替代成本法	保姆替代成本法	平均水平
80/20 百分位比				
(1) 家庭收入	6.486	6.486	6.486	6.486
(2) = (1) + 非 SNA 生产货币价值	2.951	3.166	3.219	3.105

资料来源：笔者根据调查数据和《浙江省统计年鉴 2016》计算得出。

第七章 研究结论与政策探讨

第一节 研究结论

从世界范围内来看,许多国家都开展了非SNA生产的核算,如美国、澳大利亚、芬兰、日本等国。这些国家的实践表明,非SNA生产对国民经济的影响已经达到了一定程度,成为国民经济中不容忽视的一部分。对非SNA生产价值进行货币估算,可以扩展国民经济核算系统,增进对未核算的非市场部门经济的了解,以及对非市场与市场部门相互关系的了解和认识;可以更全面地反映全社会的生产劳动成果和经济福利,真实地反映住户的可支配收入水平和消费水平;可以帮助政府制定更好的经济和社会政策。

本书基于国民经济核算视角,通过非SNA生产的核算范围、核算主体、核算内容等基本范畴、计量方式、货币价值估算方法等问题进行系统阐述、归类和评价,构建住户生产卫星账户及其拓展账户,最终尝试进行中国非SNA生产核算理论的分析和实践探索,设计我国非SNA生产核算的基本思路。得到的主要结论如下:

第一,非SNA生产(无酬服务)主要是指住户为自身最终消费而从事的服务生产和对住户外成员提供的志愿服务,主要包括:①提供住房服务:包括住户室内外卫生打扫、清洁、住房的维修等;②提供食物服务:包括膳食制备和饭后清理;③提供衣物服务:包括衣物的洗涤、熨烫、缝补等;④照料活动:包括照料小孩及成年人;⑤志愿服务:住户成员向社区或其他住户无酬提供的帮助。

第二,非SNA生产货币价值估算的方法主要有产出法和投入法。产出法是从生产角度衡量所有非SNA生产主体在核算期内创造的价值,其结果表现为非SNA生产总产值、非SNA生产增加值和非SNA生产净增加值三个层次。相关文献大部分围绕"非SNA生产总产值""非SNA生产增加值"进行研究，由于非SNA生产的固定资本消耗估算较复杂，很少有文献涉及"非SNA生产净增加值"的估算。投入法是根据生产过程中的要素投入成本来估算所有非SNA生产主体在核算期内创造的价值，其结果也表现为非SNA生产总产值、非SNA生产增加值和非SNA生产净增加值三个层次。各国估算实践多采用投入法且往往忽略对中间消耗和固定资产消耗的估算，仅以劳动力投入价值测度非SNA生产的货币价值。其中投入法根据劳动报酬率的不同，具体分成机会成本法、专业人员替代成本法和保姆替代成本法。一般来说，机会成本法总是得到最高值，保姆替代成本法总是得到最低值。在各国估算实践中，大部分国家采用的是专业人员替代成本法和保姆替代成本法。

第三，住户生产卫星账户（HHSA）是基于住户部门，对住户成员从事SNA生产和非SNA生产创造产出、收入形成、收入分配和再分配、进行消费、形成积累等各种交易流量和存量变化的系统描述，反映住户部门经历国民经济运行各环节的具体内容及和其他机构部门有机联系的一系列账户。住户生产卫星账户指标与SNA生产指标的逻辑关系如下：①生产活动阶段：拓展后的住户总产出=住户SNA生产总产出+住户非SNA生产总产出；拓展后的住户中间投入=住户SNA生产中间投入+住户非SNA生产中间投入；拓展后的住户增加值=住户SNA生产增加值+住户非SNA生产增加值。②收入初次分配阶段：住户部门收入来源之一的雇员报酬=住户SNA生产雇员报酬+住户非SNA生产劳动力时间价值；住户部门原始收入=雇员报酬+营业盈余/混合收入+财产收入净额，其中财产收入净额=财产收入获得-财产收入支出。③在收入再次分配阶段：拓展后的住户经常转移收入=住户SNA生产经常转移收入-与住户非SNA生产相关的生产补贴；拓展后的住户经常转移支出=住户SNA生产经常转移支出-与住户非SNA生产相关的生产税；拓展后的住户经常转移净收入=拓展后的住户经常转移收入-拓展后的住户经常转移支出。④收入使用阶段：拓展后的住户最终消费=住户SNA生产最终消费-用于非SNA生产的中间投入和固定资本形成+住户非SNA生产总产出。⑤资本形成阶段：拓展后的住户固定资本形成总额=住户SNA生产固定资本形成总额+住户SNA生产最终消费中用于非SNA生产的固定资本形成部分。

第四，在住户非SNA生产活动的产出和消费中增加年龄维度，将年龄加入到住户生产卫星账户则是近期才有的研究，作为住户生产卫星账户（HHSA）的扩展，就是国民时间转移账户（NTTA）。NTTA核算的主要内容包括：不同年龄住户非SNA生产和消费的时间（根据年龄和性别平均）；净时间转移（通过不同年龄组的消费减去生产计算的，以显示某一年龄组是否是住户生产的产品和服务的净受益者或净提供者）；住户非SNA生产的货币价值和净时间转移的货币价值。NTTA核算的难点在于估算非SNA生产的消费情况，本书根据Donehower（2014）的方法论指导，详细介绍了估算非SNA生产的产出、消费和净时间转移的过程。并利用欧洲14国的NTTA数据，对不同年龄和不同性别的非SNA生产活动的产出和消费进行比较分析。结果表明：①在孩童和老年时期，不论男性还是女性，非SNA生产活动的消费大于生产，他们消费了更多的照料服务与家务劳动；在工作时期，女性花费了近三分之二的时间在非SNA生产活动上，而提供的这些活动大部分转移给了住户内其他成员。②女性从20岁开始到80岁一直是非SNA生产活动的净提供者并且在工作年龄时期贡献最多；相反男性大部分时期都是非SNA生产活动的净受益者。③小孩是非SNA生产活动受益最多的群体，小孩消费的非SNA生产活动的货币价值几乎等于整个市场经济的价值（GDP）；父母特别是母亲对小孩人力资本的投入是巨大的。以上结果表明，NTTA核算有助于了解人力资本投入，以及估算女性对经济的贡献。以往研究更多的是关注非SNA生产的性别差异，NTTA核算有助于从不同代际角度研究非SNA生产的转移特点。

第五，本书设计了中国住户投入产出调查问卷，对浙江省四个地区城镇和农村试点单位进行了抽样调查，获取了住户成员31项非SNA生产活动的时间投入和产出数量。结果显示：①居民在非SNA生产的总投入时间上，49.35%的时间花在家务劳动上，22.85%的时间花在照料小孩上，15.22%的时间花在各种购物上，3.46%的时间花在照料成年人或老人上，3.39%的时间进行了志愿服务。与发达国家相比，家务劳动时间约占总时间的70%，照料老人和小孩大约占了总时间的17%，购物约占13%。由此可见，浙江省居民将更多的时间花在了照料老人小孩上。②农村居民多于城镇居民的活动是家务劳动、照料小孩和志愿服务，投入时间平均每天分别高于城镇居民8分钟、44分钟和2分钟，而城镇居民多于农村居民的活动是照料成年人和购物，投入时间平均每天分别高于农村居民15分钟和37分钟。③女性花在非SNA生产上的时间平均每天为316分钟，男性为128分钟，女性比男性多花将近3个小时。④对于女性而言，非SNA生产投入时间随着年龄的增长而增加，直到64岁以后，才稍微下降。男性在不同年龄段非SNA生产的时间投入呈现出不同的特点，34岁之前，男性花在非SNA生产上的时间有所增长，但是在35—54岁，男性非SNA生产时间投入出现了下降，而在54岁以后，随着退休才呈现出与女性相同的特点。

第六，利用投入法三种方法估算浙江省非SNA生产货币价值，结果显示：货币价值估算对所用方法的敏感性，机会成本法总是得到最高值，2015年浙江省非SNA生产货币价值平均为11620.89亿元，占浙江省生产总值的27.10%；保姆替代成本法总是得到最低值，非SNA生产货币价值平均为9438.02亿元，占浙江省生产总值的22.01%，这是由工资决定的，一般来说，住户成员的平均工资通常要比一个管家或保姆的平均工资高；专业人员替代成本法得到的是中间水平，非SNA生产货币价值平均为9825.39亿元，占浙江省生产总值的22.91%，三种方法的估算结果与国际文献一致。就平均水平来看，非SNA生产货币价值平均为10294.77亿元，占浙江省生产总值的24.00%，非SNA生产活动所带来的货币价值对浙江省的GDP影响程度确实较大，需要引起社会的重视。

第七，利用产出法估算浙江省非SNA生产货币价值，计算公式为每年产出＝每人每天产出数量×市场替代品平均价格×浙江省18周岁及以上的人口数，选择合适的非SNA生产产品的市场替代产品，估算出2015年浙江省非SNA生产总产出为16049.31亿元。由于中间投入的数据无法获得，我们利用各国经验数据进行推断，西班牙中间投入占总产出的比重为17.3%，芬兰中间投入占总产出的比重为20.78%（Varjonen and Aalto，2006），我国中间投入占总产出的比重假设为两者平均值19.04%，据此估算出浙江省非SNA生产的增加值为12993.52亿元，占浙江省地区总值的30.30%。

第八，本书利用浙江省非SNA生产核算结果，对其应用领域进行国际比较，具体包括：①反映居民生活方式：从活动类别看，浙江省居民将更多的时间花在了照料老人小孩身上；从性别差距看，浙江省居民男性更多地将时间花费在房屋建设及维护、园艺及宠物照料、志愿活动上；女性更多地将时间花费在清洁活动、膳食制备和饭后清理、照料小孩等活动上；从城乡差异看，农村地区男女差别较大，86%的非SNA生产活动由农村女性承担，14%由农村男性承担，城镇地区男女差别不明显，女性承担58%的非SNA生产活动，男性承担42%；从代际转移看，浙江省女性非SNA生产投入时间随着年龄的增长而增加，直到64岁以后，才稍微下降。②反映女性经济贡献：2015年浙江省女性居民无疑成了非SNA生产价值的主要创造者，其所创造的非SNA生产价值达7064.71亿元，占总群体的73.84%，是男性居民的2.8倍。对浙江省生产总值的贡献来说，女性创造了约16.47%的生产总值，男性仅创造了约5.84%的生产总值。③反映福利水平：将住户非SNA生产的价值加入GDP中，用于各国福利水平的比较，结果是浙江省与美国的福利水平差距有所缩小。④反映收入不平等程度：采用基尼系数、第80分位数/第50分位数、第50分位数/第20分位数、第90分位数/第20分位数。不论采取何种等价尺度计算，把住户生产价值加入货币收入后，各变量系数和基尼系数均出现了下降，下降程度约33%。50/20百分位比、90/20百分位比出现了比较大的变化，分别下降约39%和52%。80/50百分位比下降程度较少，约21%。以上所有变化都在1%水平上显著。以上结果表明住户生产降低了收入不平等程度，而且该结果是稳健的。

第九，为了深入开展中国非SNA生产核算研究，本书建议：①定期开展时间利用调查；②定期编制住户生产卫星账户，厘清中心框架指标与非SNA生产相关指标的逻辑关系，以中国SNA生产框架为基础，尝试编制我国住户生产卫星账户；③加强调查数据的开发利用。

第二节 政策建议

非SNA生产核算是对2008年版SNA的一个重要补充，对于衡量一个国家或地区住户的福利水平、消费水平和收入分配都具有重要的意义。2008年版SNA指出，这是一个存在大量分析需求和政策兴趣的领域，也是目前有大量研究工作正在进行的领域。但是，中国作为最大的发展中国家，拥有最大规模的住户部门，国内学术界仍然未对非SNA生产引起重视，研究脚步明显滞后于国外。为进一步完善中国的国民经济核算体系，及时跟踪国际统计学界的最新研究进展，有必要深入开展我国非SNA生产核算的理论与应用研究，对此本书提出以下建议：

一 定期开展时间利用调查

时间利用调查是非 SNA 生产核算的重要数据来源，为了获得详细、可靠、连续的住户时间利用数据，国家统计局应该在 2008 年第一次时间利用调查的基础上定期组织开展时间利用调查。具体建议：①根据新版 ICATUS 制定时间利用统计的活动分类标准。2008 年调查采用的《时间利用统计的活动分类》是在 2005 年版 ICATUS 基础上制定的，与新版存在较大差异，例如，《时间利用统计的活动分类》中 SNA 生产分为 4 个大类，分别为就业活动、家庭初级生产经营活动、家庭制造与建筑活动和家庭服务经营活动，而新版 ICATUS 中仅包括一个大类"有酬劳动"。为了保证统计数据的国际可比性，应该根据新版 ICATUS 制定新的活动分类标准。当然，这并不是要照搬 ICATUS，而是要与中国的实际情况相结合，例如，国家统计局将"照顾家人和对外提供帮助"归为一类，本书建议将其细分成两个一级大类，主要是由于新版 ICATUS 非 SNA 生产活动分类中，都将志愿服务作为一级大类，为了与国际数据进行对比，有必要对志愿服务单列，为今后核算志愿服务价值提供数据基础与国际比较。②将专项时间利用调查与现有住户调查相结合。专项时间利用调查可以集中人力、物力、财力对住户进行调查，可以对样本进行优化设计，因而能够收集到丰富、翔实的时间利用数据，但是专项时间利用调查的成本十分高昂，不可能经常开展，考虑到住户的时间利用模式短期之内不会出现明显变动，建议每 5 年或 10 年进行一次较大规模的专项时间利用调查，其他年份则以在现有住户调查中附加时间利用调查模块的方式来收集相关数据，从而提高数据收集效率，降低调查成本。如在目前的城乡居民住户调查中，附加时间利用调查。我国城乡居民住户调查样本单位的选择有一套科学的方法，可以满足代表性要求，问卷的回收率也有保证。

二 定期编制住户生产卫星账户

一个能打破 2008 年版 SNA 对生产范围的限制，将非 SNA 生产纳入框架，又不至于影响中心框架的存在和使用的有效核算方式便是构建卫星账户。所谓卫星账户是指围绕 SNA 中心框架建立的附属核算体系，即以中心框架为基础，通过对部分指标的修改建立的专题性核算框架。由于既能有效避免对中心框架严谨统一性的破坏，又能极大扩展国民经济核算体系的分析功能，卫星账户的应用领域被不断拓展。2008 年版 SNA 也推荐各国统计部门建立住户生产卫星账户，对非 SNA 生产情况予以记录和反映。目前，美国、德国、芬兰、法国、新西兰等国家已开始定期编制和发布住户生产卫星账户。从操作步骤角度看，住户生产卫星账户的编制莫过于三步：①扩展生产范围，将非 SNA 生产纳入框架；②估算非 SNA 生产的货币价值；③调整中心框架的部分指标，对应形成住户生产卫星账户中各项目。鉴于极大地依赖于 SNA 核算框架，各国的 SNA 体系又不完全一致，因此住户生产卫星账户并不存在固定的格式，我们以中国 SNA 框架为基础，编制了中国的住户生产卫星账户整体框架（如表 5-22 所示）。住户卫星账户是非 SNA 生产核算的重要工具，它包含了住户从事 SNA 生产、非 SNA 生产和非生产活动的详细信息，可与国民经济核算中心账户结合起来对经济整体进行描述和分析，如分析住户部门生产、收入形成和消费情况的全貌，分析住户无酬劳动与有酬劳动的替代作用，分析住户部门的实际福利等。因此，有必要定期编制和发布住户卫星账户。鉴于我国住户无酬劳动核算起步较晚，基础较为薄弱，住户卫星账户的编制工作应循序渐进、逐步完善。①初期编制国民时间账户，用投入生产活动的时间来反映住户从事有酬劳动和无酬劳动的情况，并与其他国家进行比较。②在此基础上，选择合适的工资数据和估价方法来估算住户的劳动力成本，反映住户无酬劳动的价值。③编制技术比较成熟之后，再通过调查获取住户无酬劳动的中间消耗、资本形成等数据，并对住户最终消费等指标进行调整，编制住户生产账户和收入形成账户，反映住户无酬劳动的产出、中间消耗、总增加值及构成、资本消耗、生产税/补贴等，最后逐步过渡到编制完整的住户卫星账户序列，包括收入初次分配账户、收入再分配账户、实物收入再分配账户、可支配收入使用账户、调整后可支配收入使用账户、资本账户。

三 加强调查数据的开发利用

时间利用调查数据反映了住户从事 SNA 生产、非 SNA 生产和非生产活动的详细情况，不仅可用于非 SNA 生产核算，还可用于分析住户的生产和生活模式、福利水平、收入不平、代际研究等。但目前对这些数据的开发利用还远远不足，今后应该加强住户时间利用数据的宣传和发布工作，鼓励统计部门和研究机构开展相关研究。具体来说，可以应用于以下方面：①反映居民的时间利用状况，生产和生活模式，性别差异、城乡差异、经济水平差异；②市场生产和非市场生产的效率比较；③福利水平和贫富差距研究，将非 SNA 生产货币价值加入到 GDP 中，反映各国真实福利水平和收入不平等程度；④非 SNA 生产活动的代际研究：哪些群体生产了非 SNA 生产活动，哪些群体消费了非 SNA 生产活动，在不同代际（孩童时期、工作时期、老年时期）各项活动的时间和价值是如何转移的；⑤人力资本研究：女性对小孩的非 SNA 生产活动投入是较多的，可进行包括照料在内的人力资本及其回报问题研究；⑥老龄化研究，老人作为照料经济的提供者和接受者，在二孩背景和老龄化趋势严重的情况下，老人照料由谁提供，青年女性如何面对照料老人和照顾小孩的双重负担；⑦非 SNA 生产活动对就业、健康等的影响，从事非 SNA 生产活动是否降低了女性的劳动参与率，是否提高了女性参与非正规就业的概率、是否影响了从事非 SNA 生产活动者的健康等问题研究。

第三节　研究展望

非 SNA 生产核算是国民经济核算领域的重大问题，尽管付出了很大的主观努力，本书的研究仍只是初步的，非 SNA 生产核算方法还有许多需要深入研究之处，在相当长的时间内将继续是经常统计领域的研究热点之一。

第一，非 SNA 生产核算的数据来源问题。时间利用调查是最重要的数据来源之一，但是应该如何组织实施，控制估算误差、提高估算精度，这些问题仍需进一步讨论和明确。

第二，非 SNA 生产货币价值估算方法产出法的应用。虽然本书利用浙江省抽样调查的数据进行了产出法货币价值的试算，但该估算只是初步的，由于未获得中间消耗等相关数据，无法进行国际对比。

第三，非 SNA 生产核算的分析问题。本书开展了居民生活方式的比较、福利水平、贫富差距、NTTA 核算等的国际研究，但利用中国数据进行福利水平、贫富差距以及代际研究的案例目前还没有，在后续研究中，加强调查数据的开发利用，从中发现一些有意义的结论，为我国政府制定政策提供参考和依据。

参考文献

安新莉：《时间利用调查——一种计量社会经济活动的天然工具》，《中国统计》2004年第4期。

安新莉、董晓媛：《中国无酬劳动总价值的测算及其政策含义》，《中国妇运》2012年第7期。

国家统计局国民经济核算司译：《国民经济核算体系（1993）》，中国统计出版1995年版。

韩中：《住户部门生产核算：范畴的界定与方法的设计》，《数量经济技术经济研究》2013年第10期。

韩中：《住户部门卫星账户的范式构建》，《统计与决策》2016年第9期。

韩中：《住户部门卫星账户的构建与理论阐述》，《统计研究》2011年第11期。

韩中：《住户无偿服务核算：主体、范围界定与方法》，《山西财经大学学报》2009年第11期。

蒋萍、马雪娇：《大数据背景下中国时间利用调查方案的改革与完善——基于中、日、美时间利用调查方案的比较》，《统计研究》2014年第8期。

联合国欧盟委员会，经济合作与发展组织、世界银行：《国民经济核算体系2008》，中国统计出版社2008年版。

刘丹丹：《住户无酬劳动核算国际进展及对中国的启示》，《统计研究》2012年第12期。

刘丹丹：《住户无付酬工作核算：概念、估价方法及卫星账户构建》，《统计信息与论坛》2007年第1期。

刘丹丹、车红华：《应用时间利用调查估算不计酬工作价值的方法简介——以澳大利亚为例》，《统计信息与论坛》2006年第2期。

刘岚等：《照料父母对我国农村已婚妇女劳动时间分配的影响》，《世界经济文汇》2010 年第 10 期。

罗乐勤：《住户无付酬服务核算若干问题研究》，《统计研究》2008 年第 6 期。

罗乐勤、吴燕华：《住户无付酬服务时间使用的调查》，《中国统计》2009 年第 3 期。

马克思：《直接生产过程的结果》，人民出版社 1964 年版。

齐良书：《关于时间利用的经济学研究综述》，《经济学动态》2012 年第 2 期。

齐良书等：《从时间利用统计看我国居民的有酬劳动》，《统计研究》2012 年第 4 期。

斯密：《国民财富的性质和原因的研究（上）》，商务印书馆 1972 年版。

檀学文、吴国宝：《福祉框架下时间利用研究进展》，《经济学动态》2014 年第 7 期。

王兆萍、张健：《无酬家务劳动价值的新估算》，《统计与决策》2015 年第 5 期。

韦玫廷：《住户无酬服务价值的核算：市场替代成本法——以北京市为例》，《当代经济》2011 年第 6 期。

吴燕华：《住户无酬劳动的生产内涵及核算的必要性研究》，《改革与战略》2015 年第 1 期。

徐蔼婷：《非 SNA 生产核算方法研究》，浙江工商大学出版社 2011 年版。

徐蔼婷：《基于 SNA 生产观的生产负担不均等测度与分解》，《统计研究》2011 年第 4 期。

杨菊华：《时间利用的性别差异——1990—2010 年的变动趋势与特点分析》，《人口与经济》2014 年第 5 期。

曾五一：《无偿服务核算研究》，《统计研究》2005 年第 6 期。

张建华：《一种简便易用的基尼系数计算方法》，《山西农业大学学报（社会科学版）》2007 年第 3 期。

张一波：《住户部门无酬服务产值几何？——以浙江省为例》，《统计科学与实践》2011 年第 6 期。

Abraham, K., Mackie, C., *Beyond the Market: Designing Nonmarket Accounts for the United States*, Washington, DC: National Academies Press, 2005.

Ahmad, N., Koh, S. H., *Incorporating Estimates of Household Production of Non-market Services into International Comparisons of Material Well-being*, OECD Statistics Working Paper, 2011.

Aldershoff, D., "Household Production in Different Household Types", Paper presented at the Conference on the Economics of the Shadow Economy, University of Bielefeld, Germany, 1983.

Antonopoulos, R., Hirway, I., *Unpaid Work and the Economy: Gender, Time Use and Poverty in Developing Countries*, London: Palgrave Macmillan, 2010.

Antonopoulos, R., *The Unpaid Care Work-Paid Work Connection*, International Labour Office, Policy Integration and Statistics Department, Geneva, 2009.

Aslaksen, I., Koren, C., "Unpaid Household Work and the Distribution of Extended Income: the Norwegian Experience", *Feminist Economics*, Vol. 2, No.3, 1996, pp. 65-80.

Austrlian Bureau of Statistics, *Time Use Survey Australia: Users Guide 1997*, Belconnen: Austrlian Bureau of Statistics, 1997.

Bittman, M., Ironmonger, D., "Valuing Time: A Conference Overview", *Social Indicators Research*, Vol.101, No.2, 2011, pp. 173-183.

Braverman, H., *Labor and Monopoly Capital: the Degradation of Work in the Twentieth Century*, New York: Monthly Review Press, 1998.

Bridgman, B., Dugan, A., Lal, M., Osborne, M., Villones, S., "Accounting for Household Production in the National Accounts, 1965-2010", *Survey of Current Business*, No.5, 2012, pp. 23-36.

Budlender, D., Brathaug, A. L., *Calculating the Value of Unpaid Labour: a Discussion Document*, Statistics South Africa Working Paper, 2002.

Chadeau, A., Fouquet, A., "Peut - on Mesurer Le Travail Domestique?", *Economie et Statistique*, Vol.136, 1981, pp. 29-42.

Chadeau, A., *What is Households' Non - market Production Worth?*,

OECD Economic Studies, No.18, Paris, France, Spring 1992, pp. 87.

Chung, S., Lee, E., "Patterns of Time Use Across the Life Span in Korea: A Latent Class Analysis and Age and Gender Differences", *Social Indicators Research: An International and Interdisciplinary Journal for Quality-of-Life Measurement*, Vol.134, No.3, 2017, pp.1135-1155.

Clark, C., *The Economics of Housework*, Oxford: Bulletin of the Oxford Institute of Statistics, 1958.

Commission of the European Communities, International Monetary Fund, Organisation for Economic Co-operation and Development, United Nations, and World Bank, *System of National Accounts* 1993, Paris: Organisation for Economic Cooperation and Development, 1993.

Cristina, C., Serrano M., "Lights and Shadows of Household Satellite Accounts: the case of Catalonia, Spain", *Feminist Economics*, Vol. 17, No. 2, 2011, pp.63-85.

D'Albis H., Bonnet C., Freitas N E M., et al, *Etude Portant Sur La Répartition Des Prélèvements Et Des Transferts Entre Les Générations En France*, Université Paris1 Panthéon-Sorbonne (Post-Print and Working Papers), Pari, 2013.

Donehower, G., *Incorporating Gender and Time Use into NTA: Estimating NTA and National Time Transfer Accounts by Sex*, University of California, Department of Demography, Berkeley, 2014.

Donehower, G., *Incorporating Gender and Time Use into NTA: National Time Transfer Accounts Methodology*, University of California, Department of Demography, Berkeley, 2012.

Donehower, G., *Incorporating Gender and Time Use into NTA: National Time Transfer Accounts Methodology*, Version 4, University of California at Berkeley, Department of Demography, Berkeley, 2014.

Donehower, G., Mejia-Guevara I, "Everybody Works: Gender, Age and Economic Activity", Paper presented at the 2012 Meeting of the Population Association of America, San Francisco, 2012.

Dong, X. Y., An X., "Gender Patterns and Value of Unpaid Care Work: Findings from China's First Large-Scale Time Use Survey", *Review of*

Income & Wealth, Vol. 61, No. 3, 2014, pp.540-560.

Dorn, F., Silbersdorff A., *The Impact of Unpaid Work on Employment Status in Mexico*, Discussion Papers, Center for European, Governance and Economic Development Research, No. 328, 2017.

Dukhovnov, D., Zagheni, E., "Who Takes Care of Whom in the United States? Time Transfers by Age and Sex", *Population & Development Review*, Vol. 41, No. 2, 2015, pp. 183-206.

Enteria, E., Scandurra R., Souto G, Patxot C, "Intergenerational Money and Time Transfers by Gender in Spain: Who are the Actual Dependants?", *Demographic Research*, Vol.34, No. 24, 2016, pp. 689-704.

European Comission Eurostat, "Harmonised European Time Use Surveys", http://epp.eurostat.ec.europa.eu/cache/ITY_ OFFPUB/KS-RA-08-014/EN/KS-RA-08-014-EN.PDF.2008.

European Commission & Eurostat, *Guidelines on Harmonised European Time Use Surveys*, Luxembourg: Eurostat, 2000.

Eurostat, "Household Production and Consumption: Proposal for a Methodology of Household Satellite Accounts", http://ec.europa.eu/eurostat/en/web/products-statistical-working-papers/-/KS-CC-03-003. 2003.

Fang, L., Zhu, G., "Time Allocation and Home Production Technology", *Journal of Economic Dynamics & Control*, Vol. 78, No. 3, 2017, pp. 88-101.

Febrianty, Tarmizi, N., Syamsurijal, et al, "The Economic Value of Housework and its Contribution to Household Income", *Russian Journal of Agricultural and Socio-Economic Sciences*, Vol. 60, 2016, pp. 228-235.

Fisher, A. G .B., *Economic Progress and Social Security*, London: Macmillan, 1935.

Fitzgerald, J., Wicks, J., "Measuring the Value of Household Output: A Comparison of Direct and Indirect Approaches", *Review of Income & Wealth*, Vol. 36, No. 2, 1990, pp. 129-141.

Frazis, H., Stewart, J., "How Does Household Production Affect Earnings Inequality? Evidence from the American Time Use Survey", Bureau of Labor Statistics Working Papers 393, Washington, DC, U.S. , 2006.

Frazis, H., Stewart, J., "How Does Household Production Affect Measured Income Inequality?", *Journal of Population Economics*, Vol. 24, No. 1, 2011, pp. 3-22.

Fukami, M., "Monetary Valuation of Unpaid Work in 1996", Department National Accounts, Economic Research Institute, Economic Planning Agency, Tokyo, 1999.

Gary, S., Becker, A., *Treatise on the Family*, Massachusetts: Harvard University Press, 1981.

Goldschmidt - Clermont, L., Pagnossin - aligisakis, E., "Measures of Unrecorded Economic Activities in Fourteen Countries", UNDP Background Papers Human Development Report, New York, 1995.

Gál, R. I., Szabó, E., Vargha, L., "The Age - Profile of Invisible Transfers: the True Size of Asymmetry in Inter-Age Reallocations", *Journal of the Economics of Ageing*, No. 5, 2015, pp. 98-104.

Hammer, B., Prskawetz, A, Freund, I, "Production Activities and Economic Dependency by Age and Gender in Europe: A Cross-Country Comparison", Journal of the Economics of Ageing, No. 5, 2015, pp. 86-97.

Hammer, B., "The Economic Life Course: An Examination Using National Transfer Accounts", Vienna University of Technology, 2014.

Harvey, A., Mukhopadhyay, A., "The Role of Time-Use Studies in Measuring Household Outputs: Accounting For Time", Conference of the International Association for Research on Income and Wealth, Lillehammer, Norway, 1996.

Hirway, I., "Measurements Based on Time Use Statistics Some Issues", Paper Prepared for the Conference on Unpaid Work and Economy: Gender, Poverty and Millennium Development Goals, Levy Economics Institute, New York, 2005.

Holloway, S., Short, S., Tamplin, S., "Household Satellite Account Experimental Methodology", UK Office for National Statistics, London, 2002.

INSEE, *Time Use in France in 1985 - 1986*, France: Premiers RBsultats, 1987.

Ireland, T. R., "Uses of the American Time Use Survey to Measure

Household Services: What Works and Does Not Work", *Journal of Legal Economics*. 2011, No.11, pp. 61-77.

Ironmonger, D., *Households Work*, Australia: Allen and Unwin, 1989.

Ironmonger, D., Perry, N., "Valuing Household Production: Lessons from a Pilot Time Use and Output Diary", Paper presented to the IATUR (International Assotiation on Time Use Research), Melbourne, 1990.

Ironmonger, D., Soupourmas, F., "Estimating Household Production Outputs with Time Use Episode Data", *Electronic International Journal of Time Use Research*, Vol. 6, No.2, 2009, pp. 240-268.

Ironmonger, D., "Household Production and the Household Economy", Department of Economics, the University of Melbourne, Research paper No. 833, 2001.

Ironmonger, D., "Time Use and Satellite Accounts for Modelling the Household Economy", Paper presented in the IARIW 24th General Conference, Lillehammer, Norway, 1996.

Jain, D., Chand, M., "Report on a Time Allocation Study-its Methodological Implications", Technical Seminar on 'Women's Work and Employment', Institute of Social Studies Trust, New Delhi, 1982.

Jiménez-Fontana, P., "Analysis of Non-Remunerated Production in Costa Rica", *Journal of the Economics of Ageing*, No. 5, 2015, pp. 45-53.

Jiménez-Fontana, P., "Challenges to Increase Female Labor Force Participation: Gender Inequality in Cost Rica", CWW (Counting Women's Work) Working paper, NO, WP1, San Francisco, California, 2017.

Kanbargi, R., "Child Labour in the Indian Subcontinent: Dimensions and Implications", *Indian Journal of Gender Studies*, No. 1, 1994, pp. 278-280.

Kende, P., Vers Une *Évaluation De La Consommation Réelle Des Ménages*, Paris: Revue Consommation, CREDOC, 1975.

Kluge, F. A., "The Economic Lifecycle by Gender-Results Combining Monetary and Time Use Estimates", *Comparative Population Studies*, Vol.39, No.4, 2014, pp. 707-726.

Kongar, E., Memiŏs, E., "Gendered Patterns of Time Use over the Life

Cycle in Turkey", Economics Working Paper Archive, 2017.

Kuznets, S., *National Income and its Composition*, Cambridge: National Bureau of Economic Research, 1944.

Landefeld, J. S., Fraumeni, B. M., Vojtech C. M., "Accounting for Nonmarket Production: A Prototype Satellite Account Using the American Time Use Survey", Paper presented at the ATUS Early Results Conference, Bethesda, MD, 2005.

Landefeld, J. S., Fraumeni, B. M., Vojtech, C. M., "Accounting for Household Production: A Prototype Satellite Account Using the American Time Use Survey", *Review of Income & Wealth*, Vol.55, No.2, 2009, pp. 205-225.

Landefeld, J. S., McCulla, S. H., "Accounting for Nonmarket Household Production within a National Accounts Framework", *Review of Income and Wealth*, Vol.46, No.3, 2000, pp. 289-307.

Latigo, A., Ironmonger, D., "The Missing Link in Growth and Sustainable Development: Closing the Gender Gap", Issues Paper, Un Economic Commission for Africa, 2004.

Lee, R. D., Mason, A., Population Aging and the Generational Economy: A Global Perspective, Cheltenham: Edward Elgar, 2011.

Lee, R. D., *The Formal Demography of Population Aging, Transfers, and the Economic Life Cycle*, Washington, DC: National Academy Press, 1994a.

Lee, R. D., "Population Age Structure, Intergenerational Transfers, and Wealth: A New Approach with Applications to the US", *Journal of Human Resources*, Vol.29, No.4, 1994b, pp. 1027-1063.

Lindahl, E., Dahlgren, E., Kock, K., et al, *National Income of Sweden*, 1861-1930, Stockholm: Institute for Social Sciences, University of Stockholm, 1937.

Mason, A, Lee, R. D., Donehower, G., Lee, S. H., Miller, T., Tung, A. C., Chawla, A., "National Transfer Accounts manual", East-West Center NTAWorking Papers, Hawaii, 2009.

Menger, C., *Principles of Economics*, Auburn, Alabama: Ludwig Von

Mises institute, 2007.

Miranda, V., *Cooking, Caring and Volunteering: Unpaid Work around the World*, OECD Social, Employment and Migration Working Papers, No. 116, Paris, France, 2011.

Mitchell, W., King, W. I., Macaulay, F. R., Knauth, C. W., *Income in the United State: its Amount and Distribution*, Cambridge, MA: National Bureau of Economic Research, 1921.

Murphy, M., "The Value of Non-Market Household Production: Opportunity Cost Versus Market Cost Estimate", *Review of Income and Wealth*, Vol. 28, 1982, pp. 29-43.

Murphy, M., "The Value of Nonmarket Household Production: Opportunity Cost versus Market Cost Estimates", *Review of Income and Wealth*, Vol. 24, No.3, 1978, pp. 243-255.

National Transfer Accounts, "Counting Women'S Work: Measuring the Gendered Economy in the Market and at Home", Hawaii: East-West Center (NTA Bulletin, No. 11), 2017. http://www.ntaccounts.org/doc/repository/NTA%20Bulletin%2011.pdf.

Nollert, M., Gasser, M., "Gender Time-Use Gap and Task Segregation in Unpaid Work: Evidence from Switzerland", *International Journal of Sociology & Social Policy*, Vol.37, No. 3/4, 2017, pp. 148-165.

Nordhaus, W., Tobin, J., "*Is Growth Obsolete?*" in *Economic Growth*, New York: Columbia University Press, 1972.

Nordhaus, W., "Principles of National Accounting for Non-Market Accounts", Paper Presented at the CRIW Architecture for the National Accounts Conference, Yale University, Washington, DC, 2004.

OECD, *Household production in OECD Countries: Data Sources and Measurement Methods*, Paris, France: OECD, 2000.

OECD, *Measuring the Non - Observed Economy: A Handbook*, Paris, France: Organisation for Economic Co-operation and Development, 2002.

Office for Official Publications of the European Communities, *Household Production and Consumption: Proposal for a Methodology of Household Satellite Accounts*, Luxembourg: Eurostat, 2003.

ONS (Office for National Statistics), "Changes in the Value and Division of Unpaid Care Work in the UK: 2000 to 2015", Office for National Statistics, London, 2016.

Phananiramai, M., "Incorporating Time into the National Transfer Accounts: the Case of Thailand" in Lee R D and Mason A. *Population aging and the generational economy: A global perspective*, Cheltenham: Edward Elgar, 2011, pp.528-541.

Rapoport, B., Sofer, C., Solaz, A., "Household Production in a Collective Model: Some New Results", *Journal of Population Economics*, Vol.24, No.1, 2011, pp. 23-45.

Reid, M., *The Economics of Household Production*, New York: Wiley, 1934.

Rentería, E., Scandurra, R., Souto, G., et al, "Intergenerational Money and Time Transfers by Gender in Spain: Who are the Actual Dependants?", *Demographic Research*, Vol.34, No.1, 2016, pp. 689-704.

Rivero, E., *Intergenerational Time Transfers and their Contribution to Mexico's Economy in* 2014, CWW (Counting Women's Work) Working paper, NO.WP2, San Francisco, California, 2018.

Rohwerder, B., Müller C., Nyamulinda B., et al, "You Cannot Live without Money: Balancing Women'S Unpaid Care Work and Paid Work in Rwanda", Institute of Development Studies [IDS] Working paper, Brighton, United Kingdom, 2017.

Sambt, J., Donehower, G., Verbič, M., "Incorporating Household Production into the National Transfer Accounts for Slovenia", *Post-Communist Economies*, Vol.28, No.2, 2016, pp. 249-267.

Schäfer, D., Schwarz, N., "The Value of Household Production in the Federal Republic of Germany 1992", Statistisches Bundesamt, Wiesbaden, 1994.

Sirageldin, A. H., "Non - Markel Components of National Income", Survey Research Centre, Institute for Social Research, University of Michigan, 1973.

Solaz, A., Stancanelli, E., "Time Transfers within Households along the Lifecycle: A NTA and Gender Perspective", Paper Presented at the Fifth European NTA Workshop, Stockholm, Sweden, November 8-9, 2012.

Statistics Canada, "Measurement and Valuation of Households' Unpaid Work in Canada", Paper submitted for the Conference of Commonwealth Statisticians-Session on Measuring the Household Sector-Including the Informal Sector, Botswana, May 2000.

Statistics New Zealand, *Measuring Unpaid Work in New Zealand* 1999, Wellington: Statistics New Zealand, 2001.

Suh, J., Folbre, N., "Valuing Unpaid Child Care in the U.S.: A Prototype Satellite Account Using the American Time Use Survey", *Review of Income & Wealth*, Vol.62, No.4, 2016, pp.668-684.

Suviranta, A., Unpaid housework: Time Use and Value, Housework Study Part 8, Ministry of Social Affairs and Health, Helsinki, 1982.

Säntti, R., Otva, R. A., Kilpiö, E., *Unpaid housework: Time Use and Value*, Helsinki: Ministry of Social Affairs and Health Research Department, 1982.

Tae-hong, K., Moon, M., "Youkyoung. Economic Evaluation of Unpaid Work and Development of Policy Options in the Republic of Korea", Korean Women's Development Institute (KWDI), United Nations Development Programme UNDP, 2001.

Tae-Hong, K., "Economic Evaluation of Unpaid Work in Republic of Korea", Korean Women's Development Institute, 2001.

Task Force of Eurostat, *Household Production and Consumption: Proposal for a Methodology of Household Satellite Accounts*, Luxembourg: Eurostat, 2003.

The Department of Economic and Social Affairs of the United Nations, *Guide to Producing Statistics on Time Use: Measuring Paid and Unpaid Work*, New York: United Nations, 2005.

The Department of Economic and Social Affairs of the United Nations, *Integrating Unpaid Work Into National Policies*, New York: United Nations, 2003.

Trewin, D., *Unpaid work and the Australian Economy* 1997, Australian:

Australian Bureau of Statistics, 2000.

United Nations Development Fund for Women (UNIFFM), "Progress of the World'S Women", UNIFEM Biennial Report, New York, 2000.

United Nations, *Guide to Producing Statistics on Time Use: Measuring Paid and Unpaid Work*, New York: Department of Economic and Social Affairs, United Nations, 2005.

United Nations, *Household Accounting: Experience in Concepts and Compilation*, New York: United Nations Publication, 2000.

United Nations, *National Transfer Accounts manual: Measuring and Analyzing the Generational Economy*, New York: United Nations, 2013.

Valle, C. P., *Household Production Satellite Account for the Autonomous Community of the Basque Country*, Eustat: Instituto Vasco de Estadística, 2000.

Vargha, L., Donehower, G., "The Quantity – Quality Tradeoff: A Cross-Country Comparison of Market and Nonmarket Investments per Child in Relation to Fertility", Paper presented at the European Population Conference, Mainz, Germany, September 1-3, 2016.

Vargha, L., Gál, R. I., Crosby-Nagy, M. O., "Household production and consumption over the life cycle National Time Transfer Accounts in 14 European Countries", Demographic Research, Volume 36, Article 32, pp. 905 – 944, March, 2017, https://www.demographic-research.org/volumes/vol36/32/default.htm.

Varjonen, J., Aalto, K., *Household Production and Consumption in Finland* 2001: *Household Satellite Account*, Helsinki, Finland: Statistics Finland and National Consumer Research Centre, 2006.

Varjonen, J., Niemi, I., Hamunen E., Sandström T., Pääkkönen H., "Proposal for a Satellite Account of Household Production", Eurostat Working Papers, Luxembourg, 1999.

Vihavainen, M., "Calculating the Value of Household Production in Finland in 1990", The Input-output Table Working Papers No 6, Statictics Finland, Helsinki, 1995.

Walker, K., Gauger, W. H., "Time and its Dollar Value in Household

Work", *Family Economics Review*, Vol. 37, No.2, 1973, pp. 145-148.

Webster, A., "Policy Implications: The Analysis of Time Use Patterns in Australia", Australia Bureau of Statistics, Canberra, 1999.

Weinrobe, M., "Household Production and National Production: An Improvement of the Record", *Review of Income and Wealth*, Vol. 20, No. 1, 1974, pp. 89-102.

Wolff, E. N., Zacharias, A., Masterson, T., "Long-Term Trends in the Levy Institute Measure of Economic Well-Being (LIMEW), United States, 1959-2004", The Levy Economics Institute of Bard College Working Paper, New York, 2009.

Wolff, E. N., Zacharias, A., Caner, A., "Levy Institute Measure of Economic Well-Being: Concept, Measurement, and Findings: United States, 1989 and 2000", The Levy Economics Institute of Bard College Working Paper, New York, 2004.

Wolff, E. N., Zacharias, A., Caner, A., "Levy Institute Measure of Economic Well-Being: United States, 1989 and 2000", The Levy Economics Institute of Bard College Working Paper, New York, 2003.

Wolff, E. N., Zacharias, A., Masterson, T., et al, "A Comparison of Inequality and Living Standards in Canada and the United States Using an Extended Income Measure", *Eastern Economic Journal*, Vol. 42, No. 2, 2016, pp. 171-192.

Wolff, E. N., Zacharias, A., "The Levy Institute Measure of Economic Well-Being United States, 1989-2001", *Eastern Economic Journal*, Vol. 33 No.4, 2007, pp. 443-470.

Zagheni, E., Zannella, M., Movsesyan, G., et al, "A Comparative Analysis of European Time Transfers between Generations and Genders", Springer Briefs in Population Studies, London, 2015.

Zagheni, E., Zannella, M., "The Life Cycle Dimension of Time Transfers in Europe", *Demographic Research*, Vol. 29, No. 35, 2013, pp. 937-948.

Zannella, M., "Reallocation of Resources between Generations and Genders in the Market and Non-Market Economy. The Case of Italy", *Journal of the Economics of Ageing*, Vol. 5, 2015, pp. 33-44.

Šeme, A., Vargha, L., Istenič, T., Sambt, J., "The Patterns of Non-Monetary Transfers in Europe: A Historical NTTA Analysis by Age and Gender", Paper Presented at the Demographic Dividend and African Development, 11th Global Meeting of the NTA Network, Dakar, Senegal, June 20-24, 2016.